Bruce W. Brackett

Atmen, auch wenn du glaubst, keine Luft zu kriegen

Bruce W. Brackett

Atmen, auch wenn du glaubst, keine Luft zu kriegen

Eine Geschichte über die Überwindung der Sucht, die Bewältigung eines Traumas und die Heilung der Seele

Aus dem Englischen von Andreas Schieberle

WILEY-VCH GmbH

Das englische Original erschien 2024 unter dem Titel *How to Breathe While Suffocating: A Story of Overcoming Addiction, Recovering from Trauma, and Healing My Soul* bei John Wiley & Sons, Inc., Hoboken, New Jersey

Bibliografische Information der Deutschen Nationalbibliothek
Die Deutsche Nationalbibliothek verzeichnet diese Publikation in der Deutschen Nationalbibliografie; detaillierte bibliografische Daten sind im Internet über <http://dnb.d-nb.de> abrufbar.

Print ISBN: 978-3-527-51218-8
ePub ISBN: 978-3-527-85184-3

Umschlaggestaltung: Torge Stoffers, Leipzig (Foto Autor: © Jenna Hokanson, Gestaltung in Anlehnung an das englische Originalbuch)
Satz: Straive, Chennai, India
Druck und Bindung: CPI books GmbH, Leck, Germany

Ich möchte dieses Buch dir – dem Leser oder der Leserin – widmen, ganz gleich, welche Reise auch vor dir liegt. Der Person, die noch um ihre mentale Gesundheit zu kämpfen hat. Allen, die sich gerade mit aktiver Sucht auseinandersetzen. Denjenigen, die sich in Chaos und Dunkelheit verloren fühlen. Und auch denen, die sich durch ihren Mut wieder erholt haben. Ich wünsche mir sehr, dass ihr alle wisst: Ihr werdet geliebt, und ihr seid nicht allein. Geht euren Weg weiter, denn es liegt so viel Gutes vor euch.

Inhalt

Vorwort

Hattest du schon mal das Gefühl, dass du nicht ins Bild passt? Wie ein Außenseiter, der nicht dazugehört? Womöglich wurdest du gemobbt, einfach weil du eben der- oder diejenige bist, der oder die du bist. Vielleicht hast du dich völlig allein gefühlt. Wenn dir das bekannt vorkommt, dann ist dieses Buch für dich.

Womöglich hast du – oder hat jemand, den du kennst –, schon mal eine Suchtrehabilitation durchlaufen. Bei acht Milliarden Menschen auf der Erde und einer irrsinnigen Zahl von Betroffenen kann ich dir garantieren, dass du da nicht allein bist. Dieses Buch ist für dich.

Ist dein Leben durch ein Trauma erschüttert worden – physisch, emotional, geistig? Meines ja, und der Grund, warum ich meine Story mit euch teilen möchte, ist, dass ich gern eine Verbindung zu Personen herstellen würde, die es brauchen.

Du wirst mich in den folgenden Kapiteln sehr persönlich kennenlernen. Daher möchte ich von Beginn an klarmachen, wer ich nicht bin. Zum Beispiel bin ich, auch wenn mein Name Bruce Wayne lautet, nicht etwa Batman. Mag sein, dass ich ein klein wenig von seiner Bekanntheit besitze (zumindest in den Social Media), und auch ich verfolge durchaus wie er das Ziel, Menschen in Not zu helfen. Aber anders als Batman steht mir kein aufregendes Arsenal von Gerätschaften zur Verfügung, mit denen ich Schurken vertreiben könnte. Dies vorausgeschickt, sind wir alle Überlebenskünstler. Aber anders als bei Comic-Helden sind unsere Gegner oft verborgen und schwer zu erkennen.

Außerdem bin ich auch kein übernatürliches Wesen und kein Experte in Sachen menschliche Natur. Ich kann nicht erklären, warum schlimme Dinge geschehen oder warum es das Böse auf der Welt gibt, und ich gebe auch keine Ratschläge, wie man mit gefährlichen Menschen umgeht. Aber ich biete Hoffnung. Ich habe erlebt, wie schön die Schöpfung ist, und ich lade dich ein, deinen Blick zu erweitern, damit du siehst, dass Veränderung möglich ist. Wenn ein unüberwindliches Hindernis auftaucht, ist es wichtig, sich damit auseinanderzusetzen und den eigenen Weg trotzdem fortzusetzen.

Und schließlich bin ich auch nicht Shakespeare. Ich habe keinen tiefen Einblick in Emotionen, Verhaltensweisen oder die menschliche Natur an sich. Ich versuche nicht zu erklären, warum wir tun, was wir tun, oder warum wir widersprüchliche Überzeugungen haben, oder wie wir zu unseren Meinungen kommen. Aber ich kann dir sehr wohl sagen, dass Sein besser ist als Nichtsein. Du bist da. Du atmest. Du hast die Chance, das Negative zu vertreiben und das Positive in dein tägliches Leben zu holen. Du kannst dich entscheiden, deinen Weg weiterzugehen.

***

Wer also bin ich? Ich war ein Kind, dessen Schicksal von Geburt an besiegelt war. Aus Sicht des medizinischen Personals, das mich zur Welt brachte, hätte es durchaus Sinn gemacht, meinen Namen nicht nur auf die Geburtsurkunde, sondern gleich auch auf einen Grabstein zu schreiben. Angesichts meiner äußeren Umstände und nach allen Mutmaßungen war ich dazu verurteilt, eine namenlose Ziffer zu sein, ein hoffnungsloser Fall, der rasch entsorgt und vergessen sein würde.

Obwohl also gleich von Anfang an alle Chancen gegen mich standen, besiege ich auch heute noch alle Zweifel. Jeden Tag und bei stets neuen Herausforderungen stehe ich immer wieder auf, finde immer wieder den Mut, aufrecht zu stehen – gehe meinen Weg immer weiter.

Ich habe auf meinem Weg viel Scheitern erlebt. Ich glaube, dass man sein Scheitern feiern darf, denn es beweist unseren *Erfolg, etwas versucht zu haben!*

Als Mensch, der so viele traumatische Dinge erlebt hat, spüre ich eine große Verantwortung. Es gab so viele Momente, in denen ich hätte aufgeben können, in denen ich die Herausforderungen aber bewältigt habe. Ob du nun also versuchst, Dinge zu bewältigen, versuchst, dich zu transformieren, oder einfach versuchst, deine besonderen Herausforderungen zu überstehen, ich hoffe, die Botschaft im Titel dieses Buchs findet bei dir Widerhall: Atme weiter! Geh deinen Weg weiter!

Meine Story soll dir als Quelle der Hoffnung und Inspiration dienen, und ich erzähle sie mit großer Liebe zu dir. Ob du nun durch ein Trauma beeinträchtigt bist, durch mentale gesundheitliche Herausforderungen oder durch Suchtkrankheiten, die dich selbst oder deine Lieben betreffen, du kannst die Situation bewältigen, dich transformieren und das Ganze überstehen. Einfach gesagt: Wenn ich das konnte, kannst du das auch!

Alle Details und Geschichten, die du lesen wirst, sind wahr, gemäß meiner eigenen Erinnerung und den Erinnerungen anderer, die zur jeweiligen Zeit zugegen waren. Einige Namen wurden geändert, um Personen zu schützen und zu respektieren, die nicht erkannt werden wollten. Alles andere ist real.

Das Ganze ist keine schöne und keine leichte Geschichte, und manche Passagen könnten einzelne Leser irritieren. Es ist eine Wiedergabe meiner persönlichen Erlebnisse. *Vor allem handelt es sich hier nicht um professionelle medizinische Ratschläge. Wenn du es mit mentalen gesundheitlichen Problemen, Sucht, traumabezogenen Problemen, einer Krise oder einem Notfall zu tun hast, solltest du dich unverzüglich an eine professionelle medizinische oder Notfall-Hotline wenden. Am Ende des Buchs findet sich eine Liste mit Hilfsquellen bzw. Hotlines*[1].

Deine Situation ist eine ganz besondere. Ich empfehle dir, das Ganze in deinem eigenen Tempo zu lesen und auf diese Weise

1 Anmerkung zur Übersetzung: Die dort aufgeführten Quellen wurden für Deutschland bzw. den deutschsprachigen Raum angepasst.

Dinge zu entdecken, die wir gemeinsam haben. So kannst du eine Verbindung zu denjenigen Elementen aufbauen, die bei dir den größten Widerhall finden.

> Atmen …
>
> Geh deinen Weg weiter.
>
> Alles wird gut.

1 Hineingeboren und herausgeholt

> Atmen. Mit den Karten, die an dich ausgeteilt wurden, kannst du leben.
>
> Atmen. Bloß weil dich ein paar Leute im Stich gelassen haben, heißt das noch nicht, dass alles vorbei wäre. Es wird auf deinem ganzen Weg immer Menschen geben, die dich lieben und unterstützen.
>
> Atmen. Ich weiß, dass dir in deiner Situation, wenn du nicht weißt, wohin das alles führen soll, deine Last zu schwer zu tragen erscheint. Und das ist auch in Ordnung so. Aber denk dran, du wirst auf deinem Weg so vielem Guten begegnen, wenn du nur nicht aufgibst.
>
> Atmen. Geh deinen Weg weiter.

Gleich von Anfang an hatte ich in meinem Leben steile Berge zu bewältigen. Schon als ich im Mutterleib heranwuchs, nahm ich Drogen und Alkohol zu mir; ich war eines der vielen »Crack-Babys«, wie sie damals in den Medien genannt wurden. Ich wurde in eine gewaltige namenlose soziale Epidemie hineingeboren, die über die Nation hinwegrollte und es auch heute noch tut. Sucht und Trauma wirken sich nicht nur auf diejenigen aus, die direkt darunter leiden, sondern auch auf die unzähligen Personen, die privat und beruflich mit den Folgen zu tun haben.

Ich war erst wenige Momente alt, als ich schon in aller Eile in die Entzugsklinik gebracht wurde, wegen der ganzen Sucht erregenden Substanzen, die ich unfreiwillig zu mir genommen hatte. Und nur wenige Tage nach dem Beginn meiner Reise auf dieser Erde überlebte ich dann auch noch eine doppelte Hernien-Operation. Ich bin also nicht nur in den Rocky Mountains geboren, wo ich buchstäblich die Berge vor mir hatte, sondern es lagen auch im metaphorischen Sinne Berge vor mir, die von Anfang an groß und bedrohlich wirkten.

Aber bevor wir anfangen, durch das Unterholz meiner holprigen Anfänge zu wandern, würde ich gern erst einmal mit einer tatsächlichen Erinnerung an die Berge meiner Kindheit beginnen, an ein Ereignis, das lange nach diesen schrecklichen ersten Jahren stattfand und voller Glück und Liebe war. Ich war vielleicht sieben oder acht Jahre alt, als Glenn, der Mann, den ich später meinen Vater nennen durfte, mit einer meiner Schwestern und mir eine Wanderung auf den Berg Old Baldy unternahm, in der Nähe des Rinderzüchter-Dorfs Twin Bridges in Montana. Der Berg war etwa 3000 Meter hoch, was in meiner kindlichen Vorstellung hoch genug war, um nach der Sonne greifen zu können. Der Tag war erfüllt von Spaß, Aufregung und einer ganzen Palette neuer Düfte und Eindrücke: den Farben der Bäume und der in der Ferne erkennbaren Berge, dem Geruch frischen Laubs und aufgeblühter Knospen. Aber selbst hier, wie so oft in meinem Leben, lauerten unsichtbare Gefahren.

Wir lachten viel auf dem Weg nach oben und hatten vielleicht die Hälfte der Strecke geschafft, als wir durch eine unverhoffte Begegnung überrascht wurden: Hinter einem unscheinbaren Baum tauchte ein Grizzlybär auf. Der Anblick war so furchteinflößend wie aufregend, und Glenn, der solchen Gefahren schon begegnet war, handelte sofort. Er wusste, was zu tun war, damit wir diese Situation überstehen und unseren Weg fortsetzen konnten. Während wir wie gelähmt vor Furcht waren, verunsichert und überfordert, wandte er sich selbstbewusst dem drohenden Grizzly zu und begann einen Lärm wie auf einer Silvesterfeier zu machen, womit er den Bären verscheuchte.

Auf diesen Zusammenstoß mit einer unerwarteten Gefahr (sowie auf Glenns mutiges, beschützendes, väterliches Handeln) folgten zur Belohnung noch viele freudige, erinnerungswürdige und einprägsame Erlebnisse. Wir stiegen weiter bergauf. Auf den Schrecken des Grizzlybären folgten zunächst eine duftende und wunderschöne Wiese mit Wildblumen und dann eine Premiere für mich: das Hochgefühl, den Gipfel eines Berges erreicht zu haben. Der Ausblick dort oben war majestätisch. Ich fühlte mich überschwänglich und zugehörig. Der Berg war nichts Unerreichbares mehr. Die gefährlichen Grizzlybären waren zwar auch weiterhin real und vorhanden, aber sie waren jetzt keine sicheren Vorboten der Vernichtung mehr, sondern einfach nur ein Bestandteil der Welt, in der ich mich gerade befand. Ich konnte sie jetzt im richtigen Verhältnis sehen – zwar groß im Moment, aber doch klein im Verhältnis zu unserer gesamten Reise, nur ein Moment im Verlauf des Weges.

Oben auf dem Old Baldy fanden wir einen Haufen Steine, auf den wir uns setzen und ausruhen konnten. Wir freuten uns über die Entdeckung eines Glasgefäßes, das irgendwo zwischen den Steinen liegen geblieben war. Wir holten das Glas aus seinem Versteck und schrieben unsere Namen auf Zettel, die wir in das Glas legten, bevor wir es wieder zwischen den Steinen versteckten. Es war zwar immer noch dasselbe Glas, aber jetzt war es mit unserer persönlichen Marke versehen. Mag sein, dass es immer noch dort oben liegt, als Andenken an unsere Zeit auf dem Gipfel des Berges, mag auch sein, dass unsere Namen inzwischen verblichen sind, aber wir sind dort gewesen. Wir haben es geschafft und zogen dann weiter.

Jetzt aber wieder zurück zu den metaphorischen Bergen meiner ersten Jahre. Als einziger Junge mit vier älteren Schwestern sollte mir später klar werden, dass ich in einen der schlimmsten bekannten Fälle von Kindesmissbrauch und Vernachlässigung der frühen 1990er-Jahre in Montana hineingeboren worden war. Abgesehen vom Trauma durch diesen Missbrauch hatte auch der Umstand, dass ich unter dem Einfluss von Drogen und Alkohol auf die Welt gekommen war, für den Rest meines Daseins bleibende Auswirkungen auf jeden Aspekt meines (Er-)Lebens.

Meine frühesten Erinnerungen an meine leibliche Mutter, Berna, sind verschwommen und undurchsichtig – ähnlich wie es die Rauchringe waren, von denen sie ständig umgeben war. Ich weiß noch, wie ich gebannt war von einem orangefarbenen Glühen, das rhythmisch immer wieder an Intensität und Helligkeit zu- und wieder abnahm. Sie atmete ein und die Spitze des Stäbchens in ihrem Mund wurde heller. Sie atmete aus und die Intensität nahm wieder ab. An, aus. An, aus. Sie lag im Bett und Rauch waberte nach oben. Ihre Zigaretten sind meine früheste Erinnerung, zusammen mit einem inneren Gefühl von Neugier und Nebel.

Gillette (Wyoming), 3. März 1991: Wie in den 90er-Jahren üblich, war der März von einer typischen, frischen, beinahe brennenden Art von Winterkälte erfüllt. Es lag Schnee, und die Stadt Gillette verharrte in ihrem ruhigen Betriebszustand. Schnee ist in diesem Teil der Rocky Mountains fast das ganze Jahr hindurch präsent. Ich frage mich, wie sich meine biologische Mutter, Berna, wohl am Tag meiner Geburt gefühlt haben mag, als sie nun noch ein weiteres Kind bekam, ihr inzwischen fünftes. Der Großteil meiner frühen Erinnerungen an sie hat zwar mit Vernachlässigung zu tun, aber bei einigen Gelegenheiten zeigte sie doch auch Fürsorge, auf ihre Berna-typische Art.

So wurde mir von einem verschneiten Tag berichtet, an dem sie mich in den vorderen Korb eines Schneemobils packte und mit mir durch die Berge fuhr. Und an einem anderen Tag spielten meine Schwestern und ich draußen, und ich stürzte kopfüber von einem Geländer in eine Schneewehe. Meine Schwester April schrie nach Berna, und als sie herausgerannt kam, bot sich ihr ein komischer Anblick: nichts als Beine, die aus dem Schnee herausragten und wild herumzappelten. Sie verlor keine Zeit, mich aus der Schneewehe zu ziehen. Wir lachten alle miteinander.

Mutterinstinkte waren also in rudimentärer Form vorhanden, daher lasse ich ihr auch ein wenig Gnade widerfahren. Wäre sie selbst unter anderen Bedingungen aufgewachsen, hätte sie vielleicht sogar eine fürsorgliche, liebende Mutter werden können. Aber so war sie nicht, und so verläuft auch meine Geschichte nicht. Es lohnt sich nicht einmal, es sich so zu wünschen, denn nur das Heute und nicht die Vergangenheit existiert.

Wir zogen ganz schön viel herum in diesem ersten Jahr meines Lebens, teilweise wohl aufgrund von Bernas Unstetigkeit, vielleicht aber auch, wie ich mir vorstelle, getrieben von Verzweiflung. Auch wenn dieser Teil des Landes zu jener Zeit eine Dürre erlebte, kommt es mir eher so vor, als ob Berna ertrank, in einer Flut vergessener Städte und Orte, einem Wirbel von männlichen Gestalten, einer Vielzahl von Jobs und ausgiebigem Schmarotzertum.

Wir landeten in Sheridan in Montana, einer ruhigen kleinen Stadt mit etwa 1000 Einwohnern. Sie liegt eingebettet zwischen den majestätischen Bergen der Rocky Mountains im südwestlichen Montana, in einem wunderschönen Tal namens Ruby Valley. Der Anblick ist sehenswert. Er weist zwar nicht den rubinroten Glanz auf, den der Name vermuten lässt, aber doch eine Art goldenen Schimmer, aufgrund der endlosen Felder und des Heus, die dort fast das ganze Jahr zu sehen sind. Während das Land trocken und staubig ist, waren die Menschen, die mich umgaben, in meiner Erinnerung eher feucht, teils vom Alkohol, teils vom Schweiß sexueller Begegnungen.

Das Ruby Valley war erfüllt von endloser Langeweile und dem überwältigenden Anblick seiner ausgedehnten landwirtschaftlichen Flächen, mit Weizen, Mais, Kartoffeln und Vieh. Mit diesem Anblick kontrastierten der allgegenwärtige Geruch nach Mist und, was meine Mutter betrifft, die endlosen Vorräte an Drogen und Alkohol.

Unser kleines Haus lag gleich am Anfang des Ortes, direkt an der Hauptstraße. In meinem kindlichen Empfinden war das Haus trotz der abblätternden Farbe riesig und prächtig. Es gab einen vernünftig großen Garten mit Bäumen und Büschen, und am Rand des Grundstücks floss sogar ein Bach. Gerade das wild wachsende Unkraut und Strauchwerk hatte es uns Kindern angetan. Wie mir erzählt wurde, haben wir auch viel unbeaufsichtigt in dem Bach gespielt. Anders als die Kinder heutiger Helikopter-Eltern waren meine Schwestern und ich weitgehend uns selbst überlassen, wenn auch nicht unbedingt aus Vertrauen. Man ging einfach davon aus, dass wir schon nicht ertrinken würden.

Das Haus war dunkel, mit dunklen Holzpaneelen und Möbeln und stets zugezogenen Vorhängen. Ich vermute, diese Vorhänge waren einmal weiß gewesen, aber durch den endlosen Zigarettenrauch hatte der Stoff eine stumpfe uringelbe Farbe angenommen. Der krebserregende Dunst war so dick, dass selbst die Farbe an den Wänden angefangen hatte, diesen scheußlichen Farbton anzunehmen.

Der Eingang führte ins Wohnzimmer, das mit einer Ofenheizung ausgestattet war. Das Mobiliar bestand aus alten, übernommenen Stücken, einem Mischmasch aus braunen Polstern und vergessenswerten Drucken. Die Küche war in einen kleinen Raum an der Vorderseite des Hauses gezwängt, der vom Wohnzimmer abging. Die Küchenschränke waren für gewöhnlich leer, und der Kühlschrank enthielt für gewöhnlich nur etwas Vergammeltes. Die meiste Zeit ging ein fauliger Geruch von ihm aus, der uns stets daran erinnerte, dass wir dort lieber nichts Essbares erwarten sollten. Gelegentlich gab's einfache Puten-Sandwiches; andere Male gab es nichts. An manchen Tagen teilten sich meine Schwestern und ich ein einziges, ungekochtes Päckchen japanische Ramen-Nudeln.

Unsere Wohnung war dreckig und unordentlich, Müll und Klamotten lagen überall herum – ein Tornado hätte die Situation vermutlich eher verbessert als verschlechtert. Wir hatten selbst kein Haustier, aber die Hunde der Nachbarn kamen in unser Haus, um zu kacken, und die Hinterlassenschaften versteinerten mit der Zeit.

Ich habe nicht die Absicht, Berna als Verbrecherin oder Monster zu präsentieren. Sie war ein Mensch wie jeder von uns. Wäre sie in andere Verhältnisse hineingeboren worden oder hätte sie andere Entscheidungen getroffen, hätte das Leben für uns alle anders aussehen können.

Berna war eine körperlich schöne Frau mit überwältigendem Lächeln und starker Persönlichkeit. Sie war sympathisch, gewann schnell Freunde, und man kam gut mit ihr aus, wenn sie gerade bei guter mentaler Gesundheit war. Sie war talentiert und künstlerisch veranlagt. Hätte sie nicht zu Drogen gegriffen, als Bewältigungsmechanismus – als Fluchtweg vor ihrem misshandelnden Vater und ihrer eigenen traumatisierten Jugend –, hätte sie ohne Weiteres sogar eine gute Mutter sein können. Aber sie schaffte es nicht, aus dem Kreislauf des Missbrauchs auszubrechen.

Sie war etwa einen Meter siebzig groß und leicht übergewichtig, auf eine Art, die ihre weiblichen Formen betonte. Ihr Haar war kastanienbraun und lang; wellig, wenn es trocken und gekämmt war, lockig, wenn feucht. Sie war immer in den erstickenden Geruch von Rauch eingehüllt, und ihre aufgesprungenen Lippen wurden von einer endlosen Parade von Zigaretten geschmückt.

Meine Schwestern sind alle älter als ich. April, die älteste, war etwa sechs, als ich geboren wurde, sie hatte schmutzig-blondes Haar und eine reservierte, fürsorgliche Art. Sammi war fünf, mit dunkelbraunem Haar und unkontrollierbarer Energie. Die ruhige, unschuldige Megan war drei oder vier und hatte kastanienbraunes Haar wie Berna. Die fast zweijährige kleine Sonia interessierte sich immer für irgendetwas und hatte dunkles rostrotes Haar. Und dann kam noch ich ins Bild, wie ein nachträglicher Einfall, der kleine Bruce, der fast immer ein Nickerchen auf dem Boden machte. Mit fast einem Jahr erholte ich mich sogar von einer Operation auf dem Boden liegend, eingewickelt in eine Decke. Mir wurde erzählt, dass ich auch zum Mittagsschlaf oft auf dem Boden liegen gelassen wurde, selbst als ich die Windpocken hatte! Nur ein kleines Beispiel aus einem größeren Muster.

April, selbst noch ein kleines Kind, war die Einzige, die sich wirklich um uns kümmerte. Meine Schwestern wussten nicht viel, nur dass wir sehr arm waren, und zwei von ihnen lernten, in unserem Lebensmittelladen Brot und andere Nahrungsmittel zu stehlen. Wir aßen, was wir konnten und wenn wir konnten. Unterernährung war die Folge.

Berna war nicht in der Lage, adäquat für sich selbst zu sorgen, geschweige denn für ein Kind. Aber sie war schon mit Mitte zwanzig alleinerziehende Mutter von gleich fünf kleinen Kindern, alle von verschiedenen Vätern, die sämtlich von der Bildfläche verschwunden waren. Da sie keine Mittel und Wege kannte, um mit ihrer Situation fertig zu werden, wurde Berna zur zornigen Frau, die Zuflucht zu Sex, Drogen und Alkohol nahm, um Missbrauch und Trauma ihrer eigenen Jugend zu bewältigen. Der Kreislauf begann sich zu wiederholen.

Oft unternahm Berna unangekündigt lange Roadtrips mit ihren Freunden oder machte sich mit einem Freund davon oder auch mit völlig Fremden. Sie ließ uns dann für Tage, Wochen oder gar Monate bei unseren Großeltern zurück. Einmal wurden wir fast ein ganzes Jahr zurückgelassen.

Wir nannten das Zuhause von Bernas Eltern – unseren Großeltern – scherzhaft die Pepto-Bude, aufgrund der schreiend bunten Farbe. Ein Wohnwagen unter Wohnwagen! Seinem schaurig-fröhlichen Äußeren zum Trotz war das Innere mit noch dunkleren, beengenderen Paneelen ausgestattet als das Haus in Sheridan. Zu der Zeit, als Berna uns für längere Perioden bei ihnen unterbrachte, hatte mein Großvater – der Berna seinerzeit missbraucht hatte – bereits einen Schlaganfall erlitten. Das Erlebnis hatte ihn erschüttert und er hatte sein Verhalten geändert, sodass er jetzt nicht auch uns missbrauchte wie damals Berna. Als Folge des Schlaganfalls war er nicht zu verstehen, wenn er sprach. Es gab nur zwei Ausnahmen, bei denen ich sein Gebrabbel verstand. Bei einer davon sagte er zu mir: »Ich liebe dich.« Ich erwiderte, dass auch ich ihn liebte. Wusste ich damals überhaupt, was das heißt?

Meine Großmutter, eine Frau, die sich wild entschlossen an ihre Religion klammerte, sagte diese Worte ebenfalls, ich war allerdings mehr an den unerschöpflichen Vorräten an Eiscreme-Sandwiches interessiert, die in ihrem Kühlschrank lagerten. Die bot sie uns regelmäßig an. Vielleicht habe ich sie damals auch geliebt. Auf jeden Fall liebte ich ihre Eiscreme-Sandwiches!

Wenn Berna uns nicht bei den Großeltern unterbringen konnte, brachte sie uns zu einem ihrer Freunde oder Ex-Freunde. Das war fast nie gut. Einmal, als Berna wieder unterwegs war, hatte ebenfalls einer ihrer »Freunde« eingewilligt, sich um uns zu »kümmern«. Er schloss sich mit einer meiner Schwestern in einem Zimmer ein. Die Situation war grauenhaft. Wir waren verängstigte Kinder, alle unter neun Jahre. Eine meiner Schwestern brachte in ihrer verzweifelten Angst den Mut auf, an der Türklinke zu rütteln, in der Hoffnung, das könnte diesen Mann von seinem Missbrauch abbringen.

Der Missbrauch fand mehrfach statt – an uns allen.

Wenn Berna mal zu Hause war, nahm sie keine Notiz von uns; für gewöhnlich schlief sie den ganzen Tag, weil sie, nicht ohne Grund, übermüdet oder einfach verkatert war nach den Ereignissen der jeweils vorangegangenen Nacht. Somit waren wir die meiste Zeit unbeaufsichtigt. Wir hatten gelernt, sie nicht zu wecken, solange es keinen echten Notfall gab. Denn wenn wir es taten, wurden wir verprügelt.

Wir wurden oft von Nachbarn dabei angetroffen, wie wir nackt im Garten spielten, im Bach oder, ganz schrecklich, im toten Winkel auf der belebten Hauptstraße, die direkt an der Grundstücksgrenze entlang führte. Mehrfach verständigten Fremde die Polizei, wenn sie die nackten Kinder sahen, die da auf der Straße spielten. Wenn Berna etwas davon mitbekam, etwa weil sich Nachbarn beschwerten, die Polizei vorbeikam oder sich einer von uns verletzte, verprügelte sie uns.

Die Schläge waren für uns gewohnte Routine. Für gewöhnlich schlug Berna uns mit ihrem Gürtel oder Stock auf die bloße Haut unserer Beine, Rücken oder Hintern. Wir lernten auch auf der Hut zu sein vor Ohrfeigen oder klassischen Fausthieben, die aus willkürlichen Gründen auf uns einprasselten.

An einem schönen und klaren Frühlingstag spielten wir am Morgen im Garten hinterm Haus. Der Löwenzahn, der unseren Garten eroberte, stand in voller Blüte, ein Meer aus sonnigem Gelb. Sorgfältig suchten wir in dieser Fülle die größten, leuchtendsten, allerschönsten Löwenzahnblumen aus, um daraus einen herrlichen Strauß für unsere Mutter zusammenzustellen. Wir gingen vorsichtig hinein, um sie damit zu überraschen. Unsere kindlichen Absichten waren rein und unschuldig. Wir wollten ihr einfach etwas geben, was wir schön fanden.

Berna warf das Ganze in den Müll, regte sich furchtbar auf und tobte, weil wir sie geweckt hätten, um ihr Unkraut zu bringen. Sie hatte überhaupt nicht verstanden, welche Bedeutung dieser Moment für uns hatte.

So war es immer.

Unser Verhältnis zu Berna ist paradox. Wir hatten große Angst vor ihr und hungerten doch verzweifelt nach ihrer Liebe und Zuneigung. Wir klammerten uns an sie in der Not, und wir duckten uns vor ihr in Furcht, wenn wir damit rechneten, dass ihr Handrücken auf unsere Haut traf, weil wir klagten, dass wir hungrig seien, oder weil sie uns vorwarf, im Weg zu stehen oder Lärm zu machen, der sie störte.

Als meine Schwestern so alt waren, dass sie zur Schule gehen konnten, waren sie dort eher still und blieben für sich, sofern sie es überhaupt schafften hinzugehen. Meine Schwestern hoben sich definitiv von den anderen Kindern ab, allerdings nicht wegen ihrer Leistungen. Sie hatten schmutzige Haare und unreine Haut. Ihre Kleider und Schuhe waren voller Löcher und sie rochen permanent nach Urin. April betätigte sich als unsere Ersatzmutter. Sie sorgte dafür, dass wir wenigstens überhaupt Kleidung trugen, wechselte unsere Windeln und verhalf uns gelegentlich zu einem Bad.

Schon mit sechs Jahren übernahm April sämtliche elterlichen Aufgaben.

Die Lehrerinnen und Lehrer an der Schule bemerkten praktisch sofort, dass bei uns zu Hause etwas nicht stimmen konnte, und blieben aufmerksam. Nachdem es viel zu viele Berichte über Vorfälle mit Mitschülern gegeben hatte, es sich zeigte, dass wir alle noch nicht sauber waren, und mehrere Essensdiebstähle ans Licht kamen, schrieben die Verantwortlichen der Schule einen Bericht und schalteten eine Sozialarbeiterin ein.

Die physischen Anzeichen waren unmöglich zu übersehen: blaue Flecken überall, ständiges Einnässen, und immerwährender Hunger.

Trotz allem gaben die Verantwortlichen Berna noch eine Chance, sich zu ändern. Sie sollte nüchtern bleiben, arbeiten gehen, unsere Lebensbedingungen verbessern und aufhören, uns zu misshandeln und zu vernachlässigen. Aber sie hatte einfach nicht die Bereitschaft, irgendetwas zu ändern.

Einige behaupten, es sei meine Großmutter gewesen, die den letztlich auslösenden Anruf beim Sozialamt tätigte, was sie allerdings immer bestritt, vielleicht aus Rücksicht auf Bernas Gefühle oder aus Kummer oder Scham oder Realitätsverleugnung. Jedenfalls standen nach diesem Anruf die Polizei und Sozialarbeiter vor der Tür unseres Häuschens in Sheridan.

Das Ganze begann wie ein ganz normaler Tag für uns: Es gab nicht genug zu essen, aber wir teilten uns, was wir hatten. Eine meiner Schwestern, die draußen gespielt hatte, kam hereingerannt und rief: »Die Dame ist da! Die Dame ist da!«

Als Berna die Sozialarbeiterin mit den Polizisten sah, wusste sie, es war vorbei. Sie nahmen sie mit nach draußen, und als sie wieder hereinkam, flossen ihr Tränen übers Gesicht.

Ihre Emotionen waren deutlich ablesbar: Trauer, Leid, Kummer, Verzweiflung. Vielleicht war es unseretwegen. Vielleicht war es ihretwegen. Ich möchte mir gern vorstellen, es war eine Kombination aus beidem. Ich hatte sie noch nie zuvor weinen gesehen, und ich habe es auch danach nie wieder gesehen.

Berna und die Sozialarbeiterin begannen unsere wichtigsten Sachen zusammenzusuchen. Wir sollten mitnehmen, was wir wollten. Ich hatte praktisch keine eigenen Besitztümer, aber ich erinnere mich noch lebhaft, wie ich durchs Haus lief und meine Batman-Pantoffeln suchte. Ich trug sie immer. Sie waren von Bedeutung für mich, weil sie mir gehörten und weil ich nach Batman benannt war. Es war etwas, wozu ich einen Bezug hatte. Ich wusste, dass sich mein Leben jetzt für immer ändern würde. Ich sollte von etwas befreit werden, was ich gar nicht verstand. Ich hatte meine Batman-Pantoffeln immer noch nicht gefunden – meine Verbindung zu allem, was ich kannte. Ich begann in Panik zu geraten. *Ich brauche die!*

Dann wurde ich von der Sozialarbeiterin, Terry, hochgehoben. Ein Polizist schnallte mich in einem Kindersitz an, während Berna nach uns schrie.

Das Ganze ging ganz schnell. In der einen Minute war ich noch zu Hause gewesen, auf der Suche nach meinen Batman-Pantoffeln, in der nächsten saß ich schon ohne sie im Fond eines Autos. Ich kann mich nicht erinnern, ob ich in dem Moment noch einen letzten Blick auf Berna geworfen habe, aber ich erinnere mich genau, wie das Auto aus der Auffahrt hinaus und auf die Hauptstraße fuhr.

In mir breitete sich ein ganz ungewöhnliches Gefühl aus. Ich fühlte mich wie ein Ballon, der voll Luft gepumpt wird. Ich dehnte mich aus, stieg auf. Ich weiß noch, ich fühlte mich kribbelig und als würde ich auf einmal ganz groß werden. Es war, als würde ich immer weiter wachsen, so sehr, dass mein Kopf an die Decke des Autos stoßen würde. Ich denke, es war das Gefühl, endlich sicher und frei zu sein, das verursachte, dass ich mich größer fühlte, die Möglichkeit einer neuen Zukunft spürte.

Es war immer noch Morgen. Meine Schwestern und ich saßen still auf der Rückbank. Die Sozialarbeiterin, Terry, saß auf dem Vordersitz. Von hinten sah ich ihre feuerroten Haare und ihre dünne Gestalt. Nachdem sie still für sich ein paar tiefe Atemzüge getan hatte, drehte sie sich in ihrem Sitz um und wandte sich an meine Schwestern und mich.

»Das ist heute ein ganz großer Tag für euch, das weiß ich. Ich bin sicher, ihr habt ganz viele Fragen, und ihr sollt wissen: Das ist in Ordnung!« Ihre Stimme war fest, verriet aber eine Spur Nervosität. »Wir bringen euch Kinder auf eine schöne Ranch mit vielen Pferden und Kühen, auf der ihr eine Weile bleiben sollt«, fuhr sie fort.

Nach etwa 30 Minuten Fahrt, gefüllt mit Verwirrung und Schweigen, erreichte das Auto eine schöne, ausgedehnte Ranch mitten im Ruby Valley. Das einstöckige Wohngebäude war von ziegelroter Farbe. Der grenzenlose Blick auf die Bitter Root Mountains war atemberaubend. Der Blick von unserem ausgeblichenen Haus an einer belebten Ecke weitete sich hier zu einer prächtigen und grenzenlosen Aussicht, die auch im Big Sky Country von Montana besondere Erwähnung verdiente. Echter Frieden und Ruhe überkamen mich, als eine sanfte Brise durch die Grashalme auf den Feldern wehte.

Eine Frau, Sheila, und ihr Mann, Bob, standen auf ihrer Terrasse und warteten auf unsere Ankunft, als wir den langen Feldweg hinauffuhren und vor ihrem Haus zum Stehen kamen. Ihre Arme öffneten sich weit zum Willkommen für uns alle, als wir aus dem Auto kletterten. Ich wusste nicht, was geschah oder warum. Ich wusste nur, dass wir jetzt befreit waren von Bernas zornigen, betrunkenen Wutanfällen. Wir waren befreit von Misshandlung und Unterernährung. Befreit von den unerwünschten sexuellen Berührungen ihrer Lover und Saufkumpane. Wir waren befreit von den brutalen Prügeln und der puren Vernachlässigung. Wir waren frei.

Atmen. Mit den Karten, die an mich ausgeteilt wurden, kann ich leben.

Atmen. Bloß weil mich ein paar Leute im Stich gelassen haben, heißt das noch nicht, dass alles vorbei wäre. Es wird auf meinem ganzen Weg immer Menschen geben, die mich lieben und unterstützen.

Atmen. Ich weiß, dass mir in meiner Situation, wenn ich nicht weiß, wohin das alles führen soll, meine Last zu schwer zu tragen erscheint. Und das ist auch in Ordnung so. Aber mir wird auf meinem Weg so viel Gutes begegnen, wenn ich nur nicht aufgebe.

Atmen. Ich kann und werde meinen Weg weitergehen.

2 Die Pflegeeltern

Atmen. Ganz gleich, wonach du hungrig bist, du kannst etwas finden, das deinen Hunger stillt, oder eine Person, die sich um deinen Hunger kümmert.

Atmen. Auch wenn dir im Chaos eines Sandsturms die Turbulenzen ins Gesicht wirbeln, denk daran, dass sich das Ganze wieder legen wird und danach große Ruhe einkehrt.

Atmen. Bloß weil dir etwas schön, glanzvoll und einladend vorkommt, heißt das noch nicht, dass es auch für dich gedacht ist. Aber das ist okay. Denn wenn du deine Reise fortsetzt, wirst du auch finden, was für dich gedacht ist.

Atmen. Geh deinen Weg weiter.

Sheila war eine lebhafte Frau aus Boston, die nach Montana gezogen war, zusammen mit Bob, einem stämmigen Iren, dem die Ranch gehörte, auf der wir jetzt für eine Weile bleiben sollten. Für meine Begriffe konnte diese Weile eine Stunde bedeuten oder eine Ewigkeit.

Ich weiß heute, dass Sheila Raucherin war. Doch im Unterschied zu Bernas allgegenwärtiger Kohlenstoff-Aura war Sheila immer in einen Minzeduft gehüllt, der ihre Angewohnheit verbergen sollte. Sie rauchte immer nur heimlich, wenn wir es nicht sehen konnten mit unseren leicht zu beeindruckenden Kinderaugen. Was wir dagegen sehen konnten, das waren ihre kurzgeschnittenen dunklen Haare und ihre lebhafte, beeindruckende Energie. Sie hielt das Haus stets picobello sauber, es kam einem vor, als würde sie viermal am Tag putzen und staubsaugen. Die frisch polierten Oberflächen glänzten im Sonnenlicht, das durch die prächtigen Panoramafenster die Innenräume flutete.

Bob wiederum hatte einen ganz eigenen, aber herzlichen irischen Humor, der ab und zu aufblitzte und seinen sonst stoischen Auftritt durchbrach. Er passte perfekt zum Mythos des amerikanischen Ranchers, der immer fleißig auf den Feldern arbeitete und dem immer noch eine Extraaufgabe einfiel, um die es sich zu kümmern galt. Seine weiße irische Haut reichte nur bis zum Rand der Hemdsärmel, wo sie mit einer klaren Trennlinie in die braungebrannte Haut des Farmers überging. Er lebte zwischen Pferden und Kühen auf den weit reichenden Feldern vor dem Haus.

Der Einzug in diese neue Welt war für uns ein Traum. Ich weiß noch, wie Sheila uns beim Hereinkommen fragte, ob wir schon gegessen hätten oder ob wir hungrig wären. Tatsächlich waren wir kurz vorm Verhungern. *Unterernährt* lautete der Ausdruck, den die Fachleute bei unserer ersten physischen Untersuchung nach dem Wegzug von Berna verwendet hatten.

Rasch ging Sheila zum Kühlschrank und holte das Essen heraus, das sie für unsere Ankunft vorbereitet hatte. Ich erinnere mich an Berge von Kartoffelpüree. Ich bin mir ganz sicher, dass es auch noch andere Sachen gab, etwa Gemüse und wahrscheinlich Pute oder Huhn, aber das Kartoffelpüree ist das, woran ich mich erinnere. Sie wärmte das Ganze auf und häufte dann gewaltige Portionen auf unsere Teller. »Wenn ihr noch Hunger habt, nehmt euch einfach«, sagte sie dann. *Was, wir sollen uns noch nehmen?!* Sich noch mehr nehmen war für uns noch *nie* eine Option gewesen. So ziemlich zum ersten Mal in meinem Leben war ich richtig satt, und das von echter, wertvoller Nahrung!

Meine Schwestern und ich waren wie gebannt von diesem Kühlschrank, von Ehrfurcht ergriffen, wir konnten einfach nicht glauben, wie viel Essen sich darin befand. So viel Essen auf einem Haufen hatten wir noch nie gesehen. Irgendwann holte uns Sheila aus unserem hypnotisierten Zustand und führte uns aus der Küche. Nicht etwa, weil sie besorgt gewesen wäre ob der unglaublichen Mengen, die wir in unsere leeren Bäuche füllten, sondern einfach nur, weil sie eine sehr ordnungsliebende Frau war. Vielleicht war das Chaos nach unserem Festmahl bei diesem ersten Zusammentreffen einfach ein bisschen zu viel für sie gewesen.

Nachdem sie uns unsere Zimmer gezeigt hatte, ließ sie uns erst einmal in Ruhe zu uns kommen. Wenn ich ehrlich sein soll, kann ich mich an mein Zimmer gar nicht mehr erinnern. Ich war noch so erfüllt von dem Glück, mich sattessen zu können, dass das Zimmer gar keine Rolle spielte. Und ich stellte Sheila zum ersten Mal die beiden Fragen, die ich in den kommenden Tagen immer wieder stellen sollte: »Wo ist meine Mama?« und »Bist du jetzt meine Mama?«

Später an diesem ersten Abend war dann noch Baden angesagt. Wir waren dreckig. Nicht einmal um Mitternacht bei Neumond wäre das verborgen geblieben. Aber der Schmutz förderte auch Überraschendes zutage: Der abgewaschene Dreck veränderte die Farben. Zunächst natürlich die Farbe des Wassers, von glasklar zu kaffeebraun. Aber dann auch die Farbe unserer Haare. So zeigte sich zu Sheilas Überraschung, dass die Haare meiner ältesten Schwester April gar nicht braun waren, sondern von einem hellen, geradezu leuchtenden Blond. Die Haare meiner Schwester Sonia waren ebenfalls nicht braun, sondern feuerrot. Und bei uns übrigen änderte sich die Haarfarbe von Schwarz zu einem schönen Kastanienbraun.

Wir waren so ziemlich zum ersten Mal in unserem Leben wirklich sauber. Erst jetzt im Rückblick wird mir klar, wie viele erste Male es an diesem einen lebensverändernden Tag für uns gab.

In den folgenden Monaten verlief das Leben bei Bob und Sheila nach einem typischen Muster. Ich erinnere mich an die endlosen Felder mit goldgelbem Gras, das sich im Wind wiegte. Manchmal wirbelte derselbe Wind auch Staub auf und erzeugte eine bernsteinfarbene Wolke, welche die Berge hinaufwirbelte, bis sie ihren höchsten Punkt erreicht hatte, und dann wieder zur Erde herabsank. Bob machte mit uns immer Ausflüge zu Pferde, wenn er sich nicht um seine täglichen Aufgaben auf der Farm zu kümmern hatte. Während Bob draußen unterwegs war, auf dem Traktor oder in der Scheune, war Sheila drinnen und putzte jeden Quadratzentimeter der Wohnung. Zwischen den beiden braute sich ein unsichtbarer Sturm zusammen, auch wenn uns Kindern das entging.

Es gab wenig Regeln für uns bei Sheila und Bob, doch eine ganz wichtige Ermahnung gab es, auf die strikt geachtet wurde. Es gab einen ganz besonderen Raum im Haus, der für uns Kinder streng verboten war. Vom übrigen Haus war er durch Glastüren abgetrennt, die auf uns groß wie die Türen einer Kathedrale wirkten.

Durch die Scheiben konnten wir die wertvollen, empfindlichen Raritäten sehen, die Sheila und Bob im Lauf ihres Lebens angesammelt hatten: glitzernde Glasvasen, zerbrechliches feines Porzellan, kristallklare Kästchen, gefüllt mit weiteren glänzenden Wunderwerken und zerbrechlichen Figürchen. Dieser Versuchung konnten wir nur für eine gewisse Zeit widerstehen.

Als Bob und Sheila eines im Übrigen ganz normalen Tages beide außer Haus waren, siegte die Versuchung. Meine Schwestern und ich gaben ihr nach und öffneten die stillen, schützenden Türen. Hastig und leise schlichen wir in diese gläserne Schatzkammer. Wir waren von völliger und äußerster Ehrfurcht erfüllt. So etwas Schönes hatten wir noch nie gesehen. Man stelle sich das Entzücken vor, das wir empfanden – wir, die aus einem Haus mit nikotinfleckigen Wänden und Hundekacke auf dem Boden kamen –, uns in einem so sauberen, so makellosen Haus zu befinden, das einen eigenen Raum für gläserne Schätze hatte!

Wir untersuchten sofort jeden Winkel dieser glitzernden Wunderhöhle, suchten voller Staunen, betrachteten jedes Detail dieser prachtvollen Glasmenagerie. Ich war im Himmel! Ich bin mir sicher, wir waren nur minutenlang in diesen heiligen Hallen, aber mir kam es vor wie Jahrhunderte.

Ein Objekt fiel mir ganz besonders ins Auge. Zwischen all dem zerbrechlichen Schönen lag etwas, das ganz anders war als die anderen Sachen: ein kleines Paar kupferner Schuhe. Ich wusste damals gar nicht, was Kupfer ist. Ich weiß nur, dass ich fasziniert davon war.

Sie waren auch ganz anders als die Schuhe, die Sheila mich tragen ließ, wenn wir nachmittags manchmal Verkleiden spielten. Da waren ihre roten Stilettos für mich unwiderstehlich. Aber hier war es das Kupfer, das meine Fantasie anregte. Aber bevor ich dieses kleine metallene Geheimnis noch zu Ende bewundert hatte, hörten wir schon, wie die seitliche Tür der Garage geöffnet wurde, und stürmten aus dem Raum, in der Hoffnung, nicht entdeckt zu werden. Unser einziger Fehler war: Wir hatten vergessen, die Türen hinter uns zu schließen.

Es muss gesagt werden, dass unsere Strafe keinerlei Ähnlichkeit mit dem hatte, was wir bei Berna erleben mussten: Nach einer maßvollen Strafpredigt, weil wir die Regel missachtet hatten, wurden wir ohne Fernsehen früh ins Bett geschickt.

Die Tage wurden zu Wochen und bald auch zu Monaten. Die ganze Zeit über gab es Routinebesuche der Sozialarbeiterinnen, die mit unserem Fall befasst waren. Sie hielten uns auf dem Laufenden, was die nächsten Schritte sein würden. Sie sagten, sowohl Sheila als auch Bob wollten uns sehr gern adoptieren. Aber es kriselte in ihrer Ehe.

Sheila und Bob war klar, dass wir eine zu große Belastung für sie darstellten in einer Zeit, in der sie an ihren persönlichen Problemen zu arbeiten hatten. Es kann sein, dass einer von ihnen oder beide uns wirklich adoptieren wollten, aber sicher war, dass unser Bleiben ihre Ehe zu sehr belasten würde. Und so trafen Sheila und Bob schweren Herzens eine reifliche Entscheidung. Es war an der Zeit, uns zur nächsten Pflegefamilie weiterziehen zu lassen. Ein nettes Paar, das nur wenige Kilometer entfernt lebte, hatte von unserem Fall gehört und war bereit, uns aufzunehmen.

Als die Zeit des nächsten Wechsels näher rückte, wurde ich zunehmend aufgeregt. Nach all den Millionen Malen, die ich gefragt hatte, begann ich nun auch als ganz kleiner Junge zu begreifen, dass Sheila *nicht* meine Mama sein würde. Das könnte der Moment gewesen sein, an dem ich begann, meine Verlustängste zu erkennen und zu verstehen. *Warum wird sie nicht meine Mama? Wo ist meine Mama? Wer wird meine Mama?*

Sorgen hin oder her, es kam der Morgen, an dem ich wach wurde und es Zeit für den Umzug war. Erneut wurden unsere Habseligkeiten verpackt, aber diesmal sorgfältig in Reisetaschen und Koffern, statt sie einfach achtlos in Müllsäcke zu werfen. Wir fünf zwängten uns ins Auto der Sozialarbeiterin und begannen unsere kleine Reise, die uns den Feldweg am Hang des Tales entlang und über den Big Hole River führte. Nach etwa zehn Minuten Fahrt erreichten wir ein Rancher-Städtchen, das sich der stolzen Zahl von 300 Einwohnern rühmte. Twin Bridges war ein Ort, in dem jeder alles über jeden wusste. Es gab mehr Kühe als Menschen. Die Hauptstraße erstreckte sich gerade mal eine Meile lang durch den Ort, und eine einsame blinkende rote Ampel gab dem Stadtzentrum ihren unveränderlichen Rhythmus vor. Wir fuhren über eine blaue Brücke, vorbei an einem riesigen silbrigen Wasserturm mit roter Abdeckung. Gleich neben diesem Wasserturm, am Ufer des Beaverhead River, stand ein Handwerkerhaus wie aus dem Märchen, mit einem großen eingezäunten Garten.

Draußen auf der Veranda vor dem Haus standen eine Frau namens Christine und ihr Mann Glenn. Eng beieinander stehend, die Arme einander um die Schultern gelegt, warteten sie auf uns, als wir vor einem Eisentor vorfuhren, das in dunklem Jägergrün gestrichen war statt im hier typischen Rostschutz-Schwarz.

Christine war eine richtig schöne Frau Ende 40 mit schulterlangem braunem Haar. Sie war äußerst lebhaft und liebevoll. Mit einem allumfassenden Lächeln strahlte sie übers ganze Gesicht, als wir eintrafen. Christine hatte aufgehört, als Flugbegleiterin bei den Western Airlines zu arbeiten, und betätigte sich jetzt als Hausfrau und Mutter ihres leiblichen Sohns Wade. Von meinen Erinnerungen an Wade kann ich nur wiedergeben, wie viel Spaß ich beim Trampolinspringen mit ihm hatte und wie toll und neu es war, einen großen Bruder zu haben, wenn es auch nur für kurze Zeit war. Denn Wade war schon fast 18, als wir ins Spiel kamen, stand also kurz vor dem Aufbruch ins Erwachsenenleben.

Glenn war ein sehr gutaussehender Mann, er hätte Filmstar sein können. Er war in den 50ern, mit grau meliertem Haar, das er in einem schulterlangen Zopf trug. Seine Präsenz war eindrucksvoll, obwohl er von der Statur her nicht größer war als Christine. Glenns berufliche Karriere hatte sich gewaltig entwickelt in dieser Kleinstadt, er hatte einen legendären Ruf als Angler und Konstrukteur von Fliegenruten erlangt. Seine Berufswahl stand in perfektem Einklang mit dem Lauf der Flüsse Montanas.

Einer nach dem anderen stiegen wir aus dem Auto und betrachteten ungläubig staunend dieses Anwesen. Wir hatten gedacht, Sheilas und Bobs Haus sei schön gewesen, was es ja auch war, aber dieses Haus hier war riesig, überwältigend, malerisch und wahrhaft magisch.

Wir gingen durch das Tor hinauf zur Veranda, wo ein weiteres Mal zwei fremde Menschen ihre Arme ausbreiteten, um uns in ihrem Leben willkommen zu heißen. Nachdem die Sozialarbeiterin uns alle einander vorgestellt hatte, standen wir erst einmal verlegen und schweigend herum, bis Christine fragte, ob sie mich auf den Arm nehmen dürfte. Ich nickte. Ohne zu zögern, hob sie mich sofort hoch, setzte mich auf ihre Hüfte und drückte mich ganz fest an ihr Herz. *Wird das jetzt meine Mama?*

»Gehen wir rein und zeigen euch alles! Kommt, alle miteinander!«, rief Christine ausgelassen. Während des ganzen Rundgangs durch unser neues Zuhause hielt sie mich fest in den Armen.

So ein Haus hatten wir noch nie gesehen. Es hatte *so viele Zimmer!* Es schien endlos zu sein. Links vom Foyer lag ein Büro mit imposanten Einbauschränken, die einen holzbefeuerten Kamin perfekt umrahmten. Rechts lag ein Raum mit nicht nur einem, sondern gleich zwei Sofas. Und geradeaus lag das Wohnzimmer mit dunklen Holzakzenten und noch einer Couch. *Drei Sofas! Die müssen ja reich sein!*

Ans Wohnzimmer schloss sich eine großzügige Küche an, mit einer Insel und riesigen Fenstern, die einen wunderschönen Blick auf den Beaverhead River umrahmten. Als Nächstes wurden uns auf unserem Rundgang dann die ganzen Schlafzimmer gezeigt. Als wir auf dem oberen Treppenabsatz standen, weiß ich noch, wie ich zu Christine aufblickte, die mich fest an ihr Herz drückte, und sie stammelnd fragte: »Bist du jetzt meine Mama?«

Atmen. Ganz gleich, wonach ich hungrig bin, ich kann etwas finden, das meinen Hunger stillt, oder eine Person, die sich um meinen Hunger kümmert.

Atmen. Auch wenn mir im Chaos eines Sandsturms die Turbulenzen ins Gesicht wirbeln, werde ich feststellen, dass sich das Ganze wieder legen wird und danach große Ruhe einkehrt.

Atmen. Bloß weil mir etwas schön, glanzvoll und einladend vorkommt, heißt das noch nicht, dass es auch für mich gedacht ist. Es könnte eine Falle sein; es könnte jemand anders gehören … Es ist jedenfalls nicht unbedingt für mich. Aber das ist okay. Denn wenn ich meine Reise fortsetze, werde ich auch finden, was für mich gedacht ist.

Atmen. Ich kann und werde meinen Weg weitergehen.

3 Es braucht ein ganzes Dorf, im Bösen wie im Guten

Atmen. Manchmal wirst du in eine Situation geraten, die dir endlos und hoffnungslos vorkommt. Dann ist es in Ordnung, um Hilfe zu bitten. Manchmal braucht es ein ganzes Dorf, um die Antworten zu erlangen, nach denen du suchst.

Atmen. Es mag dir einfacher erscheinen, anderen die Antworten zu geben, die sie vermeintlich hören wollen, aber das schadet deiner Genesung. Du musst ehrlich zu dir selbst sein, wenn du deine Herausforderungen überwinden und völlig genesen willst.

Atmen. Bloß weil du ein Trauma physisch hinter dir gelassen hast, heißt das noch nicht, dass es dich nicht mehr belasten könnte. Es wird dich immer verfolgen. Die einzige Möglichkeit, vollständig zu genesen, besteht darin, sich dem Trauma ehrlich zu stellen, damit du damit fertigwerden und anschließend weiterkommen kannst.

Atmen. Geh deinen Weg weiter.

Es dauerte ein paar Wochen, uns an das Leben bei Christine und Glenn zu gewöhnen. Wir spielten immer draußen unter den Apfelbäumen. Während wir uns mit unserem neuen Zuhause vertraut machten, kamen ganze Heerscharen neugieriger Menschen vorbei. Freunde aus der Nachbarschaft brachten Unmengen von Essen sowie Kisten voller Spielzeug als Geschenke für uns mit. Unter all den neuen Gesichtern fiel uns auf, dass eine Frau, Judy, viel häufiger vorbeikam als alle anderen. Sie war Christines beste Freundin und eine ehemalige Mitarbeiterin bei der Airline. Wenn sie nach ihren Besuchen das Haus wieder verließ, hatte sie die Arme immer voller Kleider und Bücher. Ähnlich häufig ging

Christine zu Judy und kehrte mit Kleidern und Kosmetikartikeln zurück. Das ging über Monate so. Zunächst waren es nur kleinere Dinge, wie Papiere und Kochgeschirr, später wurden es größere Sachen, wie Stühle, Bilder, Möbelstücke und so weiter.

Später erfuhren wir dann, dass sie ihre Wohnungen getauscht hatten. Als Glenn und Christine das erste Mal von unserem Fall hörten, wussten sie sofort, dass sie uns aufnehmen wollten. Aber das Haus, in dem sie wohnten, war sehr klein und hatte nur zwei Schlafzimmer und ein noch kleineres Bad. Und so wandte sich Christine dann mit einer erstaunlichen Bitte an Judy.

»Judy, wir nehmen fünf Pflegekinder auf, und wir haben in unserem Haus keinen Platz dafür. Können wir unsere Häuser tauschen?«

»Aber natürlich!«, antwortete Judy augenblicklich. »Ich wohne in dem riesigen Haus ja praktisch allein. Betrachtet es als eures!«

Und nun kamen wir also an und zogen aus dem Leben von Bob und Sheila hinein ins Leben von Christine und Glenn und ihrer vielen Freunde.

Ziemlich sofort nachdem wir der Obhut von Glenn und Christine überantwortet worden waren, begann für uns auch eine Traumatherapie. In den folgenden Monaten bauten wir eine Beziehung zu Denise auf, einer Therapeutin, die in dem rund 30 Autominuten von Twin Bridges entfernten Ort Dillon lebte und praktizierte. Meine Schwestern und ich fuhren im Fond von Glenns und Christines makellos weißem Dodge Caravan durch das Ruby Valley, vorbei am Beaverhead Rock und durch ein endloses Meer aus Weizen, mit Inseln aus tausenden grasenden Kühen. Das wurde unsere wöchentliche Routine.

Es gab einen ganz einfachen Grund, warum ich immer gern zu Denise fuhr: In ihrem Wartezimmer gab es Berge von Spielzeug und jede Menge Bilderbücher, die ich gern durchblätterte. Ein bestimmtes Buch las mir Christine fast jedes Mal vor, wenn wir dort waren: *Ich lieb dich für immer …* von Robert Munsch. Darin war ein Lied, das ich mir von ihr immer vorsingen ließ. Es handelte von der bedingungslosen Liebe einer Mutter zu ihrem Sohn.

Ich bat sie in meiner immer noch stammelnden Sprechweise, mir das Lied immer und immer wieder vorzusingen. Ich brauchte diese Worte mehr denn je.

In dieser frühen Zeit und in diesen ersten Traumatherapie-Sitzungen scheint mir mein Gedächtnis keine guten Dienste geleistet zu haben. Ich bin mir sicher, ich hatte bestimmte Erlebnisse verdrängt, weil es mir in dem Moment erleichterte, voranzukommen. Ich bin zwar nicht dazu verpflichtet, Sinn zu finden, und auch nicht, Vergebung anzubieten, auch wenn ich versuchen kann, das zu tun. Aber nach meiner Erfahrung finden die Dinge, die ich verdränge, letztlich wieder den Weg zu mir zurück und fördern dann oft nicht gerade mein Wohlbefinden. Meine traumatische Kindheit hat meine frühen Jahre natürlich geprägt, die Frage ist aber: Werde ich die Form, die mein Leben annimmt, selbst erschaffen? Oder werde ich akzeptieren, dass meine Zukunft bereits von externen Kräften zerstört wurde? Wenn ich bewusste Entscheidungen in Richtung auf mein Wohlergehen treffe, gestattet mir das voranzukommen.

Ich weiß noch, dass ich in der Therapie zahllose Stunden nur damit verbrachte, mit den Spielsachen zu spielen, und den gestellten Fragen wenig Beachtung schenkte, typischen Fragen wie etwa »Wie geht es dir heute?« oder »Kannst du mir erzählen, an welche Dinge du dich erinnerst, die dich wütend oder traurig gemacht haben?«. Ich war damals vier Jahre alt und habe mich wahrscheinlich noch an beträchtlich mehr erinnern können, als ich es heute kann. Aber ich habe es vermieden, über Bernas Misshandlungen zu sprechen.

Ich lernte gerade erst zu sprechen und begann erst mit fünf, ganze Sätze zu bilden. Mein Stottern machte es mir unmöglich, das R auszusprechen. Ich vermied es zu sprechen und stimmte einfach dem zu, was die Therapeutin meiner Meinung nach hören wollte. Wenn Denise mich fragte, ob ich traurig sei, nickte ich einfach zustimmend, ganz gleich wie ich mich in dem Moment wirklich fühlte. Dieses Lügenmuster setzte sich innerhalb wie außerhalb der Therapie fort.

Eines Tages im August bekam Glenn Besuch von einem Freund. Wir nannten ihn Onkel Charlie, und er war ein berühmter Fotograf und Künstler. Charlie plante, mit Glenn zum Beaverhead River zu fahren und dort Fotos von Glenn beim Angeln zu machen. Mich dabei mitzunehmen war wahrscheinlich eine Spontanidee. Nachdem wir an einem bemerkenswert abgeschiedenen und ruhigen Abschnitt des Flusses angekommen waren, begannen wir mit den Vorbereitungen. Glenn zog seine Anglerhosen an und Charlie baute seine Kamera zusammen. Eine Portion Smarties, die ich gerade verspeist hatte, bewirkte, dass ich das Flussufer in Kreisen auf und ab rannte. Eine weitere Rolle Smarties war in meiner Tarnhose versteckt.

»Kletter auf meine Schultern, Bruce! Wir gehen angeln!«, rief Glenn, der sich über jede Gelegenheit freute, seiner Lieblingsbeschäftigung nachgehen zu können.

Ich wühlte aber erst noch in meinen Taschen und hielt ihm in meiner kleinen Hand die Süßigkeit entgegen. »B-b-b-b-bitte«, stotterte ich.

Er öffnete die Packung für mich, sprang dann in den Fluss und kam mir anschließend so dicht es ging am Ufer entgegen. Ich trat vor zur Kante, die Süßigkeit in der Hand. Erst legte ich ein Bein über seine rechte Schulter, dann schwang ich das andere über die linke. Anschließend stand er auf, wobei mein geringes Gewicht bei seiner Stärke für ihn leicht wie eine Feder war. Er begann weiter in die Mitte des Flusses zu waten, die Angelrute in der Hand, mich sicher auf den Schultern. Ich hatte meinen Kopf sacht auf seinen gelegt.

Als wir uns der angepeilten Stelle näherten, vergaß ich in einer Mischung aus Aufregung und Geborgenheit die Rolle Süßigkeiten in meiner Hand und ließ sie los. Ein regenbogenfarbiger Wasserfall von Smarties ergoss sich aus meinen Fingern in die Strömung und wurde sofort davongetragen.

Ich schrie auf, als wären mir die Smarties gestohlen worden und nicht nur zum Opfer meiner Tollpatschigkeit geworden. Aber nicht einmal mein starker Beschützer Glenn machte sich die Mühe, ihnen nachzujagen. Die Strömung war viel zu schnell, außerdem galt sein Hauptaugenmerk der kostbaren Last auf seinen Schultern. Ein gewaltiges Schmollen entstand auf meinem Gesicht. Ich legte meine Wange auf Glenns Kopf und blickte zurück in Richtung von Charlie, der das ganze Missgeschick in seinem Verlauf mit der Kamera festgehalten hatte.

Und so wurde ein völlig unbedeutender Moment meiner Kindheit unsterblich. Charlie hatte einen ikonischen Schnappschuss mit dem Titel »Dusk on the Beaverhead 1994« (Dämmerung am Beaverhead 1994) gemacht, von dem Tausende Postkarten produziert wurden und der sogar den Titel einer japanischen Zeitschrift fürs Fliegenfischen zierte.

Der Sommer ging in den Herbst über. Wir passten uns an unser neues Leben an, auf unsere eigene Art und so gut wir konnten. Allein die Tatsache, dass wir von einem drohenden Trauma erlöst worden waren, bedeutete noch nicht, dass dessen Auftreten für alle Zeit gebannt war. Das manifestierte sich auf vielfältige Weise: unvorhersehbare Wutausbrüche, ständiges Lügen, verborgene Gefühle. Das waren die Überlebensstrategien, auf die wir bisher immer gesetzt hatten. Sie waren uns vertraut und tief verwurzelt. Wir hatten immer noch Angst, unser wahres Selbst zu zeigen.

Wir gingen mit Glenn und Christine weiter in dieselbe Kirche, zu der auch Sheila uns mitgenommen hatte, als wir bei ihr wohnten. Bei dieser Gemeinde zu bleiben schien eine naheliegende

Entscheidung, da wir uns ja immer noch erst an das Leben bei unseren neuen Pflegeeltern gewöhnten.

Die Notre Dame Church war eine kleine weiße Kirche mit einem Turm, der die umgebenden Bäume überragte. Etwa nach der Hälfte des Gottesdienstes wurden die kleineren Kinder entweder in die Sonntagsschule geleitet oder nach draußen entlassen, wo sie unter Aufsicht spielen konnten, während der Gottesdienst weiterging. Unsere eigene Routine zu diesem Zeitpunkt des Gottesdienstes war es aber, über die Straße zu einer Familie zu gehen, die für uns auch schon öfter das Babysitting übernommen hatte.

Die Familie war in der Farmergemeinde wohl bekannt. Oft blieb die Mutter nicht dabei und ließ uns unter Aufsicht ihres Sohnes allein zurück, ähnlich wie auch Berna uns viele Male mit irgendwelchen Männern allein gelassen hatte.

Woran ich mich erinnere, ist, wie ich im Schlafzimmer dieses Sohnes war, bei geschlossener, wahrscheinlich abgeschlossener Tür. Für gewöhnlich war sie das. Ich spielte Computerspiele und saß dabei auf seinem Schoß. Und ich erinnere mich, wie ich erstarrte und unfähig war, mich zu rühren, als er begann, »da unten« an mir herumzuspielen. Dieser Missbrauch wurde, wieder einmal, zum Teil unserer Routine.

Und dann weiß ich auch noch, dass ich eines Tages wieder auf seinem Schoß saß und befummelt wurde, und das Nächste, woran ich mich erinnere, ist erst wieder, dass ich zu Hause auf unserer Veranda war, unter Christines Schutz, während um sie herum Polizisten standen. Eine meiner Schwestern hatte dankenswerterweise den Mut gehabt, den Sohn zu verpfeifen.

Anders als ich erinnern sich Glenn und Christine an das Gespräch mit der Polizei noch, als sei es gestern gewesen. »Wir sind leider nicht überrascht, so etwas von dieser Familie zu erfahren«, berichteten sie. »Wir hatten damit schon einmal zu tun.« Glenn und Christine waren untröstlich. Zu erfahren, dass wieder ein

Missbrauch stattgefunden hatte, unter ihrer Obhut, erschütterte sie zutiefst. Wir sind nie wieder in die Notre Dame Church gegangen.

Die Church of the Valley war unsere nächste Option. Wie die Notre Dame Church war auch sie eine kleine weiße Kirche mit hoch in den Himmel ragendem Turm, nur lag sie genau am anderen Ende unseres Städtchens. Es war eine methodistische Kirche, der auch einige langjährige Freunde von Glenn und Christine angehörten. Glenn sang jeden Sonntag im Chor mit.

Mein Alter brachte es mit sich, dass ich in die Tagesbetreuung der Kirche ging (keine externen Babysitter mehr für uns!), und davon war ich begeistert! Wenn das Wetter schön war, konnten wir draußen spielen und in dem durch einen Zaun geschützten hinteren Garten herumrennen. Auf seinen Spaziergängen kam hier immer ein älterer Herr vorbei. Er humpelte zum Zaun und schenkte uns Karamellbonbons. Seine Zuneigung und Gutmütigkeit waren echt und aufrichtig. Bei Winterwetter spielten wir im Aufenthaltsraum der Kirche, was mein allerliebster Spielplatz war. Ein großer Schrankkoffer in der Ecke war eine Quelle der Freude: Er enthielt Sachen zum Verkleiden! Je mehr Glitzer, desto besser! Ich drehte mich unbekümmert in einem Wirbel von Stoff, der sich fächerförmig um mich ausbreitete, während ich in unschuldiger Freude rotierte. Eine weitere Freude war es für mich, mit den Mädchen mit Barbiepuppen zu spielen. Aber es war nur ein kurzes Jahr, bevor ein neuer Pastor kam und so viele Traditionen der Church of the Valley abschaffte, dass meine Familie und auch viele andere nicht mehr hingingen.

Nach einem der letzten Male, dass wir zur Church of the Valley gegangen waren, befanden wir uns auf dem Rückweg nach Hause. Die Entfernung betrug nur zwei Blocks. Kurz vor unserem Ziel war ein Stück des Fußwegs gerade frisch betoniert worden. Der Beton begann erst fest zu werden. Glenn hatte den albernen Einfall, meine Hände hineinzupressen und einen Abdruck zu hinterlassen. Ich setzte mich auf den Boden und er kauerte sich hinter mich, um mir zu helfen, meine Hände stillzuhalten, während ich sie in die feuchte Masse drückte. Nach einem Moment zogen wir meine Hände wieder heraus, und zurück blieb der Abdruck zweier winziger Hände. Bruce holte sein Schweizer Taschenmesser hervor, das er immer bei sich trug, und ritzte »Bruce 1995« in den neuen Gehweg.

In der Therapie arbeitete Denise mit mir an meiner ewigen Frage: Bist du jetzt meine Mama? »Christine ist deine Mama, Bruce«, versicherte mir Denise dann immer. Es dauerte seine Zeit, aber als ich allmählich begann, mehr Vertrauen zu entwickeln, fing ich tatsächlich an, Christine und Glenn »Mama« und »Papa« zu nennen.

Einer meiner Schwestern, die damals acht Jahre alt war, erging es anders. Eines Abends hielten wir eine Familienkonferenz ab, während der wir alle zusammen um den Esstisch in der Küche saßen. Es war dunkel, und man konnte draußen den Fluss rauschen hören. Er führte Hochwasser, und die Strömung riss jedes hilflose Blatt mit sich, das hineinfiel. Mama und Papa begannen zu erklären, dass sie die Befürchtung hätten, sie könnten ihr nicht die Fürsorge geben, die sie brauche, und auch, wie sehr sie uns alle liebten und für uns hofften. Bisher hatten uns viel Arbeit und Glück ermöglicht, alle zusammenzubleiben, aber unsere Schwester würde nun künftig nicht mehr bei uns sein. Ich weinte, als ich daran dachte, dass sie aus unserem Leben gerissen werden würde. Für mich fühlte sich das Ganze an wie der Tod meiner Schwester.

Als ich älter wurde, fiel es mir immer schwerer, ins Schema zu passen. Selbst bei Arztterminen fällten die Leute ihre Urteile über mich. Ich war noch nicht Herr meines eigenen Lebens.

»Wir meinen, dass bei Bruce eine Geschlechtsidentitätsstörung vorliegt«, sagte einer der Ärzte.

»Wie können Sie so etwas sagen! Er ist doch erst fünf Jahre alt. Er hat keine Geschlechtsidentitätsstörung. Er ist schwul«, entgegnete meine Mutter da selbstbewusst.

»Na ja, er ist ja noch sehr jung, ich weiß nicht, ob Sie da so etwas schon über ihn sagen können«, erwiderte der Arzt.

»Genau, und deshalb können Sie auch nicht sagen, er hätte eine Geschlechtsidentitätsstörung«, konterte meine Mutter, und das Grinsekatzen-Lächeln auf ihrem Gesicht verriet, wie sehr sie ihren Sieg in diesem Argumentationswettstreit genoss.

Die Zeit schritt voran. Mein erstes Schuljahr begann. Viele Dinge änderten sich jetzt für mich. Mein Stottern hatte ich gerade überwunden und ich konnte jetzt viel deutlicher sprechen. Ich begann zu den anderen Kindern meines Alters aufzuschließen. Aber das R konnte ich immer noch nicht richtig aussprechen, es klang bei mir immer wie ein W, sodass aus dem Satz »Mein Name ist Bruce« bei mir wurde: »Mein Name ist Bwuce.« Kinder sind Kinder, und die Hänseleien begannen. Aber die Kinder machten sich nicht nur über meine Sprechweise lustig, sondern sie hackten auch deshalb unablässig auf mir herum, weil ich extravaganter war als die anderen Jungs.

Eines Tages saß ich an meinem Pult und schrieb, als es an der Klassentür klopfte und eine Frau hereinkam. Ich hatte nicht mal aufgeblickt, und doch wurde mir flau im Magen, weil ich das sichere Gefühl hatte, dass sie meinetwegen kam. Nachdem sie kurz mit der Lehrerin gesprochen hatte, kam diese geheimnisvolle Frau auch tatsächlich in meine Richtung. Meine Augen blieben weiter fest auf mein Heft gerichtet, in vergeblicher Gegenwehr. Sie kauerte sich neben meinem Pult nieder und sagte zu mir: »Hi Bruce, ich bin Vivian. Ich bin Sprachtherapeutin hier an der Schule und wollte dich fragen, ob wir kurz mal miteinander sprechen könnten.« Trotz meiner Angst konnte ich aus dem Augenwinkel ein freundliches Lächeln auf ihrem Gesicht ausmachen.

»Bin ich in Sch-sch-schwiewigkeiten?«, fragte ich vorsichtig, den Blick weiter auf mein Heft gerichtet.

»Um Gottes willen, nein! Ich möchte mir nur etwas Zeit nehmen, um mit dir zu reden und dich ein bisschen besser kennenzulernen. Kannst du deine Sachen in deinem Pult verstauen und mit mir kommen?« Sie streckte ihre Hand aus. Ich tat, wie sie gesagt hatte, nahm ihre Hand, und zusammen verließen wir den Klassenraum. Wir gingen den Flur entlang in den Oberstufenbereich der Schule, wo Vivian ihr Büro hatte.

Drei Jahre lang ging ich zweimal die Woche in ihr Büro, um dort an meiner Aussprache zu arbeiten. Ich hasste das total, denn ich fühlte mich immer dumm, wenn ich mit meiner Sprachbehinderung konfrontiert wurde.

Während dieser Jahre gingen die Hänseleien unvermindert weiter. Eines Tages, als ich in der dritten Klasse war, bereiteten wir uns gerade auf die Pause vor. Bei unserer Lehrerin stand in der Ecke des Klassenraums eine Badewanne mit Füßen, gefüllt mit Kissen. Wenn man sich genügend Sternchen für gute Mitarbeit verdient hatte, durfte man sich ein Buch aussuchen und es sich damit zum Lesen in der Wanne gemütlich machen. An diesem Tag hatte die Lehrerin mich zum Badewannenleser bestimmt. Als ich aufstand und mir ein Buch aussuchen ging, rief einer der Klassenrabauken: »Hey, wo willst du denn hin?«

»I am going to *read* in the tub«, entgegnete ich postwendend. (»Ich gehe in der Wanne lesen.«) Im gleichen Moment wurde mir bewusst, was gerade passiert war: Ich hatte das R richtig ausgesprochen!

Das war auch der Aufmerksamkeit des Rabauken nicht entgangen. »Halt, warte, sag das noch mal!«, sprach er, leicht verdutzt.

»I am going to *rrread*, in the tub«, wiederholte ich langsam und betont.

Der Rabauke war von Überraschung und Enttäuschung überwältigt. »Eh Manno, da muss ich mir ja jetzt was anderes suchen, womit ich mich über dich lustig machen kann.« Ich verdrehte die Augen und ging voller Stolz weiter, meiner Belohnung entgegen.

Meine Erleichterung nach dem Abschluss meiner Sprachtherapie hielt nicht lange vor. Diesen Sitzungen folgte nun ein spezieller Förderunterricht. Meinen sprachlichen Fortschritten zum Trotz hatte ich weiterhin in praktisch allen Fächern Nachholbedarf. Ausnahme war nur der Kunstunterricht, und Kunst war auch mein Lieblingsfach.

Wenn es Herbst wurde, spielten meine Schwestern und ich im gefallenen Laub. Im Winter bauten wir Schneemänner oder gruben Tunnel in den frisch gefallenen Schnee. Wir taten, als seien wir kleine Feenwesen, die draußen in der Natur lebten. Wir sprangen auch auf unserem Trampolin herum und waren dann zeitweilig von einer weißen Wand umgeben, wenn wir hinunterplumpsten und der Schnee hochgeschleudert wurde. Zu Hause, abgeschirmt von der allgegenwärtigen Engstirnigkeit der Stadt, war das Leben schön. Wir bekamen alles, was wir brauchten, und auch das meiste von dem, was wir uns wünschten.

Als unsere Eltern erkannten, dass wir Freude an Kunst hatten und ein natürliches Talent dafür besaßen, wandelten sie das Esszimmer in ein Kunstzimmer um. Aus dem Esstisch wurde eine komplette Künstlerwerkstatt, voll ausgestattet mit allen Materialien, die man sich vorstellen kann: Acrylfarben, Pastellkreide, Textmarker, Buntstifte, Bleistifte, Glitzer, Knetmasse – und vieles mehr. Für uns war das ein Spiel, darüber hinaus stellte es aber auch eine spontane und ungefilterte therapeutische Befreiung dar. Meine Mama sammelte unsere besten Kunstwerke und stellte sie später auf der Kunstmesse aus, die in Twin Bridges jeden Sommer auf dem Festplatz stattfand. Fast ausnahmslos kamen wir dann alle mit Auszeichnungen nach Hause. Das erfüllte mich mit Freude und Stolz. *Endlich mal etwas, worin ich wirklich gut war!*

Wie schon gesagt gaben uns Glenn und Christine alles, was sie nur irgend konnten. Im Sommer fuhren wir immer einen ganzen Monat lang in Urlaub. Die ganze große Familie wohnte dann zusammen in einem Pop-up-Camper, wenn wir gen Westen fuhren, um Freunde unserer Eltern in Seattle sowie weitere Freunde und Verwandte in Nordkalifornien zu besuchen. Sowohl Glenn als auch Christine stammten ursprünglich aus der Bay Area um San Francisco, daher lebten auch noch viele ihrer Freunde und Verwandten dort. Glenns Eltern, Meme und Pop, wohnten in Walnut Creek, und Christines Bruder Bob und sein Mann Jack wohnten in Vallejo ganz nahe an der Bucht. Das war ohne Frage meine Lieblingszeit im Jahr. Ich liebte es, sie alle besuchen zu fahren.

Meme und Pop hatten echten Sinn für Humor und verwöhnten uns ohne Ende. Eines Tages fragte uns Meme, ob wir gern Eis essen wollten. Wir nickten alle erfreut und begierig. Zurück kam sie mit einer Mini-Kugel Vanilleeis. Bestenfalls ein einziger Teelöffel für jeden von uns. Man stelle sich unsere Enttäuschung vor. Und um den Spaß noch auf die Spitze zu treiben, versprach sie uns, noch einmal reinzugehen und nach Topping zu suchen. Als sie wieder rauskam, schlug sie uns als Topping Rosinen vor. Wir wollten nicht unhöflich sein, und so versuchten wir, unsere Enttäuschung zu verbergen, und nahmen ihr Angebot an: »Klar, wir nehmen ein paar.« Zurück kam sie nun wieder mit einer gigantischen Schüssel, die von Rosinen überquoll. Wir waren zwar perplex, mussten aber alle lachen.

Christines Bruder Bob war ganz genauso, herzlich und lustig. Die Zeit bei ihm öffnete mir die Augen. Damals war es eine Seltenheit, dass man als Kind sehen konnte, wie zwei Männer ihrer Natur entsprechend als echte Ehepartner zusammenlebten. Sie liebten sich und waren offen schwul. Diese offene Akzeptanz stellte einen Kontrast zu dem finsteren Verleugnen dar, das in Montana vorherrschte, und das hinterließ bei mir nachhaltigen Eindruck. Bobs Mann Jack war auch Künstler und schickte uns immer Halloween-Kostüme, die er gefertigt hatte. An zwei davon erinnere ich mich noch lebhaft: Das eine war ein glitzernder lila Drache und das andere ein blauer Clown mit langem fließendem Cape.

Am liebsten hätten diese Urlaube für mich immer so weitergehen können, aber als wir größer wurden und mehr Pflichten hatten, wurde es immer schwieriger, im Sommer zu verreisen. Unsere Besuche bei der Familie im weiteren Sinne wurden im Laufe der Jahre immer seltener und hörten schließlich ganz auf, als ich zehn Jahre alt war.

***

Ich war jetzt sechs Jahre alt. Je älter wir wurden, desto regelmäßiger wurde zu Hause und in der Therapie das spannende Thema Adoption angesprochen. Glenn und Christine hatten den Entschluss gefasst, uns zu adoptieren, und wir waren dazu bereit. Für mich war das eine Riesenerleichterung, weil ich nun wusste, dass ich endlich meine Mama und meinen Papa gefunden hatte. Auch wenn das Thema unterbewusst stets eine Befürchtung für mich blieb, war mir jetzt verstandesmäßig klar, dass ich sie nicht mehr verlieren würde, und vor allem fühlte ich mich sicher, dass sie mich nicht verlassen würden.

Es wurde November 1997. Unser Adoptionstermin stand fest, und wir waren auf dem Weg zum Capitol in Helena, der Hauptstadt Montanas, wo die Adoptionszeremonie stattfinden sollte. Es war die erste Adoptionszeremonie in Montana, die von Governor Marc Racicot durchgeführt wurde. Die Adoptionszeremonie war so gestaltet, dass viele ausgewählte Familien auf einmal dieses Adoptionsverfahren durchliefen. Ich erinnere mich noch, wie Glenn das Auto parkte und wir alle heraussprangen, gekleidet in unsere feinsten Sachen. Das Laub der Bäume hatte sich bereits verfärbt und war zu Boden gefallen. Auf dem Weg zur Rotunde des Capitols schlurften wir durch die auf dem Fußweg liegenden Blätter und wirbelten ein kleines Farbgestöber auf.

Das Capitol-Gebäude war ein riesiges Bauwerk mit gewaltiger Kuppel. Als wir es betraten, hallte die Rotunde wider von einer Kakophonie aus Schritten, Gerede und Gelächter. 15 bis 20 weitere Familien waren da. Die Zeremonie begann mit einer Reihe von Podiumsreden, abwechselnd Vorträge von Juristen, Vorstellungen und Ansprachen. Dann nahm der Governor seinen Platz auf dem Podium ein. Eine nach der anderen gingen die Familien zum Podium vor, wo sie vereidigt wurden. Ein Haufen Fragen wurde gestellt, auf welche die Teilnehmenden zur Bestätigung des Adoptionsverfahrens immer mit Ja antworteten.

Dann waren wir an der Reihe. Auf der Stelle war die Langeweile vorbei und es wurde ernst. Unsere kuriose Truppe sollte nun auf Ewigkeit verbunden werden. Wir gingen vor zum Podium, standen vor dem Governor und wurden vereidigt. Ich kann mich an kein einziges Wort mehr erinnern, das er sagte. Ich erinnere mich nur noch, dass ich mich an meine neue Mama lehnte und ganz fest ihre Hände hielt, die sie mir über die Schultern gelegt hatte. Jeder von uns hob eine Hand, um zu erklären, dass er die Bedingungen der Adoption akzeptierte und verstanden hatte.

In der kurzen Zeit, die es dauerte, unsere kleine Truppe in einer Reihe aufzustellen, war unser Leben für immer verändert worden. Wir waren jetzt offiziell von Glenn und Christine adoptiert. Zum ersten Mal in unserem Leben konnten wir im Hinblick auf unsere Zukunft mitreden. Für mich ging es aufwärts, wegen der Sicherheit, die durch die Adoption entstand. Wir waren jetzt offiziell eine Familie.

Um an diesen Punkt zu gelangen und diese Möglichkeit zu verwirklichen, hatte es fünf verschiedener Therapeuten bedurft, einer Flut von Papierkram und Sozialamtsterminen sowie der Hilfe fast des gesamten Dorfes Twin Bridge. Endlich waren wir wirklich zu Hause angekommen.

Atmen. Manchmal werde ich in eine Situation geraten, die mir endlos und hoffnungslos vorkommt. Dann ist es in Ordnung, um Hilfe zu bitten. Manchmal braucht es ein ganzes Dorf, um die Antworten zu erlangen, nach denen ich suche.

Atmen. Es mag mir einfacher erscheinen, anderen die Antworten zu geben, die sie vermeintlich hören wollen, aber das schadet meiner Genesung. Ich muss ehrlich zu mir selbst sein, wenn ich meine Herausforderungen überwinden und völlig genesen will.

Atmen. Bloß weil ich ein Trauma physisch hinter mir gelassen habe, heißt das noch nicht, dass es mich nicht mehr belasten könnte. Es wird mich immer verfolgen. Die einzige Möglichkeit, vollständig zu genesen, besteht darin, sich dem Trauma ehrlich zu stellen, damit ich damit fertig werden und anschließend weiterkommen kann.

Atmen. Ich kann und werde meinen Weg weitergehen.

4 Schulhofmobber, verzieht euch!

> Atmen. Du brauchst nicht alles zu verstehen.
>
> Atmen. Was andere über dich sagen oder denken, braucht dich nicht zu kümmern.
>
> Atmen. Was man zu dir sagt oder dir antut, kannst du nicht beeinflussen. Sehr wohl aber kannst du beeinflussen, wie du mit diesen Informationen oder Situationen umgehst.
>
> Atmen. Geh deinen Weg weiter.

Sagen wir einfach, dass die erste bis fünfte Klasse kein Zuckerschlecken für mich waren. Jahr für Jahr mit den gleichen Kindern zusammen zu sein, hieß auch, Jahr für Jahr wegen der gleichen Dinge drangsaliert und aufgezogen zu werden. Ich hasste die Schule total. Der einzige Lichtblick war eine Handvoll Freunde – Addy, Rachel, Kylie und Jessica –, mit denen ich das Schicksal des Außenseiters teilte. Eigenartigerweise hatte ich daneben auch noch ein paar andere Freunde, die in den Sommerferien durchaus mit mir spielen wollten, mich aber während der Schulzeit immer drangsalierten. Dieses seltsame Ritual war aus der Erfahrung heraus entstanden, dass sie selbst drangsaliert wurden. Unsere Freundschaft war gültig, wenn es keiner sah, wurde für sie aber zur Belastung, wenn Schulkameraden in der Nähe waren.

Obwohl es viele Gespräche mit meinen Eltern, den Lehrern und dem Direktor gab, was man gegen das ganze Drangsalieren und Schikanieren tun könnte, litt ich weiter. Bis heute verstehe ich nicht wirklich, warum Lehrer und Schulleitung die Mobber nie bestraften. Wenn die Lehrer mal jemanden erwischten, der mich drangsalierte, ermahnten sie ihn immer nur und sagten: »Jetzt reicht's!« Mitunter wurden sogar der Mobber und ich zusammen wegen Störung des Unterrichts zum Direktor geschickt.

Eines Tages in der Pause sah eines der Kinder, das in den Sommerferien immer mit mir befreundet war, mich aber während der Schulzeit quälte, wie ich an der Rutsche spielte. Ich drehte begeistert meine Runden, bei denen ich immer wieder die Stufen hinaufstürmte und oben, ohne groß anzuhalten, ausgelassen wieder hinunterrutschte. Bei einer dieser Runden wartete er unten auf mich.

»He Bruce, ich hab gehört, du bist schwul. Weißt du, was das heißt? Du bist ein Weichei«, stichelte er. Ich wusste eigentlich gar nicht, was *schwul* heißt. Ich versuchte ihn zu ignorieren, sprang von der Rutsche und machte mich wieder auf den Weg zur Leiter. Als ich meinen Fuß auf die erste Sprosse setzte, stoppte er mich. »Hast du nicht verstanden, Homo? Du bist ein schwules Weichei!« Seine Stimme wurde dabei lauter und bestimmter.

»Lass mich in Ruhe, Zach!«, platzte es da aus mir heraus. Daraufhin schubste er mich heftig. Ich fiel auf den Rücken, schrammte mir auf dem Boden den Ellbogen auf. Solche Szenen ereigneten sich fast täglich. Aber diesmal war es anders. Ich sprang so schnell auf, dass Zach sofort kehrtmachte und davonrannte. Angetrieben von jahrelang aufgestauter Wut machte ich mich an seine Verfolgung.

»Dir wewd ich's zeigen! Nenn mich noch einmal schwul«, schrie ich, wobei ich stinksauer auf mich selber war, dass ich das R wieder falsch ausgesprochen hatte.

Nervös lachend rief er – als schwacher Versuch, die Peinlichkeit zu überspielen, dass unsere Interaktion nicht der leichte, sichere Sieg geworden war, den er erwartet hatte – zu seinen Kumpels hinüber: »Der Schwuli kann immer noch kein R aussprechen!«

Wie ein wütender Stier, gereizt vom geschwenkten Tuch des Toreros, rannte ich mit voller Kraft auf ihn zu, diesmal zu allem entschlossen. Ich weiß, dass ich nur noch Rot sah. »Ich beiß dir die Eier ab! Du wirst schon sehen!«, brüllte ich. »Ich beiß dir die Eier ab!«

Wie aus dem Nichts brannte meine Wange, als mich sein Schlag mitten ins Gesicht traf. Ich taumelte zurück, gewann mein Gleichgewicht wieder und schlug zurück. Wir tauschten so lange Schläge aus, dass es mir als Kind wie eine Ewigkeit vorkam. Zwei Lehrer, die Pausenaufsicht führten, kamen zu uns gerannt und rissen uns auseinander. »*Jetzt reicht's!* Alle beide ab zum Direktor! *Auf der Stelle!*«, rief einer der beiden.

Wir saßen beide stumm im Büro des Direktors. Beide teilten wir sowohl den Wunsch, nicht mit dem anderen zu kommunizieren, als auch die Sorge, was uns wohl bevorstand. Das Stillstehen der Zeit während unserer Schlägerei wurde nun durch ein bedrohliches Ticken der Uhr ersetzt. Als der Direktor endlich ins Büro kam, würdigte er uns keines Wortes. Er setzte sich nur, griff zum Hörer und rief beide Eltern an, um mitzuteilen, was vorgefallen war.

Eine Stunde verging. Immer noch saßen wir reglos und stumm auf unseren Händen. Mit dem Ende des Tages kamen dann endlich auch unsere Eltern. Vor ihren Augen mussten wir uns beieinander entschuldigen, wobei der gegenseitige Groll und unsere Unsicherheit nicht zu übersehen waren.

Der Ausdruck im Gesicht der Eltern machte deutlich, dass uns beide ein sehr unterschiedliches Schicksal erwartete. Als Zachs Vater ihn abholte, konnte ich sehen, dass Zach in großen Schwierigkeiten steckte. Damals wusste ich das noch nicht, aber Mobber lernen ihr böses Verhalten in der Regel zu Hause. Ich kann mir nur ausmalen, was ihm an diesem Abend blühte.

Mein Schicksal dagegen war überraschend cool. Statt mich zu bestrafen, ging Papa mit mir zum Shack, einem Pizza- und Eisladen nur ein Stück die Straße runter von der Schule aus. Ich wurde mit einem Rieseneisbecher belohnt, weil ich mich endlich mal gewehrt hatte.

Die Erleichterung hielt nur kurze Zeit an. Das Mobbing wurde jedes Jahr schlimmer. Fiese Sachen wurden über mich geschrieben und die Zettel wurden in der Klasse herumgereicht. In der Pause und auf den Gängen wurde ich herumgeschubst. Als ich eines Tages über den Brunnen gelehnt stand, um einen Schluck Wasser zu trinken, kam ein Junge von hinten und ließ seinen Rucksack voll mit Büchern auf meinen Kopf fallen. Meine Zähne schlugen aufs Wasserrohr und ein Stück Schneidezahn brach ab. Es stinkt einem, schikaniert zu werden. Buchstäblich. Einmal warfen ein paar Mittelstufenschüler einen offenen vollen Pissbeutel nach mir und riefen dabei: »Schnell! Fang!« Ihre Tat war genauso ekelhaft, wie ich mich fühlte, als ich durchnässt vom Urin der Übeltäter dastand. Je länger ich an der Schule war, desto länger wurde auch die Liste der Übergriffe, sowohl verbaler als auch physischer Art.

Der Höhepunkt kam in der sechsten Klasse. Wir hatten die Aufgabe bekommen, einen inspirierenden Bericht über ein Thema unserer Wahl zu schreiben. Die fertigen Aufsätze sollten wir dann vor der Klasse vorlesen. Mir kam sofort in den Sinn, einen Bericht über meine Onkel in San Francisco zu schreiben. Er sollte davon erzählen, wie sie mich inspiriert hatten, offen dazu zu stehen, wer ich war. Jedes Wort brachte zum Ausdruck, wie Onkel Bob und Onkel Jack Vorbilder für mich waren, als zwei tolle Freiberufler, die Erfolg im Leben hatten. Ich berichtete, wie stolz ich darauf war, dass sie mir vermittelt hatten, es sei in Ordnung, so zu sein, wie ich war. Ich war stolz auf meinen Bericht und auf den Fleiß und die Ehrlichkeit, die hineingeflossen waren.

Es kam der Tag, an dem wir unsere Berichte vor der Klasse vortragen sollten. Aus Gründen, an die ich mich nicht mehr erinnern kann, war ich an diesem Tag nicht in der Schule. Ich habe nie eine Note für meinen Bericht bekommen, und ich bekam ihn auch nicht zurück.

Erst viel später im Leben erfuhr ich, was an jenem Tag passiert war. Meine ehrliche Truppe von Außenseiter-Freunden erzählte es mir. Der Lehrer hatte meinen Bericht zum Anlass genommen, der Klasse eine Predigt zu halten. Wie mir gesagt wurde, hielt er der Klasse feierlich meinen Bericht vor und ließ dann mit einem lauten Knall, der seine Verachtung widerspiegeln sollte, einen Mülleimer auf den Boden fallen.

»Dieser Bericht ist es nicht wert, vorgelesen zu werden. Ihr sollt nur wissen, dass es darin um zwei homosexuelle Onkel geht, und so ein Mist wird in meiner Klasse *nicht* geduldet! Das ist falsch, das ist sündig und das ist eine Abscheulichkeit! Bruces Onkel und auch Bruce selbst, wenn er ihrem Beispiel folgt, werden in die Hölle kommen!« Er spuckte verärgert auf meinen Bericht und warf ihn dann in den Mülleimer.

Ich bezweifle, dass es seine Absicht war, mich zu »retten«, aber ironischerweise hat er in gewisser Hinsicht genau das getan. Er hat mich davor errettet, mich in der Schule als schwul outen zu müssen. Diese Freiheit hatte er sich stattdessen selbst genommen. Die Wirkung war unmittelbar. Als ich wieder in die Schule kam, war ich einer Endlosschleife von Sprüchen ausgesetzt wie »Bruce ist ein Weichei«, »Schwuler«, »Homo«, »Du darfst nicht in den Umkleideraum, weil du uns da ja alle anstarren würdest«.

Ich musste mich jetzt zum Sport auf einer separaten Toilette umziehen. In mancherlei Hinsicht war das sogar eine Erleichterung. Ich hatte gar nichts dagegen, von den anderen getrennt zu sein, denn vor den meisten Jungs hatte ich sowieso Angst.

Mich vor meiner Familie zu outen war allerdings eine ganz andere Sache. Ich weiß noch, wie ich eines Abends, nachdem wir tagsüber am Discovery Mountain Ski gefahren waren, meine Eltern aufforderte, auf dem Sofa im Wohnzimmer Platz zu nehmen. In einer Aktion, die im Rückblick putzig erscheint, klopfte ich, in der Mitte sitzend, zu beiden Seiten aufs Sofa, um meine Eltern aufzufordern, sich rechts und links neben mich zu setzen. »Ich muss euch beiden etwas sagen«, begann ich nervös. Meine Eltern setzten sich bereitwillig hin und wussten vermutlich schon, was gleich kommen würde. Ich fuhr fort: »Als wir heute Ski fahren waren, ist mir aufgefallen, dass ich mir dabei die ganzen Snowboarder angeguckt habe. Ich mag Snowboarder. Ich find die cool.«

Ich überlegte krampfhaft, wie ich jetzt weitermachen sollte. »Ich meine, ich habe sie mir *angeguckt*. Ich fand das anregend, wenn ihr wisst, was ich meine … Ich … ich denke … ich bin schwul«, brachte ich endlich heraus. Im gleichen Moment nahm mich meine Mama in die Arme und mein Papa strich mir mit der Hand über den Kopf.

»Ach Bruce, das wissen wir doch … Und wir lieben dich«, sagten beide zugleich und mussten fast lachen.

Unsere Schule in Twin Bridges war ganz klein, vielleicht 150 Kinder, von der Vorschule bis zur 12. Klasse. Im Frühjahr hielt die Schule immer eine große Tanzparty ab, zu der die ganze Stadt eingeladen war. Wir zwängten uns dann in die Turnhalle, die dann völlig verwandelt wirkte, einfach nur durch die Zugabe von Snacks, Softdrinks, Livemusik und viel Tanzen.

Das war eine Chance sich auszutoben. Und das tat ich auch, und wie! Ich weiß noch, wie ich mitten in der Halle begeistert abtanzte. Bis ich auch da schließlich von den üblichen Rabauken herumgeschubst wurde. An dem Abend war mir das zu viel. Ich lief weinend nach Hause. Ich würde nie dazugehören. Ich rannte ins Haus und in die Arme meiner Mutter und erzählte ihr alles, was passiert war. Offensichtlich hatte auch sie jetzt genug. Wir verbrachten den ganzen restlichen Abend damit, zu üben, wie man Mobbern begegnen kann.

Völlig unbemerkt von mir hatte sie schon ein wenig recherchiert. Sie war online gegangen und hatte ein Arbeitsblatt ausgedruckt. Wir übten das Ganze Schritt für Schritt. Als Erstes machten wir ein paar Rollenspiele. Sie tat so, als wäre sie einer der Mobber, schubste mich im Wohnzimmer herum und brachte mir bei, mich durchzusetzen. Unter Rückgriff auf eines der Beispiele rief sie: »Deine Mutter wohnt doch im Müllcontainer!«

Meine Antwort darauf hatte zu lauten: »Ja, genau, das tut sie! Und den solltest du mal sehen, Junge. Der ist richtig hübsch. Hübsch und stinkig.«

Als nächstes Beispiel folgte: »Ich wette, du schläfst in diesem Müllcontainer auch mit ihr.«

Darauf sollte ich antworten: »Genau, das tue ich. Und ich hab auch gerade ein paar neue Kissen besorgt, um für uns alles ein bisschen aufzuhübschen. Willst du nach der Schule mal mitkommen und uns beim Dekorieren helfen?«

Eine der Lieblings-Erwiderungen meiner Mutter an Schulhof-Mobber lautete: »Bist du als Kind eigentlich mal auf den Kopf gefallen?« Sie brachte mir bei, nicht defensiv oder verärgert zu reagieren, sondern bei den höhnischen Bemerkungen einfach mitzuspielen. Je mehr ich bei Beleidigungen mitspielte, desto weniger Spaß würde es den anderen machen, mich zu mobben. Und dann würde es ihnen irgendwann hoffentlich zu langweilig mit mir, und sie würden sich etwas Neues suchen.

Ich griff diesen Rat auf und setzte ihn an der Schule in die Tat um. Nachdem ich die neuen Techniken zwei Monate lang angewendet hatte, hatte das Mobbing wie durch Zauberei fast völlig aufgehört. Einzelne Versuche gab es natürlich immer noch, aber ich blieb eisern.

Schließlich wurde die Schule für mich *fast* zu einem Ort, an dem man leben und atmen konnte. Ich hatte das Gefühl, dort ein bisschen mehr ich selbst sein zu können. In der sechsten Klasse outete ich mich als schwul gegenüber meinen echten Freunden: Addy, Rachel, Kylie und Jessica. Kinder bekommen mehr mit, als man ihnen zutraut. Sie wussten das alle längst und nahmen mich mit offenen Armen auf. Sie versprachen auch, es für sich zu behalten. Ihre Loyalität und Verschwiegenheit freute mich zwar, war aber gar nicht erforderlich. Alle anderen wussten es längst auch.

Nachdem ich begonnen hatte, gemäß meiner eigenen Wirklichkeit zu leben, ohne mich darum zu kümmern, was andere dazu meinten, hatten meine Drangsalierer keine Munition mehr, mit der sie mich drangsalieren konnten. Ich reagierte nicht mehr so, wie sie es gern wollten. Sie wollten mich verletzen und mich weinen sehen. Als ich ihnen diesen Gefallen nicht mehr tat und ihnen stattdessen einfach zustimmte oder sie sogar völlig ignorierte, verloren sie die Lust und gaben auf. Ich bin mir sicher, sie haben stattdessen ein neues Opfer gefunden. Aber ich hatte keine Zeit mehr, darauf zu achten, denn es hatte schon das nächste Kapitel meines Lebens begonnen.

> Atmen. Ich brauche nicht alles zu verstehen.
>
> Atmen. Was andere über mich sagen oder denken, kümmert mich nicht.
>
> Atmen. Ich kann nicht beeinflussen, was man zu mir sagt oder mir antut. Ich kann aber sehr wohl beeinflussen, wie ich mit diesen Informationen oder Situationen umgehe.
>
> Atmen. Ich kann und werde meinen Weg weitergehen.

5 Bin ich ein Star? Egal, wir sind alle gleich unterschiedlich

Atmen. Du bist fähig, du selbst zu sein und dein eigenes Licht zum Leuchten zu bringen, auch wenn es dir schwer erscheinen mag. Du bist fähig.

Atmen. Großen Erfolg zu haben bringt auch die Versuchung mit sich, diesen Erfolg wieder zu ruinieren. Das musst du aber nicht zwangsläufig tun.

Atmen. Wir sind alle gleich, auf viele unterschiedliche Weisen. Gemeinsam haben wir alle die »gleiche Unterschiedlichkeit«.

Atmen. Geh deinen Weg weiter.

Als ich in der fünften Klasse war, ließ mich meine Mutter bei einer lokalen Theatertruppe namens Missoula Children's Theatre vorspielen. Meine erste Rolle als Sing Sing Sam in dem leichten Musical *Treasure Island* verschaffte mir direkt ein neues Zuhause: das Theater!

In der sechsten Klasse spielte ich beim Orphan Girl Children's Theatre, einer Laientheatergruppe in Butte (Montana), für weitere Stücke vor. Die Broadway-Shows, die im Zuge ihrer Tournee auf der Bühne des Mother Lode Theatre aufgeführt wurden – direkt über unserem eigenen bescheidenen 100-Sitze-Saal im Untergeschoss –, regten mit ihrer Energie und der ganzen damit verbundenen Aufregung die Fantasie unserer kleinen Truppe an und ließen uns davon träumen, auch selbst einmal an solchen tollen Tourneen teilzunehmen. Meine erste Produktion in unserem bescheidenen Untergeschoss war *Des Kaisers neue Kleider*.

Es war das erste Mal, dass ich Freunde außerhalb von Twin Bridges fand. Der Theaterdirektor war schwul und ein paar der Kinder waren es auch. Ich hatte endlich meine Leute gefunden. Es dauerte nicht lange und auch die Kinder vom Orphan Girl Children's Theatre durften erstmals vom Zaubertrank einer Aufführung oben im großen Mother Lode Theatre probieren. Wir waren begeistert von den goldenen Gitterbögen über der riesigen Bühne. Samtgirlanden und Fransen mit Quasten ließen beim Blick auf den großen Hauptvorhang hoch über uns die Träume himmelwärts streben. 1200 prachtvolle rote Sitze riefen nach Zuschauern, die unsere Namen jubeln und unseren Bemühungen Applaus spenden würden. Ich begann in meiner neuen Umgebung aufzublühen. Die nächste Produktion sollte *Oliver!* sein, eine Adaption des Romans *Oliver Twist* von Charles Dickens. Die Ähnlichkeiten dieser Geschichte vom etwa gleichaltrigen, Hunger leidenden Waisenjungen Oliver mit meiner eigenen waren unübersehbar.

Meine Mutter arbeitete zu dieser Zeit in Virginia City als Filialleiterin eines Süßwarenladens, der ihrer besten Freundin Judy gehörte. Ich war damals noch nicht alt genug, um dort regulär arbeiten zu dürfen, half aber gern mit in diesem Süßigkeitenparadies, das auch einem Film hätte entstammen können. Virginia City lässt sich als originalgetreu bewahrte historische Stadt oder aber als visuell ansprechende Touristenfalle betrachten. Im Sommer ist dort ein Besucheransturm zu erleben, der an die ursprüngliche glanzvolle Attraktion des Ortes erinnert, an den Goldrausch der 1880er-Jahre.

Wie so viele Sommerstädte, die dafür bekannt sind, dass sie während der Schönwettermonate nur so überquellen von Touristendollars, besitzt Virginia City nicht nur ein, sondern gleich zwei professionelle Theater. Das Vorspielen für *Oliver!* rückte näher und meine Mom fuhr mit mir nach Virginia City, um den Rat eines Experten einzuholen. Wir trafen uns mit dem Direktor der Repertoiretheater-Truppe, die als die Virginia City Players bekannt waren und im Virginia Opera House auftraten. Dieser zeitweilige Mentor gab wertvolle Informationen an mich weiter, die ich geradezu aufsog. Er coachte mich in der Kunst, beim Vorspielen Erfolg zu haben. Wir arbeiteten an dem Song, den ich ausgewählt hatte, »Lean on Me«, und an dem Monolog eines Jungen, der einen Eisbecher begehrt. Angesichts der Tatsache, wie gut ich mich mit diesem Thema identifizieren konnte, kam die Schauspielerei da ganz von selbst!

Der Tag des Vorspielens kam. Ich fühlte mich sicher: Ein echter Profi hatte mich gecoacht.

Meine Kleidung passte zur Rolle, und ich war mir sicher, meine 16 Zeilen würden ein Volltreffer werden. Der Ablauf entsprach dem Standardverfahren beim Musiktheater: Erst sollten wir singen, dann kam der Monolog und schließlich das Tanzen. Jeder Teil des Verfahrens fühlte sich für mich leichter an als der vorangehende. Der schwierigste Teil würde das anschließende Warten werden. Die Ergebnisse des Vorspielens sollten online bekannt gegeben werden, wir wurden daher aufgefordert, regelmäßig nach Updates zu schauen.

Meine Mutter und meine Schwestern waren in Virginia City mit der Aufgabe befasst, den Willy-Wonka-würdigen Süßwarenladen auf die alljährliche Schließung zum Saisonende vorzubereiten. Ich selbst hatte in Papas Werkstatt zu tun, wo ich die klebrige Aufgabe hatte, den Zementboden vom Holzleim zu befreien, der für die Fliegenfisch-Angelruten aus Bambus verwendet worden war. Als ich meine Arbeit pflichtbewusst erledigt hatte, entließ mich mein Vater für den restlichen Tag. Ich suchte meine Sachen zusammen und machte mich auf den Weg nach Hause. »Denk dran, im Computer nach den Updates fürs Vorspielen zu schauen!«, rief er mir nach, als ich die Straße überquerte. Ich sprintete durch die Stadt, meiner Ziellinie am Computerbildschirm entgegen.

Das Warten beim Einloggen und das Einwählen für die Internet-Verbindungen waren die 90er-Jahre-Version von Teenager-Folter.

Das Ganze schien Ewigkeiten zu dauern, einfach weil es Ewigkeiten *dauerte*. Als die Verbindung endlich stand, war ich vor Nervosität kaum in der Lage, mit meinen Fingern die Adresse der Website einzutippen, die uns der Theaterdirektor zum Checken der Ergebnisse genannt hatte. Wenn ich mich in dem Moment selbst hätte sehen können, hätte ich höchstwahrscheinlich blau ausgesehen, kurz vor der Ohnmacht vor lauter Nervosität und Atemanhalten.

Ich überflog die Zeilen mit den Namen und Rollen. *Wo, wo, wo stand mein Name?* Endlich hatte ich ihn: *Oliver Twist ... Bruce Brackett*. Ich erstarrte. *Das kann doch gar nicht wahr sein!* Ich war so überwältigt, dass ich anfing, haltlos zu weinen. Ich drehte erst ein paar Runden auf dem Drehstuhl, bevor ich in der Lage war, zum Hörer zu greifen.

»Cousin's Candy, was kann ich für Sie tun?«, konnte meine Mutter am Telefon gerade noch sagen, bevor ich sie auch schon atemlos schreiend unterbrach.

»*Ich hab sie! Ich hab die Rolle!*«, rief ich ins Telefon.

»Was denn?! Welche Rolle?«, erkundigte sie sich vorsichtig.

»*Oliver! Ich soll den Oliver spielen!*« Ich schrie immer noch so laut ins Telefon, dass sich meine Stimme fast überschlug.

»*Ahhhhhh!*«, schrie meine Mom zurück.

Wir beide gaben am Telefon erst einmal minutenlang schrille Kreischgeräusche von uns, die wir einfach nicht zurückhalten konnten, vor lauter Begeisterung, die ersehnte Hauptrolle ergattert zu haben.

Endlich fanden wir unsere Beherrschung wieder. »Geh und erzähl's deinem Vater! Ich komm ganz schnell nach Hause. Ach, ich bin so stolz auf dich, Bruce!« Diese Worte klangen so aufrichtig, dass ich meinte, sie an meinem Ende der Telefonleitung sehen zu können.

In olympischer Geschwindigkeit rannte ich nun also den gleichen Weg wieder zurück, den ich gerade erst gekommen war. Ich stürmte in die Werkstatt meines Vaters und rief ihm gleich die Neuigkeit zu: »*Dad, ich soll den Oliver spielen!*« Er war gerade stark in Arbeit eingebunden, und das ganz wörtlich, da er dabei war, ein paar Angelruten zusammenzuschnüren, aber er legte seine Arbeit sofort hin, umarmte mich ganz fest und machte mir einen Kakao zur Belohnung. Abends zu Hause schien das ohnehin immer leckere Essen, das er kochte, noch mit einer Extraprise väterlichem Stolz gewürzt zu sein.

Wenn ich heute an diese Monate zurückdenke, habe ich vor meinen Augen einen endlosen Kreislauf aus Schule, Fahren, Proben, Fahren; erst um neun, zehn, oft auch erst elf Uhr abends war ich wieder zu Hause, schlief dann ein paar Stunden, bevor der Zyklus am Morgen wieder von vorne begann. Meine Schulaufgaben kritzelte ich zusammen, wo und wann ich gerade konnte, meist auf der Fahrt zu und von den Proben. Ich nahm auch am Schulorchester teil und lernte Klarinette; zum Üben blieb mir nur das Auto meiner Mutter, während wir zum Theater fuhren.

Je näher die Aufführung rückte, desto mehr nahm die Publicity zu. Es gab Presseveröffentlichungen, Zeitungsanzeigen, das Aufführen von Ausschnitten des Stückes auf Gebietskonferenzen und auch Auftritte im Lokalradio und -fernsehen. Ich stand im Rampenlicht und schwankte zwischen Hochgefühl und zunehmender Einschüchterung. Surreale Momente ereigneten sich in normalen Alltagssituationen wie etwa beim Einkaufen bei Walmart, wo ich von einem mir völlig Fremden erkannt wurde als »der Junge, der den Oliver spielt«.

Ich genoss meinen neuen Ruhm. Das Ganze begann sich allmählich real anzufühlen. Ich spürte zwar auch, wie der Druck und die Erwartungen zunahmen, aber trotzdem liebte ich diese neue Welt.

Aber auch die zunehmende Berühmtheit erlöste mich nicht völlig von meinen Herausforderungen durch Mobber. Eines Tages verhöhnte mich in der Schulkantine ein angesagter älterer Junge namens Trevor quer über die Tische hinweg mit seinen fiesen Bemerkungen: »Der ist ja so was von schwul, unser kleiner Theaterjunge.«

Da stand völlig unerwartet ein Mädchen namens Kathleen auf, die ihm im sozialen Rang an der Schule ebenbürtig und sehr beliebt war, und gab ihm Kontra. »Soll das ein Witz sein, Trevor!? Dir ist wohl gar nicht bekannt, dass Bruce am Theater in Butte geradezu eine Berühmtheit ist. Hast du eigentlich eine Ahnung, wie viele Mädchen am Theater für den Hauptdarsteller eines Stückes schwärmen? Ich wette, Bruce hat mehr Verehrerinnen als du«, erklärte sie ruhig, aber bestimmt. Kathleen war ein Mädchen aus der elften Klasse, die praktisch jeder gern mochte. Sie blickte ihm geradeaus in die Augen, woraufhin er keinen Ton mehr sagte. Von da an hat er kein Wort mehr über mich oder zu mir gesagt, jedenfalls nicht direkt ins Angesicht.

In alle Vorfreude auf das Premieren-Wochenende am Mother Lode Theatre mischten sich aber auch Momente des Zweifels und der Unsicherheit. Nach der abschließenden Generalprobe stiegen meine Mutter und ich ins Auto, um über die Berge, die Butte von Twin Bridges trennen, zurück nach Hause zu fahren. Tränen strömten mir übers Gesicht. Ich war in Panik. Die Angst zu versagen und die Last der Erwartungen waren an die Stelle meiner jugendlichen Begeisterung getreten.

»Ich kann das nicht, ich kann das nicht«, erklärte ich meiner Mutter und hoffte auf einen Fluchtweg.

»Tja, dafür ist es jetzt ein bisschen spät«, meinte meine Mutter. »Einfach atmen. Das wird alles gut laufen, und du wirst richtig gut sein. Einfach atmen.« Sie hatte recht. Ich musste einfach nur atmen und tun, was ich die letzten Monate geübt hatte. Mein Selbstvertrauen kehrte zurück.

Das Publikum war elektrisierend. Ich konnte die Energie der großen, lebendigen Menge spüren. Meine Wangen wurden vom Scheinwerferlicht gewärmt. Mit jeder Aufführung als Star des Stückes wuchs meine Theatersucht. Ich genoss jede Sekunde.

Der Erfolg des Stücks und die Beobachtung, dass ich mich zum ersten Mal richtig wohl und frei fühlte und geradezu aufblühte, machten meinen Eltern Mut. Als sie hörten, dass ein Vorspielen für die bundesweite Tournee von *Oliver!* in New York stattfinden sollte, wussten sie, dass wir diese Gelegenheit wahrnehmen mussten. Zwei Monate darauf packten mein Dad und ich unsere Sachen und brachen auf. *Das ist meine Chance, nach New York zu kommen!* Als ich sechs war, hatte ich von meiner leiblichen Mutter eine Postkarte mit einem Bild vom »Big Apple« bekommen. Das hatte meine Fantasie beflügelt und meinen Traum entfacht, eines Tages in dieser aufregenden Stadt zu leben.

Als wir nun in Newark (New Jersey) aus dem Flugzeug stiegen, war das die pure Freude, so als wäre man mit einer Million Gewinnlose überschüttet worden. Ich dachte, mein Herz könnte explodieren. Ich wollte direkt mehr; mehr von der Energie, mehr von den Abenteuern, mehr von den unbekannten Möglichkeiten, die gleich auf der anderen Seite des Hudson auf mich zu warten schienen.

Eine Freundin der Familie aus Twin Bridges, Christiane, lebte einen Teil des Jahres in New Jersey. Sie wartete nun am Flughafen auf uns. Bei ihr sollten wir wohnen, in einer überwältigenden kolonialen Villa mit einem Labyrinth von Räumen, deren Verbindungstreppen ein Gemälde von Escher wert gewesen wären.

Als wir diesen Abend gemeinsam aßen, wuchs meine Begeisterung für alles, was mit New York zu tun hatte, immer weiter. Zum Beispiel war ich fasziniert von den Salz- und Pfefferstreuern, die kleine Nachbildungen des Chrysler Building und des Empire State Building darstellten. Das Aufregende an all den Erlebnissen bestärkte mich in meiner Entschlossenheit: Ich würde eines Tages in dieser Stadt der Neuheiten und Wunder leben!

Als der Abend sich nach dem Essen dem Ende zuneigte, sah mein Vater zu, dass ich ins Bett kam. Vor uns lag ein äußerst anstrengender Tag, für den ich ausgeruht sein musste. Ich weiß noch, wie ich im Bett lag, aus dem Fenster schaute und einfach nur die Lichter der Stadt betrachtete. *Ich bin da. Ich hab's geschafft.*

Ein sehr frühes Klopfen an der Tür weckte mich. »Es ist Zeit, die Stadt unsicher zu machen!«, rief mein Dad. Ich sprang aus dem Bett, um mich in das große Abenteuer zu stürzen. »Jetzt geht's los!«, sagte ich mir begeistert. In aller Eile zog ich meine Sachen an und raste die Treppe hinunter.

Ich platzte fast vor Aufregung, als wir auf den Bus warteten und nach New York fuhren. Wir stiegen mitten im Gewühl der 42nd Street aus, am Busbahnhof Port Authority und nur ein paar Blocks vom Times Square entfernt. Ich blickte zuerst auf die hoch aufragenden Gebäude, dann meinem Vater entschlossen in die Augen. »Hier werde ich mal leben!«, verkündete ich.

Zum Auftakt des tollen Tages ließen wir das geschäftige morgendliche Treiben der lebendigen Midtown auf uns wirken. Wir ließen uns über den Times Square treiben, machten Fotos auf den Stufen der Carnegie Hall und aßen einen Hot Dog bei einem Straßenverkäufer. Die Stadt war ein einziger Energiewirbel, der sogar aus den Luftschächten der geschäftigen Straßen und Fußwege Dampf aufsteigen ließ. Taxi hierhin, Taxi dorthin, und am Nachmittag dann ein Spaziergang über die gewundenen, schneebedeckten Wege des Central Park.

Die unberührten Schneeverwehungen Montanas waren rein weiß, aber hier in New York verwandelten Millionen Autos und Menschen den Schnee ruckzuck in dreckigen schwarzen Matsch. Zum Abschluss des Tages liefen wir noch einmal über den Times Square bei Nacht und fuhren dann hoch aufs Empire State

Building, um einen überwältigenden Blick auf die unter uns liegende dynamische Stadt zu genießen. Hoch über dem Asphalt und Schmutz, dem Krach und Geschrei auf den Straßen unter mir entstand in mir in aller Stille das Gefühl dazuzugehören. Ich fühlte mich sicher und zu Hause.

Am nächsten Tag war das Vorspielen und ich wurde nervös. Sie suchten eigentlich Jungs, die unter 1 Meter 53 groß waren, und ich maß 1 Meter 55. Ich versuchte es mit gebückter Haltung. Die Casting-Leute durchschauten meinen Plan natürlich. Aber da ich die Hauptrolle schon einmal gespielt hatte, ließen sie mich trotzdem am Vorspielen teilnehmen.

Der geborene Darsteller in mir übernahm. Meine Nervosität schwand und ich ließ meinen Charme spielen. Obwohl ich die Casting-Truppe mit meiner Interpretation von »Consider Yourself« begeisterte und im Tanz-Part die Choreografie auf den Punkt genau traf, wurde ich meiner Größe wegen nicht genommen. Trotzdem war ich nicht traurig. Für mein Empfinden hatte ich allein dadurch schon gewonnen, dass ich in New York sein und am Vorspielen teilnehmen durfte. Mein Traum hatte sich bereits erfüllt, und die Zukunft gehörte mir – dachte ich zumindest.

Nach den schönen Tagen in New York kehrte ich wieder an die verhasste Schule in Twin Bridges zurück. Meine Abscheu wurde durch meine Begeisterung für New York noch gesteigert. Ein bisschen vom dortigen Rhythmus blieb mir aber erhalten, da ich in den folgenden Jahren bei einer Reihe von Vorstellungen des Laientheaters in Butte auftrat. Highlight im Sommer waren die Auftritte am Repertoiretheater der Virginia City Players. Ich war stolz auf die Gage, die ich erhielt. *Ich war professioneller Schauspieler*. Zum Problem wurden aber die Fahrtwege. Meinen Eltern wurden die ständigen Fahrten zu den Vorstellungen und Proben in Butte und wieder zurück allmählich zu viel. Außerdem waren sie es auch leid, dass das Schulsystem in Twin Bridges so gar nichts wegen der furchtbaren Mobberei unternahm.

Es wurde Zeit für einen Umzug. Meine Eltern boten das schöne Handwerkerhaus zum Verkauf an und suchten stattdessen nach einem Haus in Butte. Zeitgleich mit dieser Veränderung erlebte ich auch einige Veränderungen an mir selbst. Ihrer Gefahren war ich mit allerdings nicht bewusst. Ich war damals 13 oder 14 und mitten in der Pubertät. Mein Körper und mein Geist wurden mit Testosteron überschwemmt.

Es hatte sich eine nächtliche Gewohnheit herausgebildet. Ich schlich aus dem Zimmer und schaute mir in den dunkelsten Stunden der Nacht auf dem Computer der Familie Pornos im Internet an. Das war der unschuldige Beginn meiner Sexsucht. Je mehr ich sah, desto mehr wuchs mein Drang. Ich sehnte mich nach einem männlichen Partner. Ich fantasierte über Jungs an der Schule und die Jungs am Theater. Alle sagten, sie seien hetero. *Jedenfalls behaupteten sie das.* Es machte mich verrückt. Der Frust wuchs mit jedem hormongefluteten Tag. Ich brauchte einen Ausweg.

Ein Beispiel für einen möglichen Fluchtweg hatte ich damals in der eigenen Familie erlebt. Eine meiner Schwestern hatte einen Selbstmordversuch begangen, war ins Krankenhaus eingewiesen und dann zur Genesung in eine Gruppenunterkunft geschickt worden. Der ganze Prozess dauerte Jahre. Ich suchte allerdings nach einem anderen Ausweg. Ich wollte nicht sterben, sondern fliehen.

Zwanzig Aspirin. Das war mein Versuch. Die Verzweiflung des Augenblicks war allerdings rasch vorüber, da ich meinen Eltern erzählte, was ich gerade getan hatte. Sie schafften mich auf der Stelle ins nächste Krankenhaus in Sheridan. Das medizinische Personal pumpte mir zunächst den Magen leer und hielt es dann für das Beste, mir sofortige professionelle Hilfe zukommen zu lassen. Und wie in meinen früheren Therapiesitzungen war ich auch hier nicht in der Lage zu kommunizieren, was wirklich los war. Stattdessen log ich und behauptete, ich hätte mich umbringen wollen. Daraufhin wurde ich in ein Kinderkrankenhaus namens

Shodair in Helena (Montana) geschickt. In meinen anderthalb Wochen auf der dortigen Notfallstation wurde bei mir erstmals eine bipolare Störung vom Typ 1 diagnostiziert. Daraufhin wurde ich ins Kids Behavioral Health (KBH) in Butte überwiesen, wo ich weitere fünf Monate blieb.

Dort im KBH erlebte ich dann auch meine erste *einvernehmliche* sexuelle Aktivität mit einem anderen Jungen. Allerdings noch nicht »wie bei Erwachsenen« – es waren nur mein erster Kuss und ein bisschen unschuldiges, aber begeistertes Herumfummeln, mehr nicht.

Bei meiner Entlassung aus diesem Zentrum brachten meine Eltern mich in unser neues Zuhause in Butte, ein sehr nettes Haus aus der Jahrhundertmitte, gelegen an einem Hang namens Big Butte. Butte war eine raue, harte Stadt mit einem hohen Anteil irischer Katholiken. In ihrer Blütezeit, während der Tage des Kupferbergbaus Mitte bis Ende des 19. Jahrhunderts, hatte Butte sich einer Zahl von 150 000 tatkräftigen Einwohnern gerühmt. Als wir dorthin zogen, waren es nur noch 30 000 Bewohner, die alle in der ständigen Gefahr lebten, die kilometertiefe Grube unter dem Zentrum könnte einbrechen und die tiefer gelegenen Teile der Stadt mit einer Suppe aus giftigen Abwässern überfluten.

Die Zeit verändert alles. Während ich zuvor in einer Stadt mit gerade mal 300 Einwohnern gelebt hatte, waren wir jetzt allein schon an meiner Junior Highschool 400 Schüler. Meine neue Schule war eine katholische Privatschule, aber es kümmerte trotzdem niemanden, dass ich schwul war. Meine Lehrer und Mitschüler waren offen und freundlich. Zum ersten Mal in meinem Leben wurde ich nicht gemobbt.

In den folgenden Jahren trat ich weiter an den lokalen Laientheatern in und um Butte auf. In diesem sicheren Hafen sollte ich ein zweites Zuhause kennenlernen, die Same Difference Inclusive Theatre Company, gegründet und geleitet von einer fantastischen Frau namens Mellie. Mellie wurde so etwas wie meine zweite

Mutter, bedingt durch die unglaubliche Menge an Zeit, die ich mit ihr und den Kindern verbrachte.

Same Difference war eine inklusive Theatertruppe, die jeden aufnahm, der oder die irgendeine körperliche oder geistige Beeinträchtigung hatte oder auch nicht hatte. Dieser einzigartigen Truppe verdankte ich nicht nur die Möglichkeit aufzutreten und einen neuen Freundeskreis, sondern eine Schulung in Akzeptanz. Hier lernte ich mehr über Menschlichkeit und den Aufbau von Beziehungen als in jedem anderen Bereich meines Lebens. Ich lernte, wie klug es ist, keine Urteile aufgrund von äußeren Eindrücken und Beschränkungen zu fällen, und dass es eine Stärke ist, mit Unterschiedlichkeit umzugehen.

Zum Beispiel waren meine Mitdarsteller und ich alle aus unterschiedlichen Gründen schikaniert worden, aber diese Unterschiedlichkeit stellte auch eine Gemeinsamkeit dar, die es uns ermöglichte, reine, bedingungslose, aufrichtige Freundschaften miteinander einzugehen. Während einige von uns körperliche Behinderungen aufwiesen, hatte ich selbst unsichtbare kognitive Lernschwierigkeiten durch die Auswirkungen des Alkohols im embryonalen Stadium, aber keiner von uns war stärker oder schwächer, etwa weil er oder sie so war, wie er oder sie eben war, oder wegen der Art, wie wir uns sahen, oder wegen einer Behinderung. Was zählte war nur, wie wir einander und uns selbst lieben konnten.

Mit der Klarheit, die ich in Same Difference erlernte, erkannte ich auch, dass mein Leben mir gehörte und nicht von den Launen anderer vorgeschrieben werden durfte. Ich hatte selbst die Zügel in der Hand und konnte meinen Kurs selbst bestimmen. Ganz gleich, was andere über uns sagten oder dachten, wir waren alle gleichermaßen schön und auf unsere jeweils eigene Weise gleich. Wir mussten selbst entscheiden, wie wir durch die Gewässer unseres Lebens navigieren wollten. Es macht wirklich alles den gleichen Unterschied – the same difference.

Atmen. Ich bin fähig, ich selbst zu sein und mein eigenes Licht zum Leuchten zu bringen, auch wenn es mir schwer erscheinen mag. Ich bin fähig.

Atmen. Großen Erfolg zu haben bringt auch die Versuchung mit sich, diesen Erfolg wieder zu ruinieren. Das muss ich aber nicht zwangsläufig tun.

Atmen. Wir sind alle gleich, auf viele unterschiedliche Weisen. Gemeinsam haben wir alle die »gleiche Unterschiedlichkeit«.

Atmen. Ich kann und werde meinen Weg weitergehen.

Atmen. Wenn vertraute Menschen dir eine Warnung zukommen lassen, dann solltest du auch zuhören. Hüte dich vor deinem Ego. Und wenn du denkst, du wüsstest schon alles, dann solltest du lieber noch einmal nachdenken. Und wenn du bei einem Vergehen einmal nicht erwischt wirst, heißt das noch nicht, dass du nicht später die Konsequenzen tragen müsstest.

Atmen. Wenn du in Fahrt kommst und immer mehr Tempo aufnimmst, dann solltest du deine Fahrt kurz verlangsamen, um zu schauen, wohin du steuerst.

Atmen. Denk daran, dass eine Versuchung nicht gleichbedeutend mit einer Notwendigkeit ist.

Atmen. Geh deinen Weg weiter.

Was für eine Erleichterung, dass ich jetzt auf einer Schule war, in der Mobbing verboten war und Verstöße gegen diese Regel auch Konsequenzen hatten. Befreit vom toxischen Verhalten meiner früheren Klassenkameraden, blühte ich geradezu auf. Ich schwebte gewissermaßen durch den Unterricht und erhielt in jedem Fach Bestnoten, wodurch ich sowohl mich selbst als auch meine Eltern überraschte. Plötzlich eröffneten sich für mich ganz neue Möglichkeiten.

Ein kleiner Bonus für mich war, dass ich die geltende Kleiderordnung liebte, über welche die anderen stöhnten. Unsere Privatschule verlangte Blazer, die ich jeden Morgen mit Begeisterung auswählte und mit den passenden Schuhen und Hosen kombinierte. Ich fühlte mich gut angezogen und beliebt und fand zum ersten Mal auch leicht neue Freunde.

Es lief gut für mich an meiner neuen Schule. Nachdem ich jahrelang Außenseiter gewesen war, genoss ich unter meinen neuen Schulkameraden sogar eine gewisse Beliebtheit. Ich lernte so, wie ich lernen sollte, und erzielte Noten, die meinen Bemühungen entsprachen. Mit steigendem Selbstvertrauen stiegen auch meine Leistungen. In einer positiven Feedbackschleife trugen diese Leistungen auch dazu bei, meine angeschlagene Selbstachtung zu stärken. Ich übertraf die Erwartungen und krönte mein erstes Jahr an der Schule dadurch, dass ich ein Theaterstück mit dem Titel *Light on the Street* (Licht auf der Straße) schrieb und produzierte, in dem meine Freunde aus der Theater-AG mitspielten. Ich erzählte darin die Geschichte einer fiktionalen Familie in Deutschland während des Zweiten Weltkriegs. Nachdem der Vater im Krieg ums Leben gekommen war, nahm er über eine Straßenlaterne in der Nähe des Hauses die Kommunikation mit seinen Kindern wieder auf. Jede Nacht schlichen sich die Waisenkinder hinaus auf die Straße, um dort über das Licht die kodierten Nachrichten ihres fehlenden Elternteils zu empfangen. Mir gefiel nicht nur das Stück, das ich da erschaffen hatte, sondern auch die Tatsache, dass so viele Leute aus der Stadt Butte kamen, um das Stück zu sehen: Gleichaltrige, Lehrer, Nachbarn, Fremde wie Freunde. Das Stück, die Schauspieler und auch meine Bemühungen erhielten von allen glänzende Kritiken. Die positive Resonanz war das Highlight zum Ende meines Schuljahres.

Im Sommer arbeitete ich zusammen mit meiner Mutter im Süßwarenladen ihrer besten Freundin Judy. In den Vorjahren hatte ich im Sommer immer schon ein bisschen freiwillig mitgeholfen, aber dieses Jahr war ich auch endlich alt genug, um als echter Angestellter mit meiner Mom zusammenzuarbeiten. Ich knetete die ganzen Sommermonate hindurch, um hundertkiloweise Saltwater Taffys herzustellen, eine Art salzige Karamellbonbons, mit denen die Holzfässer in der Auslage des Geschäfts gefüllt wurden. Virginia City in Montana, wo sich das Geschäft befand, liegt eingebettet in die Greenhorn Mountains und sieht so aus, als wäre es seit den Zeiten des großen Goldrauschs unverändert geblieben. Das antike Dekor des Ladens war wie aus *Unsere kleine Farm*, und die Kästen und Fässer quollen über von allen Arten an Süßigkeiten aus alter Zeit, die man sich nur vorstellen kann.

Einige meiner guten Theaterfreunde aus Butte arbeiteten ebenfalls in dem Laden. Nicole war ein paar Jahre älter als ich und ein ziemlicher Rebell. Jancee sah umwerfend aus und hatte ein überschäumendes Temperament. Die liebenswerte Kathleen, die damals in der Schulmensa für mich eingetreten war, hatte warme, strahlende Augen und die dazu passende Persönlichkeit. Sie war stellvertretende Filialleiterin und somit mir und meiner Schwester Megan vorgesetzt, die in der Regel mit mir zusammenarbeitete.

Wenn wir einmal Pause von unserer fleißigen Arbeit im Laden hatten, liefen wir gern zu den Virginia City Players am einen Ende der Stadt oder zu den Brewery Follies am anderen Ende. Die Ersteren boten eine familienfreundliche Aufführung von »vielfältigen und vitalen wechselnden wundervollen Vaudeville-Varietênummern«, während die Letzteren sich eines gewagten Banketts mit Cabaret für Erwachsene rühmten. Wir konnten von beiden nicht genug bekommen, und im Fall der Follies waren wir auch die einzigen Kinder, die hineingelassen wurden, dank einem Trick, den wir mehrfach anwandten: Wir stopften uns die Taschen voll mit Süßigkeiten aus dem Laden – unsere Version eines Goldenen Tickets – und tauschten sie gegen freien Eintritt zu den Shows. Dass die Shows sich fast nie änderten, war uns egal; sie waren trotzdem das Beste an Unterhaltung, was unsere jungen Augen je gesehen hatten. Die Darsteller, die aus den gesamten USA kamen, waren für uns Stars. Nach den Vorstellungen gingen wir oft in den Bale of Hay Saloon, um dort abzuhängen und zu quatschen. An anderen Abenden waren wir hinter dem Opernhaus zu finden, wo die Unterkünfte der Schauspieler lagen. Dort brannte immer ein Lagerfeuer, und wir sangen und erzählten bis spätnachts Geschichten. Das war die absolut beste Zeit meines

Lebens, bis ein unheilvolles Ereignis eines Tages fast dafür gesorgt hätte, dass der Vorhang fiel.

Auf der Rückseite des Süßwarenladens gab es eine hohe Eisenleiter, die durch eine enge, vertikale Aussparung Zugang zum Dach des Gebäudes bot. Meine Freunde und ich hatten diese private Dachfläche zu unserem persönlichen Eigentum erklärt und hielten uns dort oft in der Mittagspause oder nach Feierabend auf. Eines klaren Morgens erfreuten wir uns wieder an der Aussicht, und unser ausgelassenes Teenager-Gelächter erfüllte die Dachfläche. Von der Energie des Augenblicks angetrieben, tanzte ich wie ein wilder Derwisch auf dem Dach herum, wie schon viele Male zuvor. Es war eine harmlose, alberne Art, meine überschüssige Energie loszuwerden. Das Dach war aus Metall und mit mehreren verdeckten Luftschächten versehen. Bei meinem wilden Herumtanzen war ich mir der am Boden lauernden Gefahren nicht wirklich bewusst. Ich drehte mich fröhlich und warf mein Bein in einer schnellen kräftigen Bewegung wild nach außen, als es mich plötzlich umriss. *Peng!* Ich stürzte sofort zu Boden. Ich war mit der Oberseite meines Fußes gegen die scharfe Kante eines Metallblechs gestoßen. Mein ganzer Körper sackte in sich zusammen, während ich meinen Fuß fest umklammerte.

Das Metall hatte viel tiefer ins Fleisch eingeschnitten, als ich zuerst dachte. Ich wälzte mich mit fürchterlichen Schmerzen hin und her und presste beide Hände fest auf den Fuß. Dabei quoll pulsierend Blut zwischen meinen Fingern hervor, im Takt mit meinem Herzschlag. Der Schnitt war so tief, dass eine Arterie und sechs Sehnen durchtrennt worden waren.

Meine Schwester Megan schrie zuerst Jancee zu, dass sie Hilfe holen, und dann mir, dass ich nicht hingucken solle. Sie zerriss ihr Hemd und wickelte es fest um meinen Fuß, um die Blutung zu verringern. Ich versuchte für den kurzen Weg zur Leiter aufzustehen, fiel aber sofort wieder hin. Ohne Sehnen war der Versuch zu gehen zwecklos. Da ich mich im Schockzustand befand, kann ich mich an die Schmerzen gar nicht mehr so gut erinnern wie an das Gefühl des Kribbelns und der extremen Schwächung; kein Wunder angesichts der Menge an Blut, die ich verlor. Ich kroch auf Händen und Knien zur Leiter, das war meine einzige Möglichkeit. Beim Blick auf den Boden zwei Stockwerke unter mir hatte ich das sichere Gefühl, dass eine Tragödie bevorstand, aber ich hatte keine andere Wahl, als den Abstieg zu wagen. Ich setzte ein Knie auf die erste Sprosse und begann den gefährlichen Weg hinunter.

Unterdessen geriet Jancee beim Versuch, die Aufmerksamkeit meiner Mom zu erlangen, fast in Panik, denn diese blieb völlig unbeeindruckt, da sie schon mehr als einmal erlebt hatte, wie Kinder auf Kratzer und Schrammen überreagieren. Sie erklärte Jancee, dass sie erst noch einiges im Laden zu erledigen hätte, und kam erst danach ohne Eile mit nach draußen, um sich um die erwartete kleine Verletzung zu kümmern.

Als sie aber meinen malträtierten Fuß sah, erkannte sie sofort, dass es etwas Ernstes war, schaffte es jedoch, die Ruhe zu bewahren. Sie schnappte sich Portemonnaie, Schlüssel und ein Handtuch und half mir auf den Vordersitz ihres Autos. »Versau mir bloß nicht das Leder mit deinem Blut«, sagte sie im Scherz, wohl als Versuch, mich zu beruhigen, oder vielleicht auch, um selbst auf das konzentriert zu bleiben, was zu tun war.

Zur nächstgelegenen kleinen Klinik ging es 23 Kilometer über einen Bergpass. Die Ärzte dort bestätigten, dass eine Arterie durchtrennt sei und ich sofort in Butte im Krankenhaus operiert werde müsse. Sie kauterisierten die Wunde, um das herausströmende Blut zu stoppen, dann stiegen wir wieder ins Auto und rasten nach Butte, wo eine vierstündige Operation folgte.

Statt weiter Spaß zu haben, verbrachte ich also den Rest des Sommers jetzt mehr oder weniger im Bett. Ich begann mein erstes Jahr an der Highschool auf Krücken und in einem medizinischen Gehstiefel. Die Flut der Fragen, was denn passiert sei, animierte mich ein bisschen zu harmlosen Lügen, und ich dachte mir eine spannende Geschichte aus: »Ich war als Double für einen Stunt bei einem Filmdreh, und das Ganze ist furchtbar schiefgelaufen!«

»Wow, echt? Was für ein Film denn?«, erkundigten sie sich dann und scharten sich um mich, gespannt auf die schauerlichen Einzelheiten. Nachdem ich dann ihre Aufmerksamkeit hatte, gestand ich die Wahrheit und erzählte, wie es wirklich gewesen war, was sich dann ja als noch schrecklicher erwies.

So wie ich neue Freunde gewann, machte ich mir auch neue Feinde unter den starken Jungs an der Schule. Darüber hinaus waren auch meine verrückt spielenden Hormone nicht gerade hilfreich für meine gesellschaftliche Integration. Ich hatte mit einem unaufhörlichen Verlangen nach den hübschen Jungs und ihren perfekten Körpern zu kämpfen, die mir auf den Gängen an jeder Ecke begegneten. Im Sportunterricht lief ich immer Gefahr, noch schneller an den Rand eines Schwächeanfalls zu geraten als durch den Blutverlust beim Fiasko mit meinem Fuß. Jugendliches Verlangen und Neugier ließen in mir die Funken sprühen, auf eine Art, die ich im Moment einfach nicht gebrauchen konnte.

Ich hatte kein Ventil für meine sexuellen Begierden. Mit meinen Eltern oder meiner weiblichen Therapeutin konnte ich schon gar nicht darüber reden. Wenn schon, dann sollte mein Gesprächspartner zumindest eine Person sein, die so war wie ich und mich auch richtig verstand. Ich fantasierte darüber, Sex mit anderen schwulen Jungs zu haben, die meine Gefühle teilen würden. Aber nichts von alledem war realistisch, und ich glaube auch nicht, dass es mir geholfen hätte. Also blieb ich bei dem, was ich am besten kannte, und schlich mich weiter nachts aus dem Zimmer zum Computer der Familie, um mir dort Pornos im Internet anzusehen. Dabei blieb es dann auch für den Rest meines ersten Jahrs an der Highschool. Auf diese Weise ruinierte ich vier Computer der Familie, konnte aber meine aufgekommene Sucht trotzdem nicht befriedigen.

In meinem zweiten Jahr an der Highschool erwarb ich den Führerschein, aber leider keine Vernunft. Ich wollte die peinliche

Situation vermeiden, mal wieder bei meinen nächtlichen Ausflügen an den Computer erwischt zu werden, und so fasste ich einen schlecht durchdachten Plan: Wenn meine Eltern im Bett waren, wollte ich ihr Auto entführen, damit zu Hastings fahren, einem Café und kleinem Geschäft mit Spätöffnung, und dort Pornozeitschriften klauen. Die könnte ich dann in meinem Zimmer unter der Matratze verstecken und müsste so nicht mehr den Computer der Familie benutzen. Hätte doch nur das Lämpchen der Erkenntnis, das kurz in meinem Kopf aufflammte, einen Kurzschluss verursacht und meinen Plan vereitelt! So aber verschlimmerte mein dummer Plan, einen Verstoß zu vermeiden, indem ich einen anderen beging, meine Lage nur. Nachdem ich bei meinem ersten Versuch, bei Hastings Pornos zu klauen, Erfolg gehabt hatte, nahm meine Dreistigkeit zu. Da ich nie erwischt wurde, stahl ich irgendwann nicht nur Internetzeit, Pornozeitschriften und das Auto, sondern auch Geld aus der Brieftasche meiner Eltern.

Nachdem ich das Auto meiner Eltern das erste Mal geklaut hatte, entwickelte sich das Ganze zur Gewohnheit. Wenn ich keine Pornos beschaffen fuhr, unternahm ich nächtliche Spritztouren in und um Butte. Manchmal, wenn ich nicht gerade schmutzige Zeitschriften stahl, nahm ich auch eine Freundin von der Highschool bei meinen Eskapaden mit. Andere Male holte sie mich zu spätabendlichen Besuchen im Taco John's ab, das erst um 1 Uhr nachts schloss. Ohne das Grand-Theft-Auto-Element wäre das Ganze ein unschuldiger Teenager-Spaß gewesen. Nachdem wir uns unsere Burritos reingezogen hatten, fuhren wir zu ihr nach Hause, wo wir bis in die frühen Morgenstunden kichernd *I love Lucy* auf VHS guckten.

Eines Abends dann, an dem ich wieder einmal meiner unrechtmäßigen, aber inzwischen wohlvertrauten Routine frönte, steuerte ich das Auto meiner Mom an einer der Abfahrten von der Autobahn, die durch unseren Ort führte. Ich achtete immer ganz besonders darauf, dass ich alle Verkehrsregeln einhielt, und kam vor einer roten Ampel zum Halten. Es war etwa Mitternacht.

Da erblickte ich auf der anderen Seite der Kreuzung ein wohlvertrautes Auto. Es war mein Vater. *Scheiße, erwischt!* Als die Ampel auf Grün sprang, gab ich Gas und trat das Gaspedal bis zum Bodenblech durch. Mein Vater war direkt hinter mir. Mit quietschenden Reifen nahm ich eine scharfe Linkskurve, missachtete eine rote Ampel und hoffte, dass das Schicksal auf meiner Seite war. Ich raste mit fast 100 Stundenkilometern durch eine Straße, in der nur 40 erlaubt waren, um meinem Vater zu entkommen, obwohl ich eigentlich wissen musste, dass ich ja irgendwann auch wieder nach Hause kommen müsste und mich dann den Konsequenzen zu stellen hatte. Meine Eskapaden auf der Suche nach Pornos hatten sich zu einem Hochgeschwindigkeits-Verfolgungsrennen entwickelt. Mein Dad schreckte vor meinem Tempo nicht zurück und trat aufs Gas, bis er neben mir war. Sein stählerner Blick schaute mir direkt in die Seele, als er herüberschrie: »Fahr rechts ran!«

Es war klar, dass ich verloren hatte. Nach wenigen Sekunden, in denen ich noch vergeblich nach einem Ausweg aus meiner selbstverschuldeten Lage suchte, bremste ich ab und fuhr an den Straßenrand. Es gab kein Entkommen, und ich wusste es.

Wir ließen das Auto meiner Mutter am Straßenrand stehen und stiegen in seines ein. Den ganzen Weg nach Hause wurde kein Wort gesprochen, die Stille wurde nur durch das ohrenbetäubende Pochen meines Herzens gefüllt. Als wir die Treppe vor unserem Haus erreichten, sagte Dad nur: »Ab ins Bett!« Wahrscheinlich hatte Mom ihn auf die Suche nach mir geschickt. Meine Strafe wurde mir am nächsten Morgen verkündet: Ich verlor das Privileg, Auto zu fahren, und erhielt Hausarrest – eine noch nie ausgesprochene Strafe in unserem Haus.

Die Wochen vergingen, und mein Sehnen und Verlangen nach einem Mann, der so wäre wie ich, wurde nicht etwa geringer, sondern im Gegenteil immer stärker. Je mehr meine Besessenheit zunahm, desto häufiger wurden auch meine Eskapaden. Ich wurde richtig gut darin, Zeitschriften für Erwachsene aus Geschäften zu stehlen. Ich wurde auch richtig gut darin, überhaupt heimlich und verstohlen zu agieren; so nutzte ich den Schulcomputer jetzt auch tagsüber, während der Schulstunden, für meine unrechtmäßigen Zwecke. Einmal nutzte ich sogar die Computer in der Bibliothek der Montana Technological University, um Bilder für Erwachsene auszudrucken; ich rannte zum Drucker, schnappte mir die Ausdrucke und stopfte sie in meinen Rucksack, ohne dass die Bibliothekare etwas mitbekommen hätten.

Nicht alle meine Pläne waren heimlich. So ging ich einmal frech in den Laden mit den Neuheiten für Erwachsene, wo mich die Frau hinter der Ladentheke zwar nach meinem Alter fragte, aber keinerlei Ehrgeiz zeigte, mich rauszuwerfen. Angesichts meines Babyface muss ich ziemlich überzeugend aufgetreten sein, als ich ihr erklärte, ich sei über 18. Sie hat mir sogar fünf DVDs verkauft. Der imaginäre Raum der Filme wurde verlassen, als ich anfing, die Sex-Hotlines anzurufen, die zu Beginn dieser Videos beworben wurden. Das war für mich der Wendepunkt. Ich baute mir bundesweit einen Haufen Verbindungen zu bedürftigen Männern auf, was mir grünes Licht für Fluchtpläne gab. Ich hatte die Linie überschritten. Ich liebte den Kitzel, den es verursachte, Dummheiten zu machen und zu tun, was ich wollte, ohne mich um mögliche Konsequenzen zu scheren.

Zusammen mit meinem zweiten Jahr an der Highschool erreichte auch meine mentale Stabilität ihr Ende. Ich lief gen Nirgendwo, und das sehr schnell. Die Auswirkungen des Traumas meiner frühen Jahre begannen sich in mein verwirrtes pubertäres Hirn zu schleichen und beeinflussten mein Denken, indem sie mich dazu ermunterten, mich auszuleben. Die willkommene Gnadenfrist nach diesen schrecklichen ersten Jahren war abgelaufen. Mom und Dad hatten meinen Schwestern und mir die Welt gezeigt, uns Liebe und Unterstützung gegeben und uns zusammengehalten, aber die verborgenen Monster in meinem Kopf hatten sie nicht besiegen können.

Atmen. Ich muss mich vor meinem Ego hüten. Und wenn ich denke, ich wüsste schon alles, sollte ich lieber noch einmal nachdenken. Und wenn ich bei einem Vergehen einmal nicht erwischt werde, heißt das noch nicht, dass ich nicht später die Konsequenzen tragen müsste.

Atmen. Wenn ich in Fahrt komme und immer mehr Tempo aufnehme, werde ich meine Fahrt kurz verlangsamen, um zu schauen, wohin ich steuere.

Atmen. Ich werde daran denken, dass eine Versuchung nicht gleichbedeutend mit einer Notwendigkeit ist.

Atmen. Ich kann und werde meinen Weg weitergehen.

7 Der Ausreißer

Atmen. Wenn du Wut zu deiner Grundeinstellung machst und daran Gefallen findest, wirst du wütend bleiben. Wenn du gute Laune zu deiner Grundeinstellung machst und daran Gefallen findest, wirst du gut gelaunt bleiben.

Atmen. Was dir nicht gehört, gehört dir nicht.

Atmen. Es ist besser, in eine Welt zu springen, mit der du schon ein bisschen vertraut bist, als in eine Welt, die dir völlig fremd ist.

Atmen. Geh deinen Weg weiter.

Die Sommer können heiß werden in Montana, und so ein Tag war es in Virginia City. Hunderte Touristen liefen die gut in Schuss gehaltenen Gehwege der alten Bergbaustadt entlang, und es war, als wollten alle in unseren Süßwarenladen, wegen der Klimaanlage und wegen der kostenlosen Probepackungen mit unseren berühmten Saltwater Taffys. Die Taffy-Maschine war strategisch in der Mitte des großen Schaufensters an der Straße platziert. Und der kleinen Nascherei, die da winkte, war kaum zu widerstehen. So kamen sie denn auch alle. Und an diesem Tag wurde es mir einfach zu viel an meinem üblichen Einsatzort an der Taffy-Maschine.

Die Parade netter Gesichter mit offenen Mündern und hypnotisierten Stielaugen vorm Fenster ekelte mich an. Der süße Karamellgeruch war Übelkeit erregend, was durch meine unterschwellige Genervtheit noch verstärkt wurde. Selbst die fremden Sprachen der Touristen mit ihren kryptischen Worten, die ich normalerweise faszinierend fand, gingen mir an diesem Tag auf den Geist.

Meine Laune war in den letzten Wochen im Keller gewesen. Es war der Sommer nach meinem zweiten Highschool-Jahr, und meine Grundeinstellung war ein Gefühl von Ärger und Groll. Infolge meines mentalen Gesundheitszustands hatte ich mich von Freunden und Familie zurückgezogen und richtete mich in meiner Selbstisolierung immer komfortabler ein. Glücksgefühle – oder was ich dafür hielt – empfand ich nur, wenn ich nichts mit den anderen zu tun hatte. In ihrer Gegenwart hatte ich das Gefühl, beurteilt zu werden und wertlos zu sein. Ich hatte die Vorstellung, in ihren Augen müsse ich in jeder Hinsicht ein Versager sein. Heimlich unterhielt ich weiter unpassende Fantasiebeziehungen zu weit älteren Männern, die ich online eingegangen war, und mein altes Leben entglitt mir. In den Theatervorstellungen dieses Sommers hatte ich keine Rolle bekommen, weil ich oft lieber in die Bibliothek gegangen war, um mir Pornos anzusehen, als meine Theatertermine wahrzunehmen.

Ich log und ich stahl Süßigkeiten, was im Vergleich zu anderen Sachen, die ich später machen sollte, noch relativ unschuldig erscheint. Und der letztgenannte Verstoß war auch nichts Neues. Mit sieben oder acht war ich einmal aus meinem Zimmer geschlichen, um nach den Süßigkeiten zu suchen, die meine Mutter immer hoch oben in einem Schrank in der Waschküche versteckte. Als ich dort war, schloss ich die Tür hinter mir, damit mich keiner hörte, sperrte mich damit aber ungewollt selbst ein. Ich hämmerte und hämmerte gegen die Tür, aber keiner hörte mich. Erst als das hohe C meines präpubertären Schreiens durchs Haus gellte, kamen meine Eltern und öffneten mir die Tür. Splitternackt rannte ich an ihnen vorbei direkt in mein Zimmer. Als sie kamen und mich fragten, ob ich Süßigkeiten gestohlen hätte, bestritt ich das, mit schokoladenverschmierten Zähnen und den Backen voller Schoko-Cookies. Episoden wie diese trugen mir den Ruf ein, ein unverbesserlicher Lügner zu sein.

Meine Eltern haben gewiss versucht, mir zu helfen, ein besserer Mensch zu werden. Mein ständiges Lügen und Stehlen waren ihnen schmerzlich bewusst, und sie versuchten meine Schwächen dadurch zu korrigieren, dass sie mich immer wieder darauf hinwiesen. Vielleicht hofften sie, ich würde mich dann für mein Verhalten schämen, und das würde eine Wendung zum Besseren bewirken. Aber ich schämte mich nicht und ihre hartnäckig gezeigte Liebe blieb wirkungslos. Stattdessen spielte ich aktiv mit dem Gedanken, mir das Image des bösen Buben zuzulegen. Der früher so verspielte und übermütige Bruce war kalt und distanziert geworden. Ich erkannte mich selbst nicht wieder. Meine Stimmungen schwankten stark, zwischen manischen Extremen und leerer, emotionsfreier Empfindungslosigkeit. Ich fühlte mich, als müsste ich gleich weinen, brachte aber keine Träne hervor. Das letzte Mal, dass ich geweint hatte, war gewesen, als meine ältesten Schwestern als Teenager fortgeschickt worden waren, nachdem meine Eltern vergeblich darum gekämpft hatten, ihnen bei der Bewältigung ihrer ernsten mentalen und physischen Probleme zu helfen. Meine Eltern hatten nicht mehr weitergewusst, und die Therapeuten hatten ihnen beigepflichtet, dass es das Beste wäre, die Mädchen einer intensiveren Betreuung zu überstellen. Mir hatte das gesagt, dass wir leicht wegzugeben wären und nie wirklich gewollt waren. Dass wir in Wirklichkeit auf Dauer keinen sicheren Raum für uns hätten. Dass unsere Eltern uns nicht liebten und uns nicht behalten wollten. Auch wenn ich das wohl selbst nicht wirklich glaubte, heizte es doch meine Verlustängste an und lieferte mir in gewisser Hinsicht einen Vorwand, mich aufs Wütend-Sein zu kaprizieren, ob das nun gerechtfertigt war oder nicht.

Aber vor all dieser Wut, vor diesem Irrsinn an Emotionen, die ich nicht benennen konnte und nicht verstand, hatte ich um meine Schwestern geweint. Voll aufrichtiger Empathie hatte ich geweint, aus Angst, dass sie nie würden echte Liebe finden können, weder für sich selbst noch für andere. Ich war besorgt gewesen, dass sie Bernas beklagenswerte Lebensentscheidungen wiederholen würden oder viel zu jung sterben müssten. Aber ich hatte nicht um mich selbst geweint, und das tat ich auch in diesem heißen Sommer nicht, ganz gleich wie sehr ich auch der Katharsis bedurft haben mochte. Stattdessen hatte ich das, was immer *das* war.

Und um mein chaotisches Muster aus intensiven und abwesenden Emotionen noch komplizierter zu machen, verspürte ich unglaublichen Frust über meine Unfähigkeit zu emotionaler Beherrschung und Berechenbarkeit. Kleinigkeiten wie das versehentliche Fallenlassen von Waren oder die Bitte meiner Mutter, ihr bei einer Arbeit zu helfen, führten zu gewaltigen Ausbrüchen. Meine Wut war jedes Mal völlig überzogen. Andere Male schaute ich mit leeren Augen in den Spiegel und sah niemanden, der zurückschaute. Ich fühlte mich hohl, abgeschnitten von der Wirklichkeit und von der Fähigkeit, meine Emotionen authentisch zu empfinden. Auch konnte ich andere, die mich sahen, glauben machen, alles wäre in Ordnung. Ich hatte an meinen Schauspielkünsten gefeilt, und nun konnte ich alles simulieren. Ich bildete mir ein, dass nur sehr, sehr wenige sehen könnten, wie chaotisch es in mir zuging. Es war für jedermann offensichtlich, aber ich dachte, kaum einer wüsste, dass ich langsam den Verstand verlor, von Hass erfüllt wurde und auf dem direkten Weg zur Selbstzerstörung war.

Zur Hälfte meiner Schicht kam meine Mutter zu mir, mit einer Liste von Sachen, die noch zu erledigen waren, bevor wir den Laden für den heutigen Tag zumachten. Zahllose Süßwaren mussten nach oben gebracht, ausgepackt, sortiert, inventarisiert und dann in die Regale und Schaukästen geräumt werden. Die Pralinen mussten gewogen, eingetütet und etikettiert werden. Der ganze Laden musste gesaugt, gefegt und gewischt werden. Und am nächsten Tag war das Ganze unausweichlich wieder fällig, nachdem erneut eine Horde Touristen durch den Laden gestapft war, Dreck hineingeschleppt hatte und überall Einwickelpapier hatte liegen lassen.

Noch während die Liste mit den langweiligen Aufgaben über die Lippen meiner Mutter kam, setzten meine eigenen Lippen zu einer ganz anderen Tätigkeit an: Ich begann vor mich hin zu singen und blendete sie damit aus. Das war ein Fehler!

Wütend griff sie nach einer Flasche Glasreiniger und sprühte mich damit an. Wenn man den gewaltigen Stress bedenkt, unter dem sie stand, war das noch eine recht zurückhaltende Reaktion. »*He!* Hör auf damit! Aufhören, Bruce! Was ist denn in dich gefahren? *Hör mir gefälligst zu!*«, verlangte sie, empört über meine Unverschämtheit.

Und das war's dann. Unsere heftige Auseinandersetzung über eine Belanglosigkeit war der letzte rationale Moment, an den ich mich erinnern kann, bevor ich mental komplett dichtmachte. Ich hatte meine Impulse nicht mehr unter Kontrolle. Ich warf den Wischmopp zu Boden.

»Viel Glück damit, jemanden zu finden, der deine kleine Liste abarbeitet! Ich kündige!«, bellte ich sie an. Ich rannte die Treppe hinunter zum Mitarbeiter-Schlafraum, einem Zimmer, das sich immer drei bis sechs jugendliche Beschäftigte teilten, die von weit her kamen und abends lange arbeiteten. Auch ich hatte diesen Sommer über dort gewohnt. In glücklicheren Zeiten war der Raum für mich so etwas wie ein fröhliches Zeltlager, aber jetzt war es nur noch ein dunkler, kalter, feuchter Keller. Wütend packte ich meine Siebensachen zusammen.

»Scheiß auf sie … Scheiß auf alles …«, fluchte ich vor mich hin, während ich meine Sachen in einen großen Koffer warf.

Wenig später kam meine Mutter natürlich herunter. »Pack deine Sachen. Steig ins Auto. Ich fahr dich nach Hause«, sagte sie kurz, während sie mich unverwandt ansah.

Bis wir die Stadtgrenze erreichten, herrschte tiefes Schweigen im Auto. Dann änderte sie ihre Taktik. Sie versuchte die Peinlichkeit der Situation zu überwinden. »Bitte mach das nicht! Bleib doch wenigstens noch ein paar Wochen, die Saison ist doch schon fast vorbei!«

»Nein«, murmelte ich.

Sie hielt den Wagen an. »Hör mal, Bruce. Meine Mutter ist im Hospiz. Ich muss jederzeit aufbrechen können, um sie noch ein letztes Mal zu sehen, bevor sie stirbt. Und das kann ich nicht, wenn du nicht mitarbeitest.« Ihr Ton war rational und ruhig, wenn auch scharf.

Mit jetzt festerer und schärferer Stimme entgegnete ich: »Nein! Fährst du jetzt weiter oder soll ich fahren?«, und grinste dabei frech.

Den Rest der anderthalbstündigen Fahrt herrschte unbehagliche Stille, während meine Mutter neben mir innerlich kochte.

Das wunderbare Grün der Täler und das dunkle Blau der Berge, die durch die Autoscheiben hindurch zu sehen waren, vermittelten ein Gefühl der Ruhe. Wer von außen in unser Auto hineingeschaut hätte, hätte diesen Eindruck vielleicht auch in unseren unbewegten Gestalten widergespiegelt gesehen. Aber in meinem Geist und meinem Brustkorb tobte im Gegensatz zu dieser Stille das Chaos.

Mein Vater wartete auf der Türschwelle, mit besorgtem Blick und vor der Brust verschränkten Armen. Die Spannung zwischen meiner Mutter und mir griff nun auch auf ihn über. »Geh rein und lass deine Taschen oben auf dem Treppenabsatz stehen«, wies mich meine Mutter an.

Ich verdrehte die Augen und ging an meinem Vater vorbei, ohne ihn zu beachten. Die ganze Zeit spürte ich seine Blicke, die Verwirrung und Verärgerung verrieten. Hier ging es nicht mehr nur um meinen Wutanfall im Süßwarenladen. Da war noch mehr. Er wusste es. Sie wussten es. Ich hatte zuvor an diesem Tag schon Geld aus der Ladenklasse geklaut und war mir jetzt sicher, sie hatten das gecheckt. Ich weiß noch, wie ich bei mir dachte: »Die sind ja nicht dumm, verdammt noch mal!« Meine hinterhältigen Manöver waren schon die ganze Woche hindurch gelaufen. Ich hatte zwar an der Kasse nichts zu schaffen, aber wenn die anderen beschäftigt waren und sich keiner in der Nähe aufhielt, hatte ich hineingegriffen.

Für den Moment tat ich, was sie gesagt hatten, und ging die Treppe hoch, wo ich meine Taschen fallen ließ. Ich blickte vorsichtig über die Schulter, ob sie zu mir hoch schauten. Nein, sie waren unten auf der Terrasse in ein intensives geflüstertes Gespräch vertieft, vermutlich um zu beratschlagen, wie sie mich bestrafen sollten.

Ich ergriff diese Gelegenheit, um in meine Tasche zu greifen und den Umschlag mit mehreren hundert Dollar an gestohlenem Geld herauszuholen. Das war mein Ticket in die Welt der Freiheit, nach der ich mich seit Monaten sehnte.

Ich versteckte das beiseite geschaffte Geld in meiner Unterwäsche, da ich mir zwar sicher war, sie würden meine Taschen durchwühlen, aber hoffte, von einer Leibesvisitation würden sie denn doch absehen. Ich hatte gerade erst wieder mein Hemd in die Hose gestopft, als meine Eltern heraufkamen. Meine Mutter durchsuchte meine Taschen. Sie war sichtlich aufgewühlt, bewahrte aber ihre Haltung, als sie auf der Suche nach dem gestohlenen Geld alle Winkel meiner Tasche absuchte. Ihre Suche förderte nichts zutage.

Mein Vater widmete sich währenddessen meinem Koffer. Darin fand er meinen Gehaltsscheck über 400 Dollar und reichte ihn meiner Mutter, die ihn sofort nach oben ins Schlafzimmer brachte. Egal. Ich hatte immer noch genug geklautes Geld, um damit in eine andere Stadt zu gelangen und dort auch etwas zu essen zu kaufen – wo auch immer dieses *dort* sein würde.

Kurz darauf kehrte sie mit neuem, ernstem Gesichtsausdruck zu mir zurück. »Bruce,« sagte sie, »wir wissen, dass du das Geld hast, und wenn du es uns nicht sofort gibst, erstatten wir eine Diebstahlsanzeige.« Um zu unterstreichen, wie ernst sie es meinte, senkte sie ihr Kinn. Das ermöglichte ihr, mir direkt in die Augen zu schauen, wobei der scharfe obere Rand ihrer viereckig gefassten Brille wie ein trennender Stacheldrahtzaun zwischen uns wirkte. »Wir können die Polizei einschalten und sie hier alles durchsuchen lassen, wenn dir das lieber ist.« Sarkasmus schwang in ihrer Stimme mit und man konnte ein leichtes Beben ihres Körpers wahrnehmen.

Ich wollte nicht, dass die Polizei eingeschaltet wird. Wenn die herkämen und hier herumsuchten, würden sie auch das kleine Päckchen mit Gras finden, das Freunde mir einmal gegeben hatten. Ironischerweise mochte ich zu dieser Zeit Drogen und Alkohol nicht einmal. Auf irgendeine verdrehte Weise verursachte deren Anwesenheit mir ein schlechtes Gefühl. Ich fand, Drogen seien schlecht und Alkohol sei dumm. Beides erinnerte mich an Berna, und so wollte ich auf gar keinen Fall werden. Die paar Male, die ich Gras probiert hatte, waren lediglich fehlgeleitete Versuche der Rebellion gewesen, Bemühungen dazuzugehören. Ich mochte das nicht, und Rauchen mochte ich auch nicht. Bei den wenigen Gelegenheiten, zu denen ich mir mal eine Zigarette angesteckt hatte, hatte ich den Rauch nur in den Mund genommen, nicht aber inhaliert, damit meine Freunde nichts merkten. Da stand ich nun dumm da, mit meiner ungewollten illegalen Ware, die hier seit Monaten ungeraucht herumlag, nun aber meinen Fluchtplan durchkreuzen konnte.

Um zu verhindern, dass es durch die Polizei zu dieser Katastrophe kam, zog ich den Umschlag mit dem gestohlenen Geld aus meiner Hose und schleuderte ihn meinen Eltern entgegen.

»Zufrieden?«, blaffte ich, so unverschämt ich konnte und in einem Ton, der gut zu öffentlichen Bekanntmachungen Anfang der 90er-Jahre gepasst hätte. Ich drückte mich an ihnen vorbei und stürmte wütend die Treppe hinunter. Vollgepumpt mit Adrenalin knallte ich meine Zimmertür hinter mir zu und spürte, wie sich in mir gewaltiger Druck aufbaute. Blut pulsierte durch meine Venen. Wie zum Teufel konnte ich dieses Geld wiederkriegen? Das stumme Schreien in mir baute eine explosive Hysterie auf. Der Knall stand kurz bevor.

Dann hörte ich, wie eine Tür zugeschlagen wurde. Waren meine Eltern etwa wieder nach draußen gegangen? Tatsächlich! Es war also noch nicht zu spät. Ich konnte wieder an mein Geld kommen und dann flüchten!

In aller Hast schmiedete ich einen behelfsmäßigen Plan. Ich schnappte meine Schultertasche und warf ein paar Kleidungsstücke hinein, dazu Musik, die Tüte mit Gras, etwas Make-up, das ich noch von meinen zahlreichen Auftritten auf der Bühne übrig hatte, und ein Tagebuch – Letzteres eine völlig unwahrscheinliche Beigabe, weil ich Schreiben eigentlich nicht mochte. Aber aus irgendwelchen Gründen drängte es mich jetzt dazu. Auf einen Zettel kritzelte ich in Großbuchstaben:

> IHR WERDET MICH NIE VERSTEHEN! IHR WERDET MICH NIE LIEBEN UND ICH WILL EURE LIEBE AUCH GAR NICHT! ICH WÄRE LIEBER TOT, ALS EUCH BEIDE ZU KENNEN! VERSUCHT MICH NICHT ZU FINDEN! ICH GEHE UND KOMME NIE WIEDER! IHR WERDET MICH NIE FINDEN!

Das Chaos aus Emotionen und Biologie bildete einen mehrschichtigen Schleier in meinem Kopf. Nachdem ich die Nachricht auf meinem Bett platziert hatte, dachte ich hektisch über den nächsten Schritt nach. Ich öffnete heimlich meine Zimmertür und machte mich auf den Weg zum oberen Treppenabsatz. Dabei kam ich in der Nähe meiner Eltern vorbei, die draußen auf der vorderen Veranda standen. Auch wenn der Ton ihres Gesprächs gedämpft war, war ihre Verzweiflung spürbar. Sie waren völlig durcheinander und suchten vergeblich einen Plan, der sowohl momentan als auch langfristig tauglich wäre.

»Er ist geisteskrank!« »Er leidet unter Wahnvorstellungen!«

Ich beachtete ihre Bemerkungen nicht und konnte mich unbemerkt an ihnen vorbeischleichen. Auf Zehenspitzen schlich ich ins Schlafzimmer meiner Eltern. *Wie dumm von ihnen!,* dachte ich: Völlig offen lag der Umschlag mit dem gestohlenen Geld auf ihrem Bett. Meine diebischen Hände schnappten sich das beiseite geschaffte Geld. Ich eilte zurück in mein Zimmer und verriegelte die Tür hinter mir.

Ich erinnere mich noch an das Klopfen meines Herzens und das Schreien in meinem Kopf. Gedanken, tausende Bruchstücke von Gedanken. Ein Marathon der falschen Wahrnehmung. Ein Durcheinander von Unsinn. Ein Stimmengewirr ohne Verstand, gemixt mit einer Spur Nervenkitzel. Das Aufregende eines Lebens auf der gefährlichen Seite. Es fühlte sich berauschend an. Das Dunkle lockte mit seiner zerstörerischen Erregung.

Die kriegen mich nicht! Die erwischen mich nie! Diesmal nicht! Ich sprang aus dem Fenster, die Tasche über die Schulter geworfen, und verschwand in der Nacht.

Wie viele andere Kinder auch, hatte ich zuvor schon ein paar »putzige« Ausreißversuche unternommen. So hatte ich mit fünf Jahren, aus Gründen, an die ich mich nicht mehr erinnern kann, von denen ich aber vermute, dass sie mit verweigertem Eis zu tun haben könnten, meinen Cartoon-Rucksack mit Süßigkeiten als Proviant gefüllt und mich davongemacht. Der »weit entfernte« Ort, an den mein kindliches Hirn damals dachte, war Sheridan gewesen, der letzte Ort, an dem wir zusammen mit Berna gelebt hatten. Vielleicht steckte dahinter der unterbewusste Wunsch, in eine Zeit zurückzukehren, bevor sich alles geändert hatte, aber das ist reine Spekulation. Bei diesem ersten Versuch auszureißen lief ich die Hauptstraße entlang hinaus aus der Stadt in Richtung meiner ersten Heimat. An der Tankstelle machte ich Halt und steckte fünf Cent in den Kaugummiautomaten, um mir weiteren »Proviant« für die Reise zu besorgen. Kurz danach sah mich Kathleens Mutter am Straßenrand. Nachdem ich ihr Angebot abgelehnt hatte, mich nach Hause mitzunehmen, war sie sofort das kurze Stück zu meinem Vater gefahren, der mich dann auflesen kam.

***

Meine Freundin Brooke wohnte nur sechs Blocks von uns entfernt. Jeder Schritt in Richtung ihres Hauses fühlte sich an wie ein Mini-Erfolg. Als ich mich dem Gartentor näherte, fing ihr schwarzer Labrador wie wild an zu bellen. Auf mein Klopfen an der Tür öffnete ihre Schwester, mit überraschtem Gesichtsausdruck. Nächtliche Besuche waren nicht die Norm.

Es bedurfte keiner großen Überredung, um Brooke zu veranlassen, mich zum Busbahnhof zu fahren.

Die Fahrt war nur kurz. Meine Beichte war es auch. »Ich haue ab«, erklärte ich ruhig. »Ich mach's wirklich!«

»Was? Nein, Bruce, *echt?*«, rief sie. »Werden wir denn wenigstens mal wieder was von dir hören?«, erkundigte sie sich unschuldig.

»*Ha!* Wahrscheinlich nicht«, erwiderte ich ehrlich.

Brooke wusste darauf wenig zu sagen. Nach meiner zweiten stillen und ungemütlichen Autofahrt dieses Tages waren wir an der Greyhound-Station angekommen.

Ich wandte mich um und stellte mich meiner Entscheidung. *So, jetzt geht's ums Ganze!* Ich blickte zur Tür des Busbahnhofs und ging hinein. Drinnen war niemand außer einem korpulenten Typen Mitte 20 hinterm Schalter, der verblüfft aufblickte.

»Kann ich dir helfen?«

»Ja klar«, antwortete ich. »Ich hätte gern ein Ticket einfache Fahrt nach ...« Ich stoppte mitten im Satz. *Ja wohin eigentlich? Verdammt, wohin sollte ein gerade mal 16-Jähriger denn wohl fahren?* Dann entfuhr mir, aus Gründen, die ich selbst nicht kannte: »Denver!« Er hob eine Augenbraue. In Butte entsprach es der

Mentalität, keine Fragen zu stellen und sich nicht um anderer Leute Angelegenheiten zu scheren. Es war eine Stadt mit rauem Umgangston. Seine neugierige Reaktion war daher wahrscheinlich nur seiner Langeweile geschuldet. »Denver?«, mokierte er sich mit leicht zweifelndem, aber sonst unbewegtem Gesichtsausdruck. »Wieso will denn wohl ein Junge wie du um 0.30 Uhr nach Denver in Colorado?«

Meine spontane Erklärung war die erste einer endlosen Reihe von Lügen, die in der nächsten Zeit folgen sollten. »Ich war hier in den Ferien auf Verwandtenbesuch. Die Ferien sind vorbei und ich fahre wieder nach Hause.« Ich versuchte meine Glaubwürdigkeit durch ein entsprechendes Auftreten zu erhöhen. Er zuckte nur mit den Achseln und begann meine Fahrkarte einzutippen. Wie in der Stadt üblich, scherte er sich um nichts.

Was gab es überhaupt in Denver? Ich hatte keine Ahnung. Es war einfach nur die erste größere Stadt gewesen, die mir in den Sinn gekommen war.

»O.K., Junge. Dein Name?« Die Fragen waren grundlegend, die Lügen entwickelten sich.

»Wie bitte?« Ich versuchte es so klingen zu lassen, als hätte ich die Frage nicht richtig gehört. Ich musste etwas Zeit gewinnen, um mir ein passendes Alias auszudenken.

»Ich fragte, wie dein Name lautet, Junge!« Die Gleichgültigkeit schlug in leichte Verärgerung um.

Wieder folgte ich meinem ersten Impuls und nannte ihm den ersten Namen, der mir einfiel: »Todd Klein.« Er tippte meinen neuen Namen in den Computer, ich reichte ihm das Geld, kurz darauf war das Ticket ausgedruckt, und er überreichte es mir.

»Der nächste Bus geht um 1.40 Uhr«, murmelte er noch. Ich bedankte mich und verließ das leere Gebäude.

Ich lehnte mich draußen mit dem Rücken gegen die Wand, ließ mich hinabrutschen, bis ich auf dem Boden saß, und legte die Arme über die Knie. So wartete ich auf den Bus, der mich in eine Welt bringen sollte, von der ich nichts wusste. Ich gab alles auf! Wohin meine Begabungen mich auch hätten führen können, jetzt warf ich sie einfach weg! Die Sicherheit, die Stabilität, die ein Zuhause und geliebte Menschen mir gaben. »Scheiß auf sie alle!«, rief ich laut. In dem Moment war ich buchstäblich geistesgestört.

Meine Gedanken waren verwickelt und wild. Ich war dissoziiert und mein Verhalten war immer verstörender geworden. Die Komplexitäten der Pubertät und jugendlichen Sozialisierung waren mir über den Kopf gewachsen und außer Kontrolle geraten. Meinen Plan auszureißen hatte ich meinen Eltern zuvor schon mehrfach in realitätsfernen Drohungen angekündigt. So hatte ich ihnen gesagt, es wäre besser, wenn ich mich als Sexsklave verkaufte und bei einem Fremden lebte, als bei ihnen zu wohnen. Wenn sie mich fragten, wie ich denn wohl Geld verdienen wollte, wenn ich die Schule schmiss, erklärte ich ihnen, ich würde eben einen Millionär finden. Meine Wahnvorstellungen gingen so weit, dass ich ihnen versicherte, diesen würde ich dann auch für plastische Chirurgie bezahlen lassen, mit der mein Gesicht so verändert würde, dass sie mich nie wieder finden würden. Und das war noch harmlos im Vergleich zu dem Vorfall, als ich eine Todesdrohung schrieb und sie am Kühlschrank platzierte, damit meine Mutter sie dort finden sollte. Ich brauchte Hilfe. Ich brauchte Medikamente. Aber ich war nicht bereit zu hören. Ich wollte selbst eine Lösung für mein Leid finden.

Und da war ich nun. Im Dreck hockend, auf einen Bus wartend. Diese Zeit gehörte mir. Ich ermahnte mich immer wieder, dass ich nur mir gehöre und niemandem sonst. Das stimmte zwar, aber in diesem Kontext war ich in einer dissonanten Statik verloren.

Ich versteifte mich auf die Überzeugung, dass *niemand* mich finden würde und dass das aus irgendwelchen Gründen auch besser wäre. Ich wollte meine Flügel ausbreiten, aber wohin sollte ich fliegen? Ich sprang und wollte mich in die Höhe schwingen, bedachte aber nicht, dass meine Flügel noch gar nicht entwickelt waren und unter den imaginären Wolken ein tiefer Abgrund lauerte. Aber bekanntlich ist es nicht der Sturz, der dich umbringt.

Die Stille der Nacht wurde unterbrochen durch das Knirschen schwerer Busreifen auf Schotter und das Quietschen von Bremsen beim Anhalten.

Ich ging ein hohes Risiko ein und sprang hinein in eine Welt, die ich nicht kannte.

Atmen. Wenn ich Wut zu meiner Grundeinstellung mache und daran Gefallen finde, werde ich wütend bleiben. Wenn ich gute Laune zu meiner Grundeinstellung mache und daran Gefallen finde, werde ich gut gelaunt bleiben.

Atmen. Was mir nicht gehört, gehört mir nicht.

Atmen. Es ist besser, in eine Welt zu springen, mit der ich schon ein bisschen vertraut bin, als in eine Welt, die mir völlig fremd ist.

Atmen. Ich kann und werde meinen Weg weitergehen.

3 Reise zum Traum

Atmen. Du kannst Trost finden, auch bei völlig Fremden.

Atmen. Ganz gleich, wie sehr du dich auch um dein Aussehen bemühst – es wird nie wirklich widerspiegeln, wie du im Inneren bist.

Atmen. Hüte dich davor, dich für frei zu halten, bevor du nicht weißt, dass du tatsächlich frei bist.

Atmen. Geh deinen Weg weiter.

Im Bus war es kalt. Die Klimaanlage war viel zu hoch eingestellt. Da es mitten im Sommer war, hatte ich keine warme Kleidung dabei.

Während der Bus auf die Autobahn I-90 East zufuhr, holte ich das Tagebuch hervor, das ich in meinem Zimmer eingesteckt hatte. Ich öffnete es und blickte auf die einladend leere Seite. Um irgendwie anzufangen, nahm ich meinen Stift zur Hand, setzte die Spitze aufs Papier und begann zu schreiben:

Ich hab's gemacht! Ich bin frei! Schaut euch an, wie ich lebe! Niemand wird mir mehr sagen, wie ich leben soll! Ich gehöre nur mir allein!

Ich war überwältigt von einem Gefühl der Macht. Dieses Gefühl kannte ich bisher nur von meinen Erfolgen auf der Bühne und in der Kunst. Das Stakkato meines Herzschlags hatte sich wieder zum gewohnten Ruhepuls beruhigt. Die Nacht erschien endlos, während die Reifen des Busses über den Belag der Interstate rollten.

Ich bin auf dem Weg, schrieb ich.

Die Sonne blinzelte hinter den Bergen hervor und kündigte den neuen Tag an. Die lange, emotionale Nacht holte mich ein und meine schwer gewordenen Augenlider wollten zufallen. Da ich die Sitzbank für mich allein hatte, rollte ich mich auf dem Zweiersitz zum Schlafen zusammen. Ohne Vorwarnung musste ich weinen. Ich fühlte mich allein, verängstigt, ohne Hoffnung und voll des Bedauerns. Es war ein kurzer Moment der geistigen Klarheit, in dem ich mich fragte: *Wo hast du dich jetzt bloß hineingeritten?*

Es schien mir Stunden zu dauern, bis ich einschlief.

Das Quietschen der Bremsen des Busses weckte mich auf. Ich fuhr sofort hoch und riss die Augen auf. Ich hatte keine Ahnung, wie lange ich geschlafen hatte und wo wir überhaupt waren, und schaute im Bus nach vorn. *Was, wenn ich meine Haltestelle verpasst hatte?!* Die Sonne stand inzwischen über den Bergen. In der Hoffnung auf irgendeinen Hinweis schaute ich aus dem Fenster. Da stand ein Schild: *Willkommen in Billings!* Soweit ich sagen konnte, waren wir also etwa sechs Stunden gefahren, und es war früher Morgen.

Erinnerungen an die vergangene Nacht rauschten über mich hinweg wie das Wasser über einen gebrochenen Staudamm. Ich begann in Panik zu geraten. *Was machte ich hier? Was hatte ich getan?* Ich fühlte mich verloren und völlig durcheinander und stolperte über hunderte von Gedanken, die sich übereinander stapelten wie die Waggons eines entgleisten Zuges. *Wohin fahre ich? Wo will ich hin? Warum laufe ich weg? Wie soll ich überleben?*

Und dann: Wut. Wut auf alles – auf mich selbst, auf meine Lage, meine Entscheidungen, meine Familie –, Wut darauf, dass die Sonne aufgegangen war. Meine Wut kristallisierte und eine Stimme in meinem Kopf sagte mir, man würde mich nie finden. Ich hatte gegen Gesetze verstoßen, nicht nur durch mein Wegrennen, sondern auch indem ich Geld aus dem Süßwarenladen gestohlen hatte. Ich war jetzt ein Verbrecher und würde nie mehr zurückkehren.

»Scheiße, scheiße, scheiße!« Ich weiß noch, wie ich diese Worte ständig vor mich hinmurmelte. »Warum entscheide ich mich immer für den leichtesten Weg? Es ist doch immer so, dass der sich am Ende als der schwierigste erweist!«, jammerte ich vor mich hin. Ein weiterer Moment der Klarheit.

So rasten meine Gedanken dahin, bis der Bus die Greyhound-Station im Zentrum von Billings erreichte und zum Halten kam. Dort blieben mir noch mehrere Stunden, bis der nächste Bus nach Denver ging. *Okay, wenn ich schon so weit gekommen bin, kann ich genauso gut auch noch weiterfahren,* sagte ich mir.

Ich bezweifelte, dass meine Eltern überhaupt schon nach mir suchten. Ich hatte schon so oft so getan, als würde ich weglaufen, dass ein Teil von mir meinte, sie würden annehmen, es sei wie immer und ich würde schon zurückkehren, sobald ich Hunger bekäme. Aber ein kleiner Teil von mir befürchtete auch, dass die Polizei schon hinter mir her wäre. Das war das Gefühl der Paranoia, das bald zur Konstante in meinem Leben werden sollte.

Der Busbahnhof erinnerte an das Bus Terminal Port Authority in New York, wenn auch in kleinerem Maßstab. Ich verließ das Gebäude durch den Haupteingang und wandte mich nach links, wo ich an eine Straßenkreuzung gelangte. Ein paar Blocks entfernt erblickte ich ein Denny's-Restaurant. In solchen Diners bezahlt man erst *nach* dem Essen. Ich könnte dort also essen und anschließend abhauen!

Ich überquerte die Straße und lief auf das vertraute rot-gelbe Schild zu. Ich war so mit meinen Gedanken ans Essen beschäftigt, dass ich den roten Jeep Wrangler gar nicht bemerkte, der langsam neben mir herfuhr. Der Fahrer, ein Typ in mittleren Jahren mit graumeliertem Haar, rief mir durchs Beifahrerfenster zu: »He, brauchst du 'ne Mitfahrgelegenheit, Süßer?«

Mir gingen sofort Horrorstorys durch den Kopf, von Mädchen und Jungen, die entführt, vergewaltigt und ermordet werden.

Aber mein Geist war so krank, dass mich diese Gedanken gar nicht beunruhigten. Ich war auf dem Weg zum Adrenalin-Junkie und mein Kopf war voller Pornofantasien. Daher fand ich den Gedanken an mögliche Gewalt sogar erregend, etwa so wie man sich im Kino explizite Filme anschaut, ohne daran zu denken, was das Gezeigte in Wirklichkeit bedeuten würde.

Aber mein Hunger rettete mich vor einer möglichen Katastrophe. Ich hatte das Glück, dass ich den unersättlichen Appetit eines Teenagers hatte. »Nein danke«, antwortete ich. »Ich bin nur auf dem Weg zu dem Denny's da vorne.«

Als er weiterfuhr, schimpfte mein krimineller Verstand mich aus, weil ich eine gute Gelegenheit verpasst hätte. »Verdammt, der hätte mich ja vielleicht auch bezahlt!«, murmelte ich vor mich hin, während ich den Eingang zum Denny's erreichte.

Nachdem ich wie geplant gegessen und ohne zu bezahlen abgehauen war, stieg ich in meinen nächsten Bus. Wenige Minuten nach dem Einsteigen begann ich über alle Maßen emotional zu werden. Meine Stimmung schwankte zwischen Höhen und Tiefen. Damals hatte ich mich so weit von der Realität entfernt, dass ich mich für unbesiegbar hielt. Ich war der Meinung, niemand könnte mich mehr so verletzen wie in der Vergangenheit, wenn ich mich nur immer weiter voran bewegte. Ich hatte mich von dem liebevollen und einfühlsamen Bruce, den alle kannten, in einen einsamen und distanzierten jugendlichen Ausreißer verwandelt.

Mir war alles egal. Ich war ein Wesen, das ums Überleben kämpfte und auch gewinnen würde, weil es gar keine andere Wahl hatte. Ich fühlte mich wie ein Tier, das zurück in die Wildnis geschickt worden war. Dabei hatte ich keine Ahnung, wie wild es tatsächlich noch zugehen sollte. Meine Gedanken und Gefühle bildeten einen Tornado, und in seinem Zentrum drehten sich langsam die Bedrängnisse und Begierden, die meinen Bruch mit der Realität verursacht hatten. Aufgrund meiner Entscheidung wegzurennen kam ich mir unglaublich machtvoll vor. Und aufgrund der

Erfahrung, dass ich für ältere Männer sexuell begehrenswert war, so abstoßend das auch sein mochte, fühlte ich mich schöner denn je. Ich mochte diese Gefühle. Endlich war ich selbst Herr meiner Lage. Und wenn das anders nicht zu haben war, dann sollte es eben so sein. Hier zeigte sich auch erstmals mein künftiges Suchtverhalten und krallte sich diesen Augenblick. Ich war süchtig nach diesem neuen und machtvollen Gefühl. Ich hätte dafür gemordet.

Die Landschaft vor dem Fenster veränderte sich ständig während meiner eintägigen Reise nach Denver. Und meine Gedanken veränderten sich auch, auf unberechenbare Weise, widersprüchliche Ideen schwankten zwischen Erdverbundenheit und überzogenem Fatalismus. Genauso oft war ich angepisst, wenn ich daran dachte, was für ein schlechter Mensch ich geworden war, unsicher über mein Ausreißen, trotz allem, was ich mir selbst einredete, aber überzeugt, dass ich nie wieder geliebt werden würde – nicht von meinen Eltern, nicht von meinen Mentoren, meinen Freunden, meinem Bekanntenkreis. Auf irgendeiner Ebene werde ich gewusst haben, dass meine Eltern mich liebten, aber dieser Gedanke schaffte es in dem Moment nicht an die Oberfläche. Einiges habe ich auch womöglich einfach nur wegen des dramatischen Effekts gedacht. Ich war mir nicht sicher, ob ich mich womöglich selbst belog hinsichtlich dessen, was ich glaubte und fühlte.

Unweigerlich begaben sich die verworrenen Gefühle in eine Abwärtsspirale, die mit Angst endete. Ich hatte Angst, auf dieser Welt verloren zu sein. Ich hatte Angst, ich würde ein Niemand werden, der Abschaum der Erde. *Es wäre besser, wenn ich tot wäre.* Der Gedanke war meilenweit entfernt von dem Gefühl der Unbesiegbarkeit, das ich erst vor wenigen Stunden empfunden hatte. Aber wenn ich tot wäre, würde ich den Schmerz nicht mehr empfinden müssen. Ich würde mich nicht mehr wie ein Scheißkerl fühlen müssen.

Die Stunden im Bus kamen mir endlos vor. Eine Weile saß ein älterer Herr neben mir, dessen Kopf mit Büscheln von silbrigen Haaren gekrönt war. Drei Stunden lang erzählte er mir, wie er in seinem Leben alles verloren habe: seine Familie, sein Zuhause, seinen Job und schließlich auch noch seine Selbstachtung. Er hatte wegen Raubes im Gefängnis gesessen, ich erinnere mich allerdings nicht mehr, was er gestohlen hatte und warum. Erinnern kann ich mich aber noch, dass er eine Bibel auf dem Schoß liegen hatte. Im Rückblick wird mir klar, dass er mit seiner Botschaft vielleicht das Ziel verfolgte, mir ein Schicksal wie das seine zu ersparen. Vielleicht wollte er mir auch sagen, dass man nichts als selbstverständlich ansehen sollte. Nutz das wenige, was du hast, und mach ganz, ganz viel daraus, das waren seine Worte. Aber es war nicht die richtige Zeit, um mir zu helfen, und ich wollte auch keine Hilfe.

Der Mann stieg aus, kurz nachdem wir die Grenze nach Colorado passiert hatten; für mich selbst waren es noch Stunden bis ans Ziel.

Nach langen Stunden des ruhelosen Schlafens und Tagträumens zeichnete sich endlich die Skyline Denvers am Horizont ab. »Und jetzt?«, dachte ich bei mir. Ich stand auf, ging zur Toilette am Ende des Busses, schloss die Tür hinter mir und holte mein Make-up hervor. Geduldig trug ich Eyeliner auf, ließ mir dabei viel Zeit. Vielleicht versuchte ich damit auch nur unterbewusst, mein ganzes inneres Chaos zu überdecken. Nachdem ich mit dem Eyeliner einen rauchig-schwarzen Effekt um meine oberen Augenlider erzeugt hatte, trug ich auch noch Mascara auf. Ich fand, ich sähe umwerfend aus. In Wirklichkeit sah ich wohl aus wie ein 16-jähriger Junge mit verschmiertem Make-up um seine Augen, die verquollen vom stundenlangen Weinen waren. Ich war ein Wrack, da bin ich mir sicher, aber das hätte ich damals nie zugegeben.

Der Bus fuhr an seine Haltestelle im Zentrum von Denver und entließ mich erneut in einen miefigen, überfüllten Busbahnhof.

In der Menschenmenge nahm ich Augenkontakt zu einem Jungen mit platinblond gefärbten Haaren auf. Sein babyblaues T-Shirt mit V-Ausschnitt lag genauso hauteng an wie seine dunkelblauen Röhrenjeans. Er trug Armbänder in Regenbogenfarben, daher nahm ich an, dass auch er schwul sei. Es machte mich glücklich, jemanden zu sehen, der so war wie ich. Ich fühlte mich spontan zu ihm hingezogen, aber als er zurücklächelte, sah ich, dass seine Zähne ganz schwarz waren und viele davon fehlten. *Er ist doch noch so jung! Wie hat er sich das denn angetan? Drogen?*

Ich war auf dem Weg zur Toilette, als die Paranoia zuschlug. Zwei Polizeibeamte kamen in meine Richtung. Ich hatte zwar keinerlei Anhaltspunkte dafür, dass sie hinter mir her wären, wollte aber auch auf gar keinen Fall ein Risiko eingehen. *Ich gehe nie wieder nach Hause zurück!* Ich erstarrte und wusste nicht, was ich tun sollte.

»*Scheißeee!*«, schrie ich innerlich. Und in einer Laurel-and-Hardy-reifen Szene duckte ich mich hektisch hinter den Gepäckwagen, den ein Mann vor sich her schob, und folgte ihm gebückt bis zum Haupteingang. Mein Verstand funktionierte zwar, aber gefühlsmäßig war ich völlig abgestumpft. Es kam mir vor, als hätte ich vier verschiedene Gehirne, und meine Persönlichkeit wechsele unablässig hin und her. Beunruhigt von der Begegnung mit der Polizei lief ich schnell zur Straßenkreuzung vor. Ich wandte mich an einen dicken Mann, der gemächlich die Straße entlangschlenderte, und fragte ihn, wohin ein Junge wie ich wohl gehen könne, wenn er ein bisschen Nightlife erleben wolle. Er wies mir den Weg zu einem Club ganz in der Nähe. Ich dankte ihm, wandte mich um, warf mir in der Bewegung achtlos meine Reisetasche über die Schulter – und traf damit ein vorbeilaufendes Mädchen so heftig, dass sie das Gleichgewicht verlor und mitsamt ihrem Gepäck auf dem Boden landete.

»Oh, mein Gott! Das tut mir total leid!«, entschuldigte ich mich sofort.

»Nein, nein, schon gut! Ich hab ja selber auch nicht aufgepasst! Ich bin Tammy.«

»Ich bin Todd.«

Sie war eher klein, etwas untersetzt, stammte ursprünglich aus Indien und war 17. Ihre Haare waren ungebändigt und struppig, aber ihre Augen waren tiefbraun und so groß, dass eine Disney-Prinzessin neidisch geworden wäre. Ich fand sie direkt faszinierend.

Ich half ihr auf und wir sammelten gemeinsam ihre Sachen ein. Zusammen gingen wir dann zum Busbahnhof. Vor lauter Begeisterung über meine neue Bekanntschaft hatte ich die Sache mit der Polizei längst vergessen. Wir waren uns von der Persönlichkeit her so ähnlich. Der einst so temperamentvolle Bruce trat wieder in Erscheinung. Wir hatten sofort Verbindung zueinander und unterhielten uns im Wartebereich eine ganze Stunde lang, ohne Luft zu holen. Sie hatte die letzten 18 Monate in Denver gewohnt und fuhr jetzt zurück nach Tulsa in Oklahoma.

Das brachte mich auf eine neue Idee. Statt in Denver zu bleiben, könnte ich ja auch nach Oklahoma City fahren! Verschiedene Gedanken rasten mir durch den Kopf. Nur wenige Wochen vor meiner Flucht hatte ich noch online mit einem Jungen aus Oklahoma City gechattet. Zu dem würde ich jetzt einfach fahren. Genial!

Da ich keinen anderen Plan hatte, schlug ob dieser scheinbar glücklichen Fügung eine Woge der Begeisterung über mir zusammen. Ich entschuldigte mich bei Tammy und ging zum Ticketschalter. Eine Fahrt nach Oklahoma City kostete 125 Dollar. Der Kauf riss eine empfindliche Lücke in das Startkapital von wenigen hundert Dollar, mit dem ich aufgebrochen war. Und dann stand ich wieder in einer Schlange, um einen alten, miefigen, überfüllten Bus zu besteigen. Aber diesmal hatte ich einen Reisepartner, Tammy, und ein Ziel, zu dem ich eine gewisse Verbindung hatte, wenn diese auch ein wenig dürftig war.

Hinten links fanden wir den letzten freien Zweiersitz, unsere Insel in einem Meer schlecht gelaunter Reisender. Wir nahmen unsere Plätze ein und unterhielten uns, während wir darauf warteten, dass der Bus endlich abfuhr. Ich schaute nach draußen, ob ich einen Grund für die Verzögerung erkennen könnte. Quer über den Busbahnhof kam eine Gruppe Polizisten auf unseren Bus zu. Sofort begann mein Blut zu kochen und meine Nackenhaare richteten sich auf. Aufsteigende Panik machte mich zappelig. Ich überlegte fieberhaft, was sie wohl vorhaben könnten. *Was soll ich jetzt machen? Über den Notausgang flüchten? Nein, auf die Toilette gehen! Sofort!*

Vergeblich darum bemüht, ruhig zu wirken, ging ich über den Gang zur Bustoilette. In dem ramponierten Spiegel schaute ich mir in die Augen. *Warten. Nicht atmen. Still sein.* In der stickigen Luft flehte ich um Verschwinden, sei es ihres, sei es meines.

Unfähig, das nervenaufreibende Warten auszuhalten und meine verzweifelte Neugier zu bezähmen, öffnete ich angsterfüllt die Toilettentür einen Spalt weit, um zu schauen, was passierte. Die Polizisten standen im Gang um einen Sitz herum, ein paar Reihen vor unserem eigenen. Das Herz schlug mir im Halse. *Nein. Wie konnte das passieren?* In meinem Kopf wirbelten Gedankensplitter und undefinierbare Gefühle durcheinander. *Ich bin erledigt, das steht fest!* Ich war schon bereit, mich mit meiner Festnahme abzufinden, da hörte ich, wie sich Schritte zum Vordereingang des Busses bewegten. Die Worte kamen zwar nur gedämpft bei mir an, aber ich konnte trotzdem verstehen, wie die Beamten dem Fahrer dankten und ausstiegen. Ich konnte es kaum glauben. Ich ließ noch einen Moment verstreichen, dann verließ ich die Toilette und eilte zurück zu meinem Platz.

Den Ahnungslosen spielend, fragte ich Tammy: »Warum war denn die Polizei im Bus?«

»Ich hab nicht wirklich darauf geachtet, ich hab Musik gehört. Warum?«, erwiderte sie, ohne zu wissen, warum ich fragte.

»Nur so«, antwortete ich und wechselte schnell das Thema. Ich hatte nicht vor, mich als Ausreißer zu offenbaren. Als das Chamäleon, zu dem ich allmählich wurde, und den Schweiß auf meiner Haut ignorierend, knüpfte ich einfach wieder dort an unser Gespräch an, wo wir es unterbrochen hatten.

Ein paar Stunden später schlief Tammy, und alle anderen taten das auch. Und ich hatte eine Idee. Vielleicht geschah es nur, um meine Langeweile zu bekämpfen, oder vielleicht war es auch ein Versuch, die wirbelnden Gedanken aus meinem Bewusstsein zu vertreiben. Vielleicht war es, weil es eine letzte greifbare Verbindung nach Hause war, oder vielleicht gab es auch gar keinen Grund. Jedenfalls griff ich mir das kleine Päckchen Gras, das ich in meiner Tasche versteckt hatte. Auf der Toilette öffnete ich das Fenster einen Spalt weit und zündete mir ohne Umschweife die kleine Pfeife an. Das Böse kann sich auch in einem ganz ruhigen Moment einschleichen. Ich inhalierte. Auch wenn etwas nur ein erster kleiner Schritt auf einer Reise von tausend Schritten ist – er gibt die Richtung vor.

Der spürbare Effekt war, dass sich mein nagender Hunger vergrößerte. Neben Sex war Essen das Einzige, woran ich ständig dachte, wenn mich nicht gerade meine Emotionen überwältigten. Obwohl ich noch jungfräulich war, empfand ich den zwanghaften Wunsch nach Sex bereits als ein gewaltiges Problem. Die Lust war für mich höhere Gewalt. Sexuelle Fantasien waren bei mir präsent wie das Atmen. Viele Jugendliche, die in die Pubertät kommen, erleben dasselbe, in unterschiedlichem Maße, aber bei mir war das Ganze heimtückischer. Es war wie Denken oder Träumen oder wie der Herzschlag, ich hatte keine Kontrolle darüber. Vielmehr beherrschten diese ungesunden Begierden umgekehrt mich. In Butte hatte ich keine potenziellen schwulen Partner gehabt, und das Wissen, dass meine Fantasien unerfüllbar waren, hatte diese nur verstärkt. Ich war hoffnungslos süchtig und unerträglich verliebt in eine Illusion, die in meiner Vorstellung nur dann Wirklichkeit werden könnte, wenn ich davonlief.

Das Schlimmste war, dass es auch meine natürliche Denkweise verändert hatte. Ich erkannte einfach nicht, was für verzweifelte Situationen ich herbeiführte und was für zerstörerische Entscheidungen ich traf.

Und doch war es eine unglaubliche Energiequelle! In diesem Zustand war alles möglich. Ich liebte das. Ich gab mich meiner Sexsucht und meinen naiven Versuchen, meine sexuellen Fantasien zu verwirklichen, vollkommen hin. Was ich dabei nicht erkannte, war, dass ich mich dadurch hatte verleiten lassen, ein Leben von Bedeutung aufzugeben. Durch mein Ausreißen hatte ich das falsche Gefühl gefunden, die Dinge beherrschen zu können.

Ich nahm noch einen Zug und hatte eine rauschhafte Erscheinung, als ich mich im Toilettenspiegel betrachtete, meiner Quelle des Narziss. Ich weiß noch, wie ich dachte: *Du bist ein attraktiver Junge. Es gibt jede Menge Männer, die dich gern haben wollen und die auch dafür bezahlen würden.* Von dem Moment an wusste ich, wie ich alleine durchkommen könnte. Ich würde meinen Körper für Geld verkaufen. Ich würde ein Geschöpf der Nacht werden, so wie die Figuren in Film und Fernsehen, die ich so bewunderte.

Da ich jetzt das Gefühl hatte, dass ich mit einer ganz neuen Mission unterwegs war, begann ich mich mit meiner physischen Erscheinung zu befassen. Ich musste körperlich perfekt sein. Ich durfte keinerlei Fett am Leibe haben. Mein ständiges Denken an Essen verwandelte sich, als ich auf die Toilette blickte. Ich klappte den Deckel hoch, setzte mich ungeachtet des Schmutzes auf den Boden und steckte mir ohne zu zögern den Mittelfinger in den Hals. Ich wartete. Nichts. Ich versuchte es noch einmal. Wieder nichts.

Ich blickte mich um und sah auf der Waschbeckenablage einen Stift liegen. Ich ergriff ihn und schob ihn mir mit Kraft und Entschlossenheit in den Hals – unverzüglich musste ich mich übergeben.

Ich muss immer perfekt sein, damit mich die Männer auch haben wollen. Ich bin süß, ich bin willig, und ich bin bereit. Ich bin eine Goldmine. So dachte ich. Ich wiederholte mein drastisches Ritual noch mehrere Male, bis ich endlich der Meinung war, dass ich mich genug übergeben hätte. Ich stand auf und betrachtete wieder mein Spiegelbild. Diesmal zeigte die Quelle des Narziss strömende Tränen. Mein Make-up war verschmiert. *Guter Junge,* sagte ich mir. *Guter Junge.*

Ich brachte mein Make-up wieder in Ordnung und kehrte still an meinen Platz zurück. In den folgenden sich zäh dahinziehenden Stunden im Bus versuchte ich vergeblich, Schlaf zu finden. Schließlich gelang mir das auch, aber der dunkle Schlaf, der nun folgte, brachte keine Ruhe und Erholung. Bevor ich ausgerissen war, hatten meine Träume immer einen verlässlichen Fluchtweg dargestellt, aber dieser Traum war eine Falle, aus der ich nicht durch Aufwachen entkommen konnte.

Ich sah mich einer Tür am Ende eines stickigen Korridors gegenüber. Entkommen konnte ich nicht, wenn ich blieb, wo ich war. Ich ging also auf die Tür zu, und meine zitternde Hand versuchte verzweifelt, den Türgriff zu finden. Meine Finger schlossen sich um den Türknauf. Als ich ihn drehte, war sein Klicken ein Echo der Furcht, die in meiner Brust wohnte, und hallte von den Wänden des trostlosen Ganges wider.

Die Tür öffnete sich nicht langsam, sondern sie schwang auf, wobei ein kalter Windhauch aus dem Inneren entwich. Zitternd wagte ich mich in eine runde Kammer, die so riesig war, dass es den Gesetzen der Physik widersprach. Die Decke des finsteren Raumes war über zwölf Meter hoch und die Wände wiesen ein die Seele bedrängendes Muster von 50 Zentimeter breiten Streifen auf, die abwechselnd pechschwarz und neongrün waren und wie die Gitterstäbe eines Käfigs vom Boden bis zur Decke reichten. Die einzige Beleuchtung dieser unnatürlichen Höhle war das phosphoreszierende Neonleuchten. Das blassgrüne Licht ließ einen einsamen Stuhl in der Mitte des Raumes erkennen. Auf unerklärliche Weise zog es mich dorthin, und ich nahm auf seiner kalten Metallfläche Platz.

Auf einmal nahm ich aus dem Augenwinkel eine Bewegung wahr. Ein schwarzer Gegenstand huschte hinter einem der grünen Streifen entlang. Ich drehte meinen Kopf ruckartig in diese Richtung, aber da war nichts als gähnende Leere. Ich wartete, mein Herz schlug heftig. Ein Klicken drang an mein Ohr. Erschrocken sprang ich auf und drehte mich um. Wieder nichts.

Dann bewegte sich zu meinem Entsetzen die magere, hoch aufragende Silhouette eines Mannes hinter den grünen Streifen. Es war, als wäre die Wand ein Vorhang, hinter dem dieses Wesen aus einer anderen Welt lebte. Seine Gestalt leuchtete unheilvoll. Er bewegte sich fließend, mit ätherischer Grazie, als wäre er in Trance oder tanzte. Dann veränderte er sich.

Der Mann verschwand hinter einem der schwarzen Streifen und tauchte als abgemagerte, hoch aufgeschossene Frau wieder auf. Sie ging weiter, und hinter dem nächsten schwarzen Streifen änderte sich ihre Gestalt wieder in die eines Mannes. Bei jedem Passieren hinter einem der schwarzen Streifen wechselte die makabre Gestalt in einem anhaltenden und verstörenden Schauspiel ihr Geschlecht. Nach mehreren Wiederholungen spaltete sich die Silhouette in zwei Erscheinungen auf, die in entgegengesetzte Richtungen liefen. Das diabolische Duo erhöhte sein Tempo von Streifen zu Streifen und veränderte sich in Schwindel erregender Folge.

Ohne Vorwarnung sprang eine der Silhouetten aus der Wand hervor, materialisierte sich und landete nur eine Armeslänge entfernt vor meiner zitternden Gestalt. Katzenartig hockte sie da, die sehnigen Glieder schoben sich langsam auf mich zu. Sie bewegte sich ohne Eile, raubtierhaft. Als sie direkt vor mir war, richtete sie sich bedächtig auf. Meine Augen verfolgten in morbider Faszination, wie sich die Gestalt zu einer Furcht erregenden Höhe von vier Metern erhob. Die nur 50 Zentimeter schmale Taille legte

Zeugnis ab von beständigem Hunger. Obwohl sie mit ihren mageren 55 Kilo dünn war wie ein Skelett, bewegte sie sich fließend.

Ihr linker Arm schoss zur Seite, und zum Vorschein kam eine unheilverkündende Spritze mit langer, dünner, bedrohlich glänzender Nadelspitze. Ein stumpfer Gegenstand stieß mich unvermittelt wieder auf den Stuhl zurück. Meine Gliedmaßen und mein Torso wurden auf der Stelle mit Fesseln fixiert, die ins Fleisch schnitten und schmerzten, wenn ich versuchte, mich zu bewegen. Ein Schrei entrang sich meiner Kehle, verhallte aber geräuschlos. Meine Stimmbänder funktionierten nicht. Mir war die Stimme geraubt worden.

Die schwarzen Streifen verwandelten sich in Spiegel, in denen ich meine schreckerfüllte Gestalt sehen konnte. Ich schwebte in unaussprechlicher, namenloser Gefahr.

Der Boden zu meiner Linken begann zu beben, und es kam eine Falltür zum Vorschein, die einen Wagen ausspuckte. Darauf standen drei beschriftete Kisten. »Gehirn« verkündete die erste. »Herz« stand auf der zweiten. »Kehlkopf« hieß es bedrohlich auf der dritten. Widerstrebend dämmerte mir die beängstigende Wahrheit. Mir waren Gehirn, Herz und Kehlkopf gestohlen worden und befanden sich jetzt in diesen finsteren Behältnissen. Ich war zum hilflosen Spielzeug eines sadistischen Puppenspielers geworden.

Die Silhouette glitt herbei, wobei ein fauliger Geruch von ihr ausging, und brüllte mich an.

»Weißt du, wer ich bin?«, fragte mein Peiniger mit rauer Stimme.

Ich schüttelte verzweifelt den Kopf, Tränen rannen mir über die Wangen.

»Ich bin deine Antworten, deine Hoffnungen, deine Träume«, verkündete die Gestalt. »Weißt du, was in dieser Spritze ist?«

Ohne das Grinsen auf ihrem Gesicht zu verbergen, forderte die Gestalt mich auf, mich den Ängsten meiner Seele hinzugeben.

Wieder schüttelte ich den Kopf.

Die Gestalt ließ ein manisches Lachen ertönen. Das geisteskranke Gelächter erfüllte den ganzen Raum, der von dieser wahnsinnig machenden Symphonie irrer Schadenfreude widerhallte. »Natürlich weißt du das nicht! Es macht doch immer viel mehr Spaß herauszufinden, was es ist, nachdem es dir schon verabreicht worden ist!« Die Gestalt verhöhnte mich mit bitterer Verachtung und genoss ihr verdorbenes Spiel, während sie sich meinem linken Arm näherte. Ihr grotesker Kopf blickte mit boshafter Vorfreude hoch, die Augen sprangen blitzartig zwischen der Nadelspitze, meinem verletzlichen Arm und meinen schreckerfüllten Augen hin und her.

»Glaubst du an Gott?«, höhnte die Gestalt, wobei sie ihren Kopf so weit zur Seite neigte, dass sie sich nach den Gesetzen der Anatomie das Genick hätte brechen müssen. Ich nickte eifrig, in der Hoffnung, dieser verzweifelte Appell könnte mir den Horror dessen ersparen, was sie mit mir vorhatte.

»Gut«, kreischte das Wesen. Und in einer fließenden Bewegung hob es die Nadel in die Höhe und bohrte sie mir tief ins Fleisch. Ein brennender Schmerz ging von meiner verletzten Vene aus. Das Wesen grinste höhnisch und entblößte dabei Sägezähne, scharf wie Messer.

Ich spürte, wie sich ein ätzendes Feuer seinen Weg durch meine Venen zu dem Hohlraum bahnte, wo einst mein Herz gewesen war. Mein Bewusstsein begann zu schwinden und zurückzukehren, wobei ein Hauch von Wahrnehmung stets blieb.

Ich schaute nach links zu der Ablage, auf der die grässlichen Kisten mit meinen Innereien lagen. Ich versuchte meinen verschwommenen Blick auf eine dieser unheilvollen Kisten zu fixieren, um das Etikett zu entziffern. *Herz.* Es begann zu pulsieren. Sekunde um Sekunde verstärkte sich das Schlagen zu einem urtümlichen Trommeln, das in rhythmischer Raserei zu mir wollte. Die Ablage hatte den Fluchtversuchen nichts entgegenzusetzen. Die Kiste begann auf der Ablage zu tanzen, es entstand ein Geklingel auf Ablage und Wagen, dann fiel die Kiste herunter und krachte auf den Boden. Der Widerhall des Aufschlags erzeugte einen ohrenbetäubenden Zyklon von Geräuschen in dem runden Raum. Beim Aufprall ging die Kiste auf, und mein Herz schlitterte über den Boden.

In perverser Begeisterung spaltete sich der Schatten auf und wurde zu der grässlichen Fratze zweier gefräßiger Kreaturen, die nach Tod stanken und rot vor Raserei waren. Sie stürzten sich auf mein Herz, während ich ohnmächtig zusah, immer noch an meinen Stuhl gefesselt und unfähig, aus meinem Albtraum zu entkommen. Sie verschlangen mein Organ und schrien dabei in wilder Freude, während ich vor Schmerzen schrie.

Purpurfarbenes Blut strömte aus meiner Brust.

Dann löste sich die Qual meiner Vision in Schwärze auf.

Ich fuhr aus dem Schlaf hoch, durchgeschwitzt und zitternd. Ich griff mir an die Brust und tastete nach meinem Herzschlag.

Bumm, bumm. Bumm, bumm. Er war da. Mein kostbares Herz war intakt.

Langsam kehrte mein Atmen wieder zu einem stabilen Rhythmus zurück. Ich sah mich im Bus um. Außer mir und dem Fahrer schliefen alle. Ich stand auf und ging zu der Toilette am Ende des Busses. Ich spritzte mir Wasser ins Gesicht. *Was zum Teufel hatte das zu bedeuten? Es war einfach nur ein böser Traum.*

Ein nagendes Unbehagen blieb. Den Traum hatte ich hinter mir gelassen, aber jetzt stand ich vor einem Labyrinth voller kryptischer Fragen und eindringlichen Warnungen für mein Leben im wachen Zustand. Das Wasser aus dem Hahn bot keine Erleichterung; die Streifen auf dem Toilettenspiegel blieben. *Es war einfach nur ein böser Traum.*

Atmen. Ich kann Trost finden, auch bei völlig Fremden.

Atmen. Ganz gleich, wie sehr ich mich auch um mein Aussehen bemühe – es wird nie wirklich widerspiegeln, wie ich im Inneren bin.

Atmen. Ich muss mich davor hüten, mich für frei zu halten, bevor ich nicht weiß, dass ich tatsächlich frei bin.

Atmen. Ich werde meinen Weg weitergehen.

Oklahoma City

> Atmen. Wenn du einfach nur mal einen Moment innehältst, wird sich eine Chance ergeben.
>
> Atmen. Wenn du dich im Chaos deiner Gedanken und Gefühle verloren fühlst, kannst du einfach Kontakt zur physischen Welt aufnehmen, um dich zu erden.
>
> Atmen. Wenn du dir klarmachst, wo du jetzt bist, im Verhältnis zu deinem Ausgangspunkt, wird sich ein Gefühl der Beruhigung einstellen.
>
> Atmen. Geh deinen Weg weiter.

Die Nacht war vorüber. Für mich waren die langen Stunden der Fahrt ruhelos gewesen. Wenn ich doch einmal zum Schlafen gekommen war, war es kein leichter Schlaf geworden, angesichts der nachwirkenden Tortur meines bösen Traums. Jetzt erwachte ich mit dem Blick auf weite Felder, in denen verstreut Windkraftanlagen standen, und zu dem nervigen Geplapper der Frau des Busfahrers. Sie war schätzungsweise mittleren Alters, mit blond gefärbten Haaren, deren Wurzeln schon länger nicht mehr nachgefärbt worden waren. Sie erinnerte mich einfach zu stark an Berna. Ihre Stimme, der raue Ton der lebenslangen Raucherin, ihre Energie, ihre Körperhaltung – alles wirkte auf mich unerfreulich. Ich mochte sie einfach nicht.

Der Bus nahm die Abfahrt, die uns zum Greyhound-Busbahnhof im Zentrum von Oklahoma City bringen würde. Tammy schrieb mir ihre Telefonnummer auf einen Zettel.

»Ruf mich an, wenn du mal vorbeikommen möchtest!«, sagte sie hoffnungsvoll. Da Tulsa die nächstgelegene Stadt war, war diese Möglichkeit durchaus realistisch. Ich winkte ihr zum Abschied, als sie in ihren Anschlussbus stieg.

Und wieder befand ich mich allein in einem miefigen Busbahnhof. Jetzt waren es weniger meine Gedanken als vielmehr meine Sinneswahrnehmungen, die Aufmerksamkeit forderten. Ich roch. Ich brauchte dringend eine Dusche. Ich suchte nach einer Toilette. Ein Schild wies zum hinteren Ende des Busbahnhofs und dort eine Treppe hinauf. In der Männertoilette gab es mehrere Kabinen, aber keine Dusche. Ich ging in eine der Kabinen, schloss mich ein und setzte mich auf den Toilettensitz. Ich überlegte, wie ich mich waschen könnte, ohne eine öffentliche Schau zu veranstalten und ohne dabei in dieser offenen Anlage ertappt zu werden.

Ein Plan entstand. Ideal war er nicht. Er war mir peinlich, aber etwas anderes fiel mir nicht ein. In der Toilette war ein ständiges Kommen und Gehen; abwarten, dass gerade keiner kam, damit die Sittsamkeit gewahrt blieb, war unmöglich. Ich ging zu den Waschbecken und nahm mir einen der dort bereitstehenden Minibecher für Wasser. Den füllte ich mit Seife aus dem Spender und ging zurück in meine Kabine. Hinter der Metalltür zog ich mich nackt aus. Die Rohre für die Toilette kamen direkt aus der Wand, es gab also keinen Wassertank.

Ich konnte selbst nicht glauben, wie weit es mit mir gekommen war und was ich da jetzt vorhatte, aber ich roch dermaßen, dass ich einfach etwas tun musste. Vor mir in der Kloschüssel stand das Wasser. Das würde ich jetzt zum Waschen nehmen müssen. Ich ekelte mich. Ich betätigte die Spülung, damit ich wenigstens frisches Wasser hatte. Nach kurzem Zögern tauchte ich meine Hände hinein und übergoss mich mit dem Wasser. Die Seife verteilte ich auf meinem Körper, ohne zögern zu müssen. Ich wusch mich so gründlich ich konnte, ohne allzu viel Geräusch zu verursachen. Ich hasste mich in diesem Moment selbst. Aber ich dachte keinen Moment daran, nach Hause zurückzukehren.

Wie hatte es dazu kommen können, dass ich binnen weniger Tage von einem Jungen ohne Geldsorgen, mit einer Familie, die alles für ihn tat, der ein gutes Leben (von außen betrachtet) mit

Familie und Freunden führte, zu einem 16-jährigen jugendlichen Ausreißer geworden war? *Warum zum Teufel hatte ich mich für die Obdachlosigkeit entschieden?* In schneller Folge jagten mir einigermaßen rationale Fragen durch den Kopf, die ebenso schnell durch einigermaßen irrationale Antworten abgetan wurden. *Ich bin jetzt frei, alles zu tun, was ich will. Niemand kann mir sagen, was ich tun soll. Ich werde einen Mann finden, der für mich sorgt. Ich werde endlich in der Lage sein, meine Sexualität auszuleben, genau so, wie ich es will, ohne mich schämen zu müssen und dafür verurteilt zu werden.*

Mit einem Haufen Papierhandtüchern trocknete ich mich ab, bevor ich mich wieder anzog. Nachdem ich jetzt »sauber« war, nahm ich meine Sachen und verließ den Busbahnhof. Ich war noch nie in Oklahoma City gewesen und hatte keine Ahnung, wohin ich gehen sollte. Mein Bauchgefühl dirigierte mich in Richtung Innenstadt. Gegen drei Uhr beschloss ich, eine Bibliothek aufzusuchen. Ich sprach die nächste Person an, die meinen Weg kreuzte, und bekam den Weg zu einer Bibliothek gewiesen, die nur drei Blocks entfernt lag. Perfekt!

Dort angekommen, ging ich hoch zum Computerraum. Ich saß erst mal einen Moment lang da und stellte mir E-Mails meiner Eltern vor und was sie darin alles sagen würden, genoss die Vorstellung, dass sie mich anflehen würden zurückzukommen. Ich hatte die emotionale Oberhand. Sobald ich wüsste, dass sie mich suchten, würde ich sie schmachten lassen, ohne Antwort, ohne Kontakt. Dann kam ein kurzer Moment des Zweifels, maskiert als Rechtfertigung meiner Wut: *falls* sie sich überhaupt die Mühe gemacht hatten, mir zu mailen.

Ich loggte mich ein und rief direkt meine E-Mails auf. Nichts. Ich checkte meinen Myspace-Account. Ebenfalls nichts. Das machte mich total wütend. *Die suchen mich ja gar nicht!* Ich hatte also recht gehabt mit meinen Zweifeln. Ich wusste doch, dass sie mich nicht lieben!

Dann tat sich ein rettender Ausweg aus meinem manipulativen mentalen Krieg auf. Ich ging auf Google und tippte »vermisste Kinder in Montana« ein. *Vielleicht, vielleicht ...* Ich wollte sehen, ob mich irgendwer als vermisst gemeldet hatte. Auch nichts? Ich fühlte mich geschlagen, meine Hoffnung auf einen emotionalen Sieg hatte sich in Luft aufgelöst. Das war verletzend. Ich war verletzt. *Wie kann es sein, dass meine Eltern mich nicht mal als vermisst gemeldet haben?*

Aber dann sah ich ihn doch, meinen angenommenen Namen: Bruce Wayne Brackett. Doch das Siegesgefühl, das ich auszukosten gedacht hatte, stellte sich gar nicht ein. Stattdessen empfand ich zu meiner Überraschung Scham. Ich hatte mir das alles selbst angetan. Anscheinend wollte ich ihre Liebe. Ich denke, ich wusste sogar, dass sie mich liebten, fühlte mich dieser Liebe aber unwürdig. Wenn Berna, die Frau, die uns geboren hatte, uns schon so leicht fortgeben konnte, dann waren wir ja offensichtlich auch die Liebe aller anderen nicht wert. Diese Überzeugung hatte sich in jene Wut verwandelt, die mich dazu gebracht hatte, langsam kaputtzugehen.

Ich loggte mich am Computer aus und ging niedergeschlagen nach unten. Am Empfang fragte ich nach einem Stadtplan. Ich wusste nicht, was ich als Nächstes tun sollte. Der Mann machte mir ein paar Vorschläge und empfahl mir einen Stadtteil namens Bricktown, wo ich ein Kino, Restaurants und verschiedene Clubs finden würde.

Ich fand mich in der Schlange vor dem Kino wieder, mir stand der Sinn nach Ablenkung. Als echt schwuler Junge, der ich war, fiel mir die Entscheidung für den Film leicht: Ich ging in *Hairspray*! Dort suchte ich die Sicherheit und Gemütlichkeit der letzten Reihe auf. Ich machte es mir in einem Sitz bequem und genoss zum ersten Mal, seit dieses üble Abenteuer begonnen hatte, ein Gefühl der Entspannung. Als der Abspann gelaufen war, summte ich fröhlich vor mich hin. Ich fühlte mich wohl.

Ich fühlte mich sicher. Ich war so sehr in dem Film aufgegangen, dass mir gar nicht der Gedanke in den Sinn gekommen war, wo ich diese Nacht eigentlich schlafen sollte. *In einem Park?* Das machten doch nur Obdachlose. Dann wurde mir die Realität bewusst: Ich war ein Obdachloser! Ich erinnerte mich, dass ich mich erst Stunden zuvor in einer Kloschüssel gewaschen hatte.

Wenn es denn aber ein Park sein musste, dann wusste ich auch, welcher es sein sollte: der schöne Park mit dem sattgrünen Rasen, den gepflegten Gartenanlagen und den Brunnen, an der Straße, die neben dem Busbahnhof abging! Auf dem Weg dorthin schwankte ich zwischen Ängstlichkeit und Entschlossenheit. Ich fand einen Platz unter einem Gebüsch neben einem großen kaskadenförmigen Wasserfall. Ich holte ein Bündel Kleider aus meiner Reisetasche und knüllte sie zu einem Kissen zusammen. Ich legte mich hin und blickte in den Himmel.

Die Zeit verging. Rastlos drehte ich mich von einer Seite auf die andere, nicht in der Lage, auch nur annähernd so etwas wie Bequemlichkeit zu finden. Meine Verärgerung wuchs, bis ich schließlich nur noch aufstehen und schreien konnte. Es gab keine Vorwarnung; die ziellosen Emotionen kamen aus dem Nichts. In der einen Sekunde musste ich weinen, in der nächsten lachte ich schon hysterisch. Blitzschnell überkam mich die Wut. Es lief alles überhaupt nicht so, wie ich mir das vorgestellt hatte. Ich fühlte mich nicht sicher. Ich konnte nirgendwo hingehen. Ich fühlte mich hoffnungslos. Es war entsetzlich. Ich begann auf und ab zu laufen, schneller und schneller, aufkommende Panik bewegte meine Füße. Ich begann wieder zu weinen. Diesmal drängten die Worte hinaus.

»Ich will nach Hause!«, schluchzte ich immer wieder. »Ich will nach Hause!« Der Park war nutzlos, er bot mir keinen Schutz vor meinen quälenden Gedanken. Ich begann, ganz allein die Straßen entlang zu laufen. »Was zum Teufel stimmt mit mir nicht? *Warum bin ich so verrückt!?*«, weinte ich leise vor mich hin.

Nachdem bei mir im Alter von elf Jahren eine bipolare Störung diagnostiziert worden war, hatte ich viele Medikamente ausprobiert und keines davon hatte geholfen. Im Moment nahm ich keine Medikamente. Das Schlimmste war, dass mir manchmal bewusst wurde, dass ich dringend Hilfe benötigte, dies aber nur wenige Momente lang begriff, bevor ich katastrophalerweise wieder auf Autopilot ging und zur Marionette wurde, die vom eigenen mentalen Zustand hin- und hergeschleudert wurde.

Nachdem ich stundenlang durch die Straßen gelaufen war und bis zur Erschöpfung geweint hatte, kam irgendwann der Zusammenbruch. Als die Luft völlig raus war, schlief ich unter einem Busch neben einer Bank ein, in demselben Park, nur am anderen Ende. Ich war sinn- und nutzlos im Kreis herumgelaufen.

Als ich erwachte, hörte ich Stimmen … die waren aber diesmal nicht in meinem Kopf. Als ich die Augen öffnete, erblickte ich in etwa zehn Metern Entfernung zwei Frauen. Sie schauten in meine Richtung und unterhielten sich mit gedämpfter Stimme. Als sie merkten, dass ich aufwachte, wandten sie sich rasch ab und gingen fort.

»Dumme Kühe! Haben nichts Besseres zu tun, als dumm rumzustehen und obdachlose Jungs auf der Straße anzustarren. Macht lieber was aus eurem Leben!«, knurrte ich vor mich hin, wobei mir die Ironie meiner Bemerkung völlig entging, dass sie etwas aus ihrem Leben machen sollten.

Luftfeuchtigkeit und Temperatur nahmen zu. Fauliger Müllgeruch erfüllte die Luft. Die Hitze setzte mir zu und ich begab mich auf die Suche nach einem klimatisierten Gebäude. Ich beschloss wieder zu der öffentlichen Bibliothek zu gehen, aber die war noch geschlossen. Ich setzte mich auf den Rand eines Brunnens ganz in der Nähe des Eingangs.

Ich betrachtete meine Füße. Die waren total dreckig. Ich zog meine Schuhe aus und hielt die Füße ins Wasser. Kältegefühl stieg in meinem Körper auf und ich bekam eine Gänsehaut, als ich die Füße durch das eiskalte Wasser bewegte. Ich hatte Spaß daran zu beobachten, wie meine Zehen wackelten, und kicherte vor mich hin. Es ist erstaunlich, wie wohltuend etwas so Einfaches wie Wasser sein kann. Allein schon das Gefühl, wie es um meine Füße herumschwappte und zwischen meinen Zehen hindurchspritzte, hatte therapeutische Wirkung. Das natürliche Streicheln holte mich zurück in die Gegenwart. Ich vergaß die Welt der Gedanken und Gefühle und genoss die physische Welt. Das leise Summen der erwachenden Stadt wurde zu einem beruhigenden Umgebungsgeräusch. Die klaren Linien des schimmernden modernen Bibliotheksgebäudes verschwammen zu einem impressionistischen Hintergrund für diese einfache Freude. Ich hatte vergessen, dass ich ein jugendlicher Ausreißer war, und gab mich dem Moment völlig hin. Endlich zeigte die Digitaluhr auf der anderen Straßenseite 9.00 Uhr. Ich sehnte mich inzwischen nicht mehr nur nach der Klimaanlage, und anders als sonst, wenn ich einen Computer aufsuchte, ging es diesmal auch nicht um Pornos. Sondern diesmal brauchte ich einen Computer, weil ich wissen wollte, ob es irgendwelche Nachrichten von Freunden und Familie gab. Außerdem überlegte ich, ob es nicht vielleicht eine andere Stadt gäbe, in die ich fahren könnte. Das schwule Nachtleben, das ich mir erhofft hatte, war in Oklahoma City nicht zu finden. Vielleicht ja Chicago, dachte ich. Allein der Name Chicago erregte mich bereits!

Als sich die Glasschiebetüren der Bibliothek öffneten, hob ich meine Füße aus dem Brunnen, zog mir meine Schuhe an und lief hinein. Ich ging gleich wieder auf mein Myspace-Profil, und wieder sah ich, dass keine Nachrichten für mich eingegangen waren. *Was zum Teufel?! Warum versucht mich denn keiner zu erreichen? Die wissen, dass ich weg bin, und versuchen trotzdem nicht mal, mit mir Kontakt aufzunehmen? Die können mich mal!*, dachte ich. *Wenn die ohne mich auskommen, kann ich das auch!*

Chicago also, das war die nächstliegende Lösung für meine Nöte. So schnell wie ich in die Bibliothek gestürmt war, so schnell verließ ich sie jetzt auch wieder, packte meine Tasche und lief zur Greyhound-Station. Ich hatte jetzt nur noch 140 Dollar und hoffte, das würde für die Fahrt nach Chicago reichen. Wenn ich erst einmal dort wäre, würde es ein Kinderspiel sein, ein schwules Stadtviertel zu finden, in dem ich mich für Geld oder Unterkunft verkaufen könnte. Dann gab es wieder einen dieser kurzen Momente klaren Denkens: *Was für verdrehte Überlegungen,* dachte ich bei mir. Und dann war der Moment auch schon wieder vorbei.

Die Zeit, die ich für die drei Blocks bis zum Busbahnhof brauchte, verging wie im Flug. Schon hatte ich den miefigen Warteraum passiert und stand gefühlt nur einen Augenblick, nachdem ich meine Entscheidung getroffen hatte, am Greyhound-Schalter, um mich zu erkundigen, was die Fahrt mit dem nächsten Bus nach Chicago kostete. Die Antwort, die ich von dem Mann erhielt, würgte meine Begeisterung ab: Mir fehlten ganze 10 Dollar.

Ich änderte rasch meine Pläne. Ich könnte es auch mit Dallas versuchen, das war näher, dafür würde mein Geld bestimmt reichen. Ohne mit der Wimper zu zucken und sich über meine plötzliche und dramatische Planänderung zu wundern, verkaufte mir der Mann das Ticket. So wie ich es auch schon an vorherigen Busbahnhöfen erlebt hatte, war ihm das alles so was von egal.

Der Hunger, den die vielen Stunden der Aktivität und die vielen Stunden ohne Nahrung erzeugt hatten, erlaubte es mir, meine weitere körperliche Umgestaltung einstweilen ruhen zu lassen und einen Hamburger und eine Diet Coke zu bestellen. Nach mehr als einem Tag ohne Essen tat mir der Magen weh. Der Duft des brutzelnden Fleischs steigerte mein Verlangen noch. Binnen Sekunden war der köstliche Hamburger verschlungen. Ich hätte noch drei weitere geschafft, und mir war auch danach. Aber der Gedanke an mein schwindendes Geld bremste meinen Heißhunger. Es war nicht mehr viel übrig. *Ich kauf mir auf dem Weg nach Dallas wieder was oder wenn ich da bin.*

Vielleicht hatte mein Gesichtsausdruck das Mitleid der rothaarigen Frau erregt, die mit ihrem kleinen Sohn in meine Richtung kam. Womöglich wollte sie mich etwas aufheitern; wahrscheinlicher aber suchten die beiden einfach nur einen Sitzplatz. »Dürfen wir uns zu Ihnen setzen? Es sind sonst alle Plätze belegt«, fragte sie hoffnungsvoll.

»Klar! Bin eh nicht mehr lange da«, antwortete ich, und instinktiv zauberte ich ein Lächeln auf mein Gesicht.

»Sie haben auch nichts dagegen, wenn wir beten, hoffe ich?«, fragte sie.

»Nein, überhaupt nicht«, sagte ich. Beten? Zu wem und wofür, fragte ich mich. Nachdem sie gebetet hatten, begannen sie zu essen.

Ich gab mich interessiert. »Und wohin sind Sie beide unterwegs?«, erkundigte ich mich.

»Nach Hause, nach Chicago«, antwortete die Frau lächelnd.

Alter! Natürlich musste sie genau aus der Stadt kommen, in die ich so unbedingt wollte! Zehn Dollar hatten mir gefehlt … »Oh wie schön!«, rief ich mit sehr begeistertem, sehr falschem Lächeln. Ab sofort drehte sich das Gespräch nur noch darum, wie toll doch Chicago war. Ich weiß noch, dass wir am Schluss über ein Stadtviertel namens Boystown sprachen, das als eine der schwulsten Gegenden des ganzen Landes galt. Es klang fantastisch! Mir fehlte nur noch etwas Geld. Das würde definitiv mein nächstes Ziel werden. Aber heute Abend ging's erst mal nach Dallas!

Ich bedankte mich für die nette Unterhaltung und machte mich auf den Weg nach Bricktown, wo ich die Touristen beobachten wollte.

Glück begleitete meinen Weg. Nach ein paar Bettelversuchen fand ich auf der Straße ein paar Münzen. Es waren zwar keine zehn Dollar, aber meine Geldbörse war nun wieder um ein paar Münzen schwerer.

Atmen. Wenn ich einfach nur mal einen Moment innehalte, wird sich eine Chance ergeben.

Atmen. Wenn ich mich im Chaos meiner Gedanken und Gefühle verloren fühle, kann ich einfach Kontakt zur physischen Welt aufnehmen, um mich zu erden.

Atmen. Wenn ich mir klarmache, wo ich jetzt bin, im Verhältnis zu meinem Ausgangspunkt, wird sich ein Gefühl der Beruhigung einstellen.

Atmen. Ich kann und werde meinen Weg weitergehen.

10 Engel in Dallas

> Atmen. Nicht alles ist auch in Wirklichkeit so, wie du es siehst, und das ist in Ordnung.
>
> Atmen. Auch wenn du gar nicht um Hilfe bittest, kannst du meist Hilfe bekommen. Du musst nur bereit sein, sie auch anzunehmen.
>
> Atmen. Wenn das Feuer ausbricht, solltest du dich vor den Flammen in Sicherheit bringen, bevor du verletzt wirst.
>
> Atmen. Geh deinen Weg weiter.

Wie würde es wohl in Dallas sein?, fragte ich mich. Ich war noch nie in Texas gewesen und wurde zunehmend aufgeregt. Ich stand in der Warteschlange für den Bus. Es wollten nicht viele Leute einsteigen, vielleicht um die 20. *Prima, dann würde ich ja einen guten Sitzplatz bekommen.*

Im Bus herrschte ganz unerwartet vollkommene Ruhe. Keiner redete. Jeder war für sich: ein Bus voller Einzelreisender, keiner war in Begleitung unterwegs. Selbst der Fahrer sah distanziert aus, mit in die Ferne gerichtetem Blick.

Ich schaltete das kleine Lämpchen über meinem Kopf an, holte mein Tagebuch hervor und begann zu schreiben. *Da sitze ich schon wieder in einem Greyhound-Bus, der Gott weiß wohin fährt … Es ist schon drei Tage her, seit ich das letzte Mal mit einem Menschen gesprochen habe, den ich kenne. Ich bin immer noch am Leben, irgendetwas muss ich also wohl richtig gemacht haben.*

Ich dachte darüber nach, was ich geschrieben hatte. *Ich bin immer noch am Leben.* Ich verlor alles Zeitgefühl, und zu dem unermüdlichen Brummen des Dieselmotors im Heck schlief ich ein.

Stunden später wachte ich auf, als der Bus gerade in den Busbahnhof im Zentrum von Dallas einfuhr. Ich warf mir meine Tasche über die Schulter und stieg aus dem Bus, und mit unechter Entschlossenheit durchquerte ich den Busbahnhof, lief einen langen Korridor entlang und dann durch die Glastüren hinaus.

Ich hatte weiterhin kein Gefühl für die Zeit, die verstrich. Ich war wie in einem Nebel. Ich lief ziellos etliche Blocks entlang, es können Minuten oder auch Stunden gewesen sein. Ich stieß auf einen verlassenen Park fernab der Menschenmengen in der Innenstadt und sprang über seine ineffektive Begrenzungsmauer. Ich saß einen Moment lang nur so da, dann öffnete ich meine Tasche und holte eine blaue Decke heraus, die ich in einem Laden der Wohltätigkeitsorganisation Goodwill in Bozeman gekauft hatte. Nachdem ich sie auf dem Rasen ausgebreitet hatte, versuchte ich es mir so bequem wie möglich zu machen. Es war Mitte Juli und das Wetter war unangenehm heiß und feucht, auch noch mitten in der Nacht.

Ich fing an, meine Tasche zu durchwühlen. Nachdem ich meine Geldrolle gefunden hatte, löste ich ihr Gummiband und begann zu zählen. Ich saß da und zählte immer und immer wieder und hoffte dabei jedes Mal mit zunehmender Panik, dass ich mich verzählt hätte. Aber es blieb dabei: Auch inklusive des gefundenen Geldes aus Bricktown hatte ich nur noch weniger als zehn Dollar.

Mein Blick war ganz auf die Nähe fokussiert. Ich war so sehr mit den Gedanken an meine rasch schwindenden Barreserven beschäftigt, dass ich meine Umgebung ganz aus den Augen verloren hatte. Völlig unerwartet stand plötzlich ein großer Mann in meinem Sichtfeld. Erschrocken stopfte ich mein Geld zurück in die Tasche und stand schnell auf, um ihm gegenüberzutreten. Er blieb bewegungslos. Kein Wort, keine Regung, nur Blicke. Das dürftige Licht der Straßenlaternen schien weit entfernt.

Es ging eine gewisse Ausstrahlung von ihm aus, aber seine Gesichtszüge blieben im Dunkeln verborgen. Er war ein Schwarzer, gut einen Meter achtzig groß und über 90 Kilo schwer, und er trug weite schwarze Kleidung. Was ich nicht sah, konnte ich empfinden. Seine Präsenz war stark; das Potenzial seiner Kraft konnte ich spüren, und ich war beunruhigt. Es war, als wäre er von einer Art himmlischem Flimmern umgeben.

»Hallo.« Die Stimme des Mannes war tief und ruhig, und er sprach mit einer Gelassenheit, die einen aus der Fassung bringen konnte. Ich sagte nichts. »Ich will mich ja nicht in deine Angelegenheiten einmischen, aber was machst du hier so spät?«, fragte der Fremde.

»Was machen *Sie* denn hier so spät?«, fragte ich sarkastisch zurück.

»Ja klar.« Es folgte ein rätselhaftes stilles Lachen. »Ich hab dich hier gesehen und du wirktest eindeutig ein bisschen verloren. Wie heißt du?«

»Todd Klein«, sagte ich.

Er schüttelte den Kopf und erklärte bestimmt: »Nein, heißt du nicht.« Seine Ruhe und Selbstsicherheit überrumpelten mich. »Setz dich«, wies er mich im Befehlston an. Ich tat wie geheißen. »Wie heißt du?«, fragte er noch mal.

»Bruce«, antwortete ich.

»Guter Name.«

Er rückte näher und setzte sich unbehaglicherweise so dicht neben mich, wie es sonst höchstens Familienangehörige tun.

»Woher kommst du?«

»Ich wohne hier um die Ecke«, behauptete ich, um ihn loszuwerden. Mein Unbehagen angesichts seiner aufdringlichen Nähe war unübersehbar.

»Nein, tust du nicht. Woher kommst du?« Seine Dominanz und sein Beharren auf ehrliche Antworten waren lästig.

»Mein Gott, was wollen Sie denn?«, versuchte ich seine Frage trotzig abzuwehren.

»Weißt du, wo du hier bist? Du bist in Dallas, Kind! Als hübscher Junge mit Regenbogen-Armbändern forderst du in diesem Viertel deinen sicheren Tod heraus. Du bist damit hier in der falschen Gegend, Kleiner. Du musst hier weg.« Sein fürsorglicher Ton ging mir auf die Nerven.

»Ich kann gut auf mich selber aufpassen. Aber vielen Dank«, gab ich zurück.

»Ich versuche dir nur zu helfen. Du bist hier im verkehrten Teil der Stadt. Wenn du diesen Park nicht noch heute Abend verlässt, dann wirst du ihn nie mehr verlassen. Hast du mich verstanden? Dann bist du tot.« Die Warnung war klar und deutlich. Ein nachdrücklicher Weckruf als Schutzschild des Himmels. Dieser leere Park war kein Zufluchtsort. Der graue Zement unter meinen Füßen war kein geweihter Boden.

Er hatte seine Botschaft überbracht und ging raschen Schrittes davon, verschwand im Dunkel, bevor ich seine schützende Anweisung noch verarbeitet hatte.

Während das Echo seiner Worte noch im Nebel meiner Verwirrung nachhallte, sprang ich auf und jagte ihm nach. »Wie meinen Sie das?«, rief ich ihm nach, aber ich spürte, dieser ungerufene Wächter war fort. Ich bog um die Ecke. Es war niemand zu sehen. Er war einfach verschwunden. Meine Nackenhaare richteten sich auf. Völlig außer mir rannte ich zurück zu meiner Tasche, packte meine Sachen und sah zu, dass ich so schnell wie möglich aus diesem Park entkam.

Ich wanderte den Rest der Nacht durch die Straßen, rauchte das wenige Gras, das ich noch hatte, und bemühte mich, wach zu bleiben. Als der Widerstand gegen den Schlaf zwecklos wurde, suchte ich die bestgeschützte Stelle auf, die ich finden konnte, eine Fußgängerstraße ohne Autoverkehr, mit einer Trennwand, die vor Blicken schützte. Ich legte mich unter eine Bank, in der Hoffnung, dass niemand mich dort sehen würde. Es war kein Bett und kein Bunker, aber es vermittelte die Illusion, geschützt zu sein.

Der Schlaf übermannte mich und ich begann zu träumen. Leider hatte dieser Traum etwas sehr Vertrautes; die Dunkelheit zu Beginn zog mich in ein bedrückendes Déjà-vu-Erlebnis. Ich fühlte mich von einer unsichtbaren Kraft voranbewegt, die mich durch den pechschwarzen Abgrund zog, der zu dem Korridor führte, der wiederum zu der Tür führte, hinter der mein Leben erneut den Dämonen und Geschöpfen der Nacht übergeben werden sollte. Schwaden neongrünen Rauchs traten unter der Türschwelle hervor und umfingen mich. Ich war erneut die Geisel dieses nächtlichen Terrors.

Ich befand mich wieder in meinem Albtraum, wurde unerbittlich zu der Tür hingezogen. Ein stumpfer Gegenstand traf mich und schickte mich zu Boden. Meine Oberlippe blutete. Ich war wieder in dem Raum, in dem die grünen und schwarzen Streifen in einem kreisenden Strudel herumwirbelten. Eine unsichtbare Macht riss mich hoch und schleifte mich zu einem einsamen Stuhl in der Mitte der Kammer, zu dem Thron, auf dem ich meine Tortur erwartete. Da waren wieder derselbe geisterhafte Schatten und auch der Wagen mit der metallenen Ablage, die diesmal voller Nadeln lag. Ich versuchte zu schreien. Ich versuchte mich loszureißen. *Warum kann ich nicht einfach aufwachen?!* Mein Unterbewusstsein kämpfte gegen die mich lähmenden Ketten, aber mein Körper blieb in diesem unerwünschten Traum gefangen. Ich befahl mir selbst: *Versuch dich zu bewegen! Versuch nach Atem zu ringen! Alles, um bloß aufzuwachen!*

Hinter mir öffnete sich knarrend eine Tür. Ein unerfreulicher süßlicher Geruch mischte sich in die Feuchtigkeit. Jede Luftbewegung hatte aufgehört. Der Sauerstoff strömte langsam hinaus. Die verbliebenen Gase verdichteten sich, sodass die Atmosphäre drückend und gleichzeitig erstickend dünn wurde. In dem tückischen Nebel wurde eine Frau sichtbar. Anders als die Phantome des letzten Mals war sie greifbar, und im Kontrast zu der rauen Umgebung war sie wunderschön. Ihre Stilettos waren glamourös, aber die Absätze gefährlich spitz. Sie war gekleidet wie eine Krankenschwester, das Weiß ihrer Tracht mit seiner Reinheit und Strenge wirkte beunruhigend.

»Lange Nacht?«, fragte sie mit verdächtigem Mitgefühl in der Stimme. Ich war verwirrt. Wer war sie?

»Ich bin Jennifer. Ich bin für heute Ihre Krankenschwester. Haben Sie Hunger?«, fragte sie honigsüß. Man konnte ihr nicht trauen, es war nur noch nicht klar, welche Rolle sie in diesem bösen Stück spielte.

Ich signalisierte Zustimmung, während es mir eiskalt den Rücken herunterlief.

»Gut. Ich werde Sie füttern.« In ihrer süßlichen Ankündigung schwang Zufriedenheit mit; es waren Berechnungen angestellt worden. Sie ging auf den Wagen zu. Das Glitzern der Nadeln bewirkte, dass sich meine Augen weiteten und mir der Schweiß auf die Stirn trat.

»Entspannen Sie sich. Es wird überhaupt nicht wehtun.« Die Ruhe ihrer Stimme ließ das Gegenteil erwarten. Der Reiz ihrer märchenhaften Schönheit stand im Gegensatz zum bevorstehenden Horror. Mit der Geschicklichkeit eines Zauberkünstlers griff sie unter den Wagen. In ihren Händen tauchte ein Mixer auf, den sie auf den Wagen knallte. Mit bloßen Händen ergriff sie eine Handvoll Nadeln und warf sie in den Mixer.

Sie begann zu bluten, eine der Nadeln war in ihre zarte Haut eingedrungen. Erfreut, und nicht etwa erschrocken, hielt sie ihre blutende Hand über den Mixer und ließ das rubinrote Plasma in das grausige Elixier hineintropfen. Die Maschine begann zu summen und vermengte die beunruhigenden Ingredienzien zu einem unheilvollen Gebräu.

Ein verrückter Glanz flackerte in ihren Augen. Sie nahm die groteske Mischung und goss sie über mich. Aus allen Richtungen stachen die Nadeln in mich, sie regneten herab und drangen tief in mein ungeschütztes Fleisch ein. Ihre Augen gefroren in einem dämonischen Nebel und sie schrie ihren Kameraden zu: *»Es ist so weit!«*

Aus den Schatten zwischen den Streifen tauchte ein Bataillon von vier Meter hoch aufragenden Leichen auf. Ihr irrsinniges Flehen hallte in schrillen Schreien durch das runde Gebäude. Sie bettelten, aus den Fesseln meines Unterbewusstseins freigelassen zu werden, ihre kranken Begierden waren bereit, auf mein Leben im wachen Zustand losgelassen zu werden. »Wach auf! *Wach auf!*«, schrien sie, begierig darauf, in meine Wirklichkeit zu entkommen. Sie waren bereit zu ihrem ruchlosen Spiel. »Komm, spiel mit uns!«

Ich wachte auf. Und stellte fest, dass ich mich vor der Bibliothek im Zentrum von Dallas befand. Immer noch im Nebel meiner Gedanken versunken, schaute ich auf und blickte direkt in die Augen einer bemerkenswert gut aussehenden Frau. Sie war etwa so groß wie ich, zierlich, wunderschön, mit ordentlichen schwarzen Zöpfen und perfekter schokoladenfarbiger Haut. Ihr makelloser Auftritt machte ihr Alter unbestimmbar. Sie wirkte äußerst gepflegt, mit ihrem taillierten schwarzen T-Shirt, ihren Hip-Hugger-Jeans, glänzenden weißen Sneakers und einer Stofftasche voller Bücher, die sie gerade in den Kofferraum ihres silberfarbenen Audis lud. Sie hielt ihren Kopf geneigt, um ihr Handy zwischen Schulter und Ohr festzuklemmen. Seit sich unsere Blicke begegnet waren, hatte sie ihre Augen nicht von mir abgewandt. Nach einem Moment der Unterbrechung setzte sie ihr Telefonat fort, wobei sie ihren Blick nie von mir abwandte. Als sie ihr Gespräch beendet hatte, sprach sie mich an und fragte, ob mit mir alles okay sei.

Ich stand auf und ging auf sie zu, und ohne nachzudenken sprudelte ich heraus: »Ich brauche Ihre Hilfe.«

»Du siehst auch so aus, als könntest du etwas Hilfe gebrauchen«, stellte sie sachlich und ohne Wertung fest. Selbst bei diesem kurzen Austausch strahlte sie unangestrengte Klasse aus.

»Sie ahnen gar nicht, wie sehr. Hi, ich bin Todd.« Meine Stimme klang verzweifelt und schwer.

»Nett, dich kennenzulernen, Todd. Ich bin Orlean. Was ist los? Wie kann ich dir helfen?«, erwiderte sie.

»Ach, das ist eine lange Geschichte.« Ich begann ein Paket von Lügen zusammenzufaseln. Ich erzählte ihr, dass meine Eltern mich verstoßen hätten, weil ich schwul sei, und dass ich kein Geld und nichts zu essen hätte und eine Unterkunft bräuchte.

Sie reagierte ohne zu zögern, als sei es bereits ausgemachte Sache, dass sie mir hilft. »Steig ein. Ich habe eine Idee«, erklärte sie. »Ich bringe dich zum LGBT-Jugendzentrum hier in Dallas, die müssten dir weiterhelfen können.«

Wir fuhren eine Weile herum und hielten ein paarmal an, um nach dem Weg zu diesem Zentrum zu fragen. Es fühlte sich beinahe an wie ein Sonntagsausflug. Wir sprachen darüber, was sie so machte in ihrem Leben und woher sie war. Es war offenkundig, dass sie eine aufrichtig liebenswürdige und mitfühlende Frau war und mir helfen wollte, aber sie war auch nicht naiv. Ich bin mir sicher, dass sie mir kein einziges Wort glaubte. Sie wusste, dass ich ein Ausreißer war. Auf der Fahrt erkundigte sie sich weiter nach meiner Lage. Da ich merkte, dass sie mir meine Lügen nicht abnahm, gab ich nach und nach mehr von der Wahrheit preis, nannte ihr meinen richtigen Namen und erzählte ihr, woher ich kam.

»Oje, da brauchst du aber wirklich Hilfe! Du bist ja ganz schön weit von zu Hause weg!«, gab sie freundlich und mit beruhigendem Lächeln zurück.

Endlich kamen wir bei dem Zentrum an. Sie begleitete mich hinein. Zu unserer Linken war ein Fenster, hinter dem ein junger

Mann am Schalter saß. Sein Haar war gestylt und er war ausgesprochen gutaussehend. Als wir hereinkamen, legte er seine *US Weekly* beiseite und wandte sich an Orlean: »Hallo und willkommen! Wie kann ich Ihnen helfen?«

»Hi«, antwortete Orlean. »Ja, wir haben hier eine kleine Situation, bei der ich nicht so recht weiß, wie ich damit umgehen soll. Das ist Bruce.« Sie wies mit der Hand auf mich. Aufs Stichwort zu lächeln fiel mir leicht, da ich mich gleich zu ihm hingezogen fühlte. Welch angenehme Ablenkung er doch war! Orlean erzählte ihm meine Lügengeschichte, wie meine Familie mich rausgeworfen hätte und dass ich eine Unterkunft bräuchte. Ich hörte ihrem Gespräch nicht weiter zu. Wenig später dankte Orlean dem Mann und bedeutete mir, ihr zu folgen, was ich auch tat. Wir gingen wieder hinaus und steuerten auf ihr Auto zu.

»Tja, die können uns leider nicht helfen, aber sie haben uns eine Liste mit Anlaufstellen gegeben, bei denen wir es versuchen können«, teilte sie mir optimistisch mit. Ich nickte zustimmend. Wir erreichten die erste Adresse. Die Gegend jagte mir Angst ein. Die Straßen waren dreckig und die Wände der Gebäude mit Graffiti-Tags von Gangs besprüht.

»Was für eine Unterkunft ist das denn?« Meine Abscheu war unverkennbar. Orlean begriff und fuhr weiter, wahrscheinlich besorgt um meine Sicherheit. Diese Stunden mit ihr hatten ganz unerwartet bereits eine Verbindung zwischen uns geschaffen. Die nächste Unterkunft auf unserer Liste war aufgrund einer Verseuchung durch Bettwanzen geschlossen. Unser Glück schien uns zu verlassen und mein Hunger nahm zu.

Orlean zog ihr Handy hervor und rief jemanden an. »Ich hab's!«, rief sie dann aufgeregt.

»Meine Freundin kann dir weiterhelfen. Nur musst du mir dabei vertrauen. Diese nächste Unterkunft benötigt die Erlaubnis deiner Eltern, wenn du dort bleiben willst. Wie ist denn ihre Telefonnummer?«, fragte sie. Mir wurde auf der Stelle siedend heiß.

»Was? Warum?«, fragte ich besorgt.

»Bruce, du musst mir vertrauen. Ich werde sie nichts fragen und ich werde ihnen auch nichts erzählen. Ich möchte nur, dass du in dieser Einrichtung angemeldet wirst. Sie wird von einer LGBT-freundlichen Kirche betrieben.« Ich spielte mit und vertraute ihr trotz aller Befürchtungen. Mein Bauchgefühl sagte zwar nein, aber ich gab ihr die Nummer meiner Eltern.

Wenige Augenblicke später fuhren wir vor der Kirche vor. Während Orlean mit dem Pfarrer sprach, ging ich auf die Toilette. Dort wusch ich mich zum dritten Mal mit Wasser aus dem Klo. Ich ekelte mich vor mir selbst.

Als ich die Kabine verließ, um mir Papierhandtücher zu holen, sah ich meinen freien Oberkörper im Spiegel. Ich hatte erkennbar abgenommen. »Das reicht nicht!«, schimpfte ich voller Ärger auf mich selbst. Ich zog an der Haut auf meinem Bauch und meinem Rücken. Ich hasste mich, weil sich meine Haut zusammenkneifen ließ. Nachdem ich mir die Papierhandtücher genommen hatte, entfernte ich mich so weit es ging vom Spiegel. Ich muss mich ziemlich lange in dieser Toilette aufgehalten haben, denn als ich zurückkam, wartete im Zentralbüro eine Burger-King-Tüte auf mich.

»Ich hab uns ein bisschen was zu essen besorgt. Du sahst hungrig aus«, sagte Orlean.

»Danke«, sagte ich mit aufgesetztem Lächeln. Ich *war* zwar hungrig, aber so etwas wollte ich nun eigentlich nicht essen. *So viele Kalorien!* Ich aß trotzdem etwas davon, weil ich nicht unhöflich erscheinen wollte. Ich mochte Orlean und wollte sie nicht vor den Kopf stoßen.

Als ich mit dem Essen fertig war, blickte ich auf und sah, wie eine Polizeibeamtin den Raum betrat. »Hallo, Mr Brackett«, sagte sie. Alles stoppte. Mein Herz schlug wie wild und mir wurde eiskalt. Die Zuneigung, die ich für Orlean empfunden hatte, verwandelte sich augenblicklich in Hass. Ich wusste, dass sie die Polizei gerufen hatte. Ich war so wütend, dass ich keiner von beiden in die Augen blicken konnte. Die einzigen Wörter, die aus meinem Mund kamen, waren: »Holen Sie mich hier raus!« Ich fühlte mich erniedrigt, aber ein Teil von mir war auch erleichtert.

Ich sprang nicht auf. Ich versuchte nicht wegzulaufen. »Drehen Sie sich um, junger Mann«, sagte die Beamtin. »Sie werden nicht festgenommen, wir nehmen Sie nur in Gewahrsam, bis Ihr Vater kommt und Sie abholt.« Sie legte mir Handschellen an und führte mich aus dem Büro und dann hinaus aus dem Gebäude.

Das Nächste, woran ich mich noch klar erinnern kann, ist, wie ich meine Mutter am Telefon anschrie: »Was kümmert es euch denn, ob es mir gut geht oder nicht? Ihr hasst mich doch! Ich bin euch doch egal! Ihr habt mir ja sogar gesagt, dass ihr mich nicht suchen würdet!« Dabei ignorierte ich mutwillig, dass sie mich ja auf die Vermisstenliste gesetzt hatten, weil ich inzwischen an meine eigenen Lügen glaubte. Noch heute wissen meine Eltern nicht, warum sie mir keine E-Mails oder Messenger-Nachrichten über Social Media geschickt haben. Vielleicht folgten sie dem Prinzip »Tough Love«, das zu dieser Zeit in Mode war, also streng zu sein aus Liebe, weil das für die jeweilige Person das Beste wäre, oder vielleicht meinten sie auch, ich müsste meine Dummheit selbst erkennen, und jeder Versuch, mich zum Bleiben zu bewegen, würde mich nur weiter von ihnen forttreiben.

Die Beamtin fuhr mich in eine andere Unterkunft am anderen Ende der Stadt. Es war eine Unterkunft für Kinder, sah aber eher aus wie ein Gefängnis. Es war ein gut gesicherter Bereich mit wenigen Fenstern. Die Beamten brachten mich in einen Warteraum, wo sie meine Taschen nach Drogen oder Waffen absuchten. Ich besaß nichts von beidem.

Was kommt jetzt?, dachte ich immer wieder. Wohin soll mein Leben mich führen? War das jetzt eine lange und einsame Abwärtsspirale hin zu meinem Tod? Ich wurde theatralisch. *Ich könnte genauso gut tot sein*, dachte ich. *Das wäre leichter als alles, was ich jetzt mache.* Die Beamtin unterbrach meine Gedanken, indem sie mich wegführte und durch einen Korridor in einen anderen Raum brachte, wo eine unscheinbare Beamtin energisch in ihre Computertastatur tippte. Als ich mich setzte, wandte sie ihre Aufmerksamkeit mir zu. Sie sprach distanziert und monoton. Es ging los mit den Aufnahmefragen. Können Sie gut schlafen? Sind Sie depressiv? Haben Sie Selbstmordgedanken? Wann haben Sie zum letzten Mal etwas gegessen? Und so weiter und so weiter. Ich leierte meine Antworten auswendig herunter. Die Übung war mir von den jahrelangen Sitzungen mit Therapeuten und Sozialarbeitern bestens vertraut.

Nachdem alle Fragen gestellt und beantwortet waren, bekam ich Essen und einen Hygiene-Set. Ich putzte mir die Zähne und ging in das Bett, das sie mir zugewiesen hatten. Es war unbequem, aber es war für mich das erste Bett seit fast einer Woche. In den letzten 24 Stunden hatte mich ein fremder Mann gewarnt, dass es mein Tod wäre, wenn ich diesen Park nicht verließe, war ich ein Gefangener nächtlichen Terrors gewesen und mit einer freundlichen Fremden durch die Stadt gefahren. Es war, als hätte ich einen Engel, einen Dämon und eine Erretterin getroffen. Während die Empfindungen und Erinnerungen dieser Treffen noch frisch und lebhaft in meinem Kopf waren, rollte ich mich herum und verlor mich in einer weiteren Nacht voll ruhelosem Schlaf.

> Atmen. Nicht alles ist auch in Wirklichkeit so, wie ich es sehe, und das ist in Ordnung.
>
> Atmen. Auch wenn ich gar nicht um Hilfe bitte, kann ich meist Hilfe bekommen. Ich muss nur bereit sein, sie auch anzunehmen.
>
> Atmen. Wenn das Feuer ausbricht, muss ich mich vor den Flammen in Sicherheit bringen, bevor ich verletzt werde.
>
> Atmen. Ich kann und werde meinen Weg weitergehen.

11 Flucht in die Freiheit

Atmen. Jedes Scheitern bringt auch die Chance mit sich, beim nächsten Versuch Erfolg zu haben. Versuch es also weiter.

Atmen. Was deiner Meinung nach die anderen denken, hat für gewöhnlich nichts mit der Wirklichkeit zu tun. Übertreib es also nicht mit dem Grübeln, das schadet dir nur.

Atmen. Du kannst so viel Make-up auftragen und dich so trendig kleiden, wie du willst, um gut auszusehen – die Verkleidung ändert nichts daran, wer du in deinem Inneren bist.

Atmen. Und geh deinen Weg weiter.

Ich erwachte vom aufrüttelnden Weckruf eines großen Mannes. In einer einzigen fließenden Bewegung schaltete er das Licht an und zog mir die Decke weg. Ich lag auf dem Bett und hatte nichts am Leib als den blauen Kittel, den man mir am Abend zuvor gegeben hatte. Verwirrt, aber folgsam gehorchte ich seiner Anordnung, aufzustehen und mich anzuziehen.

»Heute Nachmittag kommst du hier raus, Junge!«, sagte er lächelnd. »Dein Vater kommt dich heute abholen. Er kommt den ganzen Weg von … Montana?«

»Ja, den ganzen Weg von Montana«, murmelte ich zurück.

»Du hast einen bemerkenswerten Dad, der dich ziemlich gern haben muss, wenn er sich sofort auf so einen weiten Weg macht, um dich hier rauszuholen!«, erklärte er und sprach damit eine Wahrheit aus, die ich nicht wahrhaben wollte.

Ich antwortete so gelangweilt ich konnte, weil ich unsere Interaktion lieber beenden wollte: »Ja, wahrscheinlich.«

Ich rechnete damit, dass das Frühstück aus gummiartigem Rührei und an Pappe erinnernden Speck bestehen würde. Und wurde nicht enttäuscht. Es war das erste Mal, dass ich meinen Vater sehen würde, nachdem ich davongelaufen war, und ich war extrem nervös. Denn anders als beim Frühstück konnte ich nicht vorhersagen, wie seine Reaktion wohl ausfallen würde, wenn er mich wiedersah. Ich war jetzt eine Woche verschollen. Zum Teil war ich erleichtert, zum Teil aber auch verärgert, dass er mich abholen kam. Mein Kopf war voller Fragen: *Wird er einen Hass auf mich haben? Wird er sich freuen, mich wiederzusehen? Was wird er wohl sagen?*

Nach stundenlangem, bangem Warten fuhr endlich der Mietwagen meines Vaters vor. Meine Sorgen waren unbegründet. Er stand da und empfing mich mit weit ausgebreiteten Armen. Ich umarmte ihn zurück, wenn auch etwas zögernd, weil ich mir nicht sicher war, ob seine wahren Empfindungen auch wirklich mit seiner freundlichen Gestik übereinstimmten.

Mein Vater hatte immer versucht, mir durch Geschichten kluge Dinge zu vermitteln. Einmal hatte er mir die Geschichte von den drei Weisheiten erzählt, die ein Mann in seinem Leben erlangen müsse. Die erste dieser drei Weisheiten lautete: »Spar dir deinen Ärger immer für später auf.« Seine Begründung: Wenn du erst einmal alles über die Situation weißt, vor der du stehst, ist es womöglich gar nicht mehr angezeigt, sich zu ärgern. Das war etwas, was mein Vater sehr ernst nahm.

Die zweite Weisheit lautete: »Misch dich nie in die Angelegenheiten anderer Leute ein.« Denn das ist ein sicherer Weg, um dir Feinde zu machen. Behalt deine Meinung für dich, solange dich niemand um Hilfe oder Rat bittet. Im Moment wünschte ich mir zwar ein Stück weit, mein Vater würde sich nun auch nicht in meine Angelegenheiten einmischen, allerdings wusste ich auch definitiv, dass ich mir selbst eine Grube gegraben hatte und Hilfe brauchte, um da wieder herauszukommen.

Und die dritte und letzte Weisheit lautete: »Weich nie von altvertrauten Wegen ab.« Wenn du dich einer Situation gegenübersiehst, mit der du nicht vertraut bist, dann bleib bei den Vorgehensweisen, die du am besten kennst. Bieg nicht in eine andere Richtung ab, als du dir selbst auf der Karte ausgesucht hast, denn wenn du deinen Kurs änderst, erhöht das die Wahrscheinlichkeit, dass du Dingen begegnen wirst, für die du nicht gewappnet bist. Du kannst natürlich Abenteuer suchen und du kannst scheitern, dann lernst du etwas für die Zukunft. Indem ich von zu Hause weggelaufen war, war ich definitiv von altvertrauten Wegen abgewichen – und ich war gescheitert.

Diese drei Weisheiten hatte ich im Kopf, als wir uns gegenüberstanden, und sie versicherten mir, dass mein Vater mich nicht hasste. Ich wusste, dass er mich liebte, und mehr brauchte ich nicht, damit für diesen Augenblick alle Nervosität von mir wich. Ich durfte seiner Unterstützung gewiss sein, auch wenn ich mir sicher war, er würde Weisheiten für mich in petto haben, deren Vermittlung einen ganzen Monat dauern könnte.

Auf dem Weg zum Flughafen waren wir so still, dass es an den Nerven zerrte. Was sollte man aber auch sagen? Dies machte meinen Geist allerdings auch zu einer gefährlichen Grube, die gefüllt werden wollte. In dem Moment, als wir die Sicherheitskontrollen passierten, kehrten meine rastlosen Gefühle zu mir zurück. Ich konnte nicht anders, als mir sämtliche Männer im Terminal anzugucken. Ich wurde von Begierde übermannt und sehnte mich danach, ihr nachzugeben. Meine verborgenen Wünsche füllten meinen Kopf und verhinderten alles rationale Denken, durchkreuzten meine Unschuld und jegliches Sicherheitsdenken. Als wir unsere Sitze im Flugzeug einnahmen, kreisten meine Gedanken um Männer, unterbrochen nur durch Überlegungen, was wohl passieren würde, wenn ich nach Hause käme.

Mein Vater brach das Schweigen. »Hast du jetzt genug?«, fragte er mich. Ich wusste, er meinte damit mein unberechenbares Verhalten und mein Ausreißen.

»Ja, ich hab genug.« Ich sagte ihm, was er hören wollte, und log damit, dass sich die Balken bogen, denn ich hatte noch etliche Kilometer in mir, hunderte von Kilometern.

Als das Flugzeug abhob, saßen wir schweigend nebeneinander, während Verstand und Seele bei uns beiden laut vor sich hin schrien. Mein Vater brauchte kein Wort zu sagen, damit mir klar wurde, wie frustriert er war, aber ich konnte in diesem Moment nicht würdigen, dass der Grund dafür nur Liebe und Sorge waren. Er tat alles dafür, dass mir die Welt zu Füßen lag und ich mir um nichts Sorgen machen musste. Nur leider konnte ich mich dafür damals nicht erkenntlich zeigen. Ich wusste, wenn wir nach Hause kämen, würde alles anders sein. Ich steckte bei meinen Eltern voll in der Scheiße. Ich würde alle meine Privilegien verlieren und bekäme Hausarrest aufgebrummt. Ich würde eine Möglichkeit finden müssen, wie ich mich aus dieser Grube wieder befreien konnte, die ich mir selbst gegraben hatte.

Als wir zu Hause waren, stand ich in meinem armseligen Zimmer und fühlte mich wieder so elend wie eh und je. Ich hatte mich oft völlig verrückt gefühlt, wenn das Zimmer ganz still und ruhig war. Dieses Gefühl überkam mich auch jetzt wieder. Wie ein lauernder Schatten, der sich von der Wand löst, spürte ich, wie diese Obsession in meinen Körper kroch und zwanghaft von mir Besitz ergriff. Ein juckendes und kribbelndes Gefühl verwandelte sich in das Verlangen nach schmutzigen, realistischen sexuellen Fantasien. Mein früheres Trauma wurde wieder zur Gegenwart.

Ich rannte aus dem Zimmer und direkt in die Werkstatt meines Vaters in der Garage. Er saß auf einem Hocker und war mit einem Projekt beschäftigt, das mit Schnüren zu tun hatte. »Kann ich mit dir reden?«, brachte ich zitternd hervor. Meine Emotionen waren noch ganz frisch, verwirrend und roh. Es war alles so neu. Ich kam mir vor wie der letzte Dreck, als ich mit ihm redete, ich kam mir schlecht vor, weil ich ihn und Mom verletzt hatte. Aber in einem beeindruckenden und überraschenden Moment war ich in die Realität zurückgekehrt und konnte erkennen, dass falsch gewesen war, was ich getan hatte. Ich war »aufgewacht«, und ein Teil von mir wollte es auch gern bleiben.

»Ja klar«, antwortete mein Vater, seine Stimme eine Mischung aus Zuspruch und Sorge.

Ich zögerte. Ich war mir immer noch nicht sicher, ob ich ehrlich zu ihm sein sollte.

»Geht's dir gut? Wie kann ich dir helfen?« Er sprach ruhig und bedächtig. Ich konnte sehen, dass er hundertprozentig auf meiner Seite stand, und so fing ich an, mich zu offenbaren.

»Ich brauche deine Hilfe! Ich muss irgendwie gerettet werden oder so«, begann ich und suchte nach der passenden Art, wie ich meine Verletzlichkeit zeigen könnte. »Ich fühle mich immer so unbehaglich oder übertrieben sexuell. Es ist fast so, als steckte ich in einer Falle. Es ist fast, als sollte ich am besten in einen Betonraum eingesperrt und erst wieder rausgelassen werden, wenn ich repariert bin! Was stimmt mit mir nicht?« Ich begann panisch zu werden.

Mein Vater legte mir tröstend den Arm um die Schultern. »Bei dir stimmt alles«, erklärte er entschieden. »Du machst im Moment nur eine Menge durch. Wir werden für dich die Hilfe finden, die du brauchst, und wir werden dafür sorgen, dass du sicher bist, mein Sohn! Denk bitte daran, dass du geliebt wirst!«

Mir war immer so unbehaglich, wenn mir jemand erklärte, dass er mich liebt. *Ich verdiene das gar nicht. Wenn die wüssten, wie ich wirklich bin!*

Ich weiß noch, wie ich nach dem Gespräch mit meinem Dad auf dem Bett in meinem Zimmer saß, verstört von der Situation, in die ich mich gebracht hatte. Ich wollte nur noch raus aus dieser Situation – und zwar schnell. *Aber wie?* Ich saß ja bereits so tief in der Scheiße, würde es dann noch etwas ausmachen, wenn ich mich noch ein Stück tiefer hineinritt? Ich hatte mir doch eh schon alles versaut. Man mag das vielleicht als jugendliches Selbstmitleid abtun, aber ich fühlte mich wirklich regelrecht allein und hilflos.

Ich saß auf meinem Bett, schaukelte vor und zurück und versuchte mir einen Fluchtplan auszudenken. Als mir keiner einfiel, beschloss ich, mich aufzustylen. Das würde wenigstens die tausend Gedanken vertreiben, die mir durch den Kopf rasten. Ich öffnete meinen Kleiderschrank und durchforstete meine Sachen. Ich suchte mir die »trendigsten« Sachen heraus, die ein schwuler Junge in Butte in Montana haben konnte. Alles müsste schwarz sein, beschloss ich. Ich würde absolut keine Farbe tragen, nichts, was auch nur entfernt an Glücklichsein erinnerte. Ich zog schwarze Nadelstreifen-Hosen von Calvin Klein an, die ich für drei Dollar fünfzig bei Goodwill gekauft hatte. Darin fühlte ich mich immer gut. Dann wählte ich einen schwarzen Rollkragenpullover und zog eine dunkle Tweed-Weste darüber, die ich sehr oft trug. Accessoires waren wesentlich. Als Erstes zog ich meine fingerlosen Lederhandschuhe an, die an jedem Bündchen zwei kleine Spitzen hatten. Und um das Ganze noch ein Stück weiter zu treiben, wickelte ich mich in einen übergroßen transparenten Schal – der perfekte Hauch von Großartigkeit. Ich trug ihn wie ein Cape. Schwarze Lacklederschuhe komplettierten den Look natürlich noch. Lackleder musste sein!

Als ich fertig angezogen war, ging ich ins Bad, um mein Aussehen zu kontrollieren. Ich sah aus, wie in meiner Vorstellung ein Dandy in den 1920er-Jahren ausgesehen haben könnte. Aber ich war ja noch nicht fertig. Ich brauchte noch mehr. Ich brauchte noch Make-up.

Ich holte meine Schachtel mit dem Bühnen-Make-up unter dem Waschtisch hervor und begann mein Gesicht in einem geisterhaften Weiß anzumalen. Ich legte so viele Schichten auf, dass ich am Ende noch blasser aussah als die schaurige Krankenschwester in meinem Albtraum. Als Nächstes trug ich schwarzen Eyeliner auf und schminkte mir Smokey Eyes. Mit trendigem Death-Make-up erzeugte ich Schatten unter meinen Wangenknochen, um für Kontur zu sorgen und mich magerer wirken zu lassen. *Mager muss sein!* Bei der Lippenfarbe entschied ich mich für ein tiefes Violett, eine Kombination aus purpurrotem Herzblut und Walking Dead.

Ich beobachtete, wie mit jeder neuen Schicht, die ich auf meinem Gesicht auftrug, ich mich verwandelte und meine Stimmung wechselte. Alles an mir, mein ganzes Ich änderte sich, ich wurde eine andere Version meiner selbst, ein Emo/Goth-Kid, allein und schmollend in seinem Betonstein-Zimmer im Untergeschoss. Als ich mit meinem Look so weit zufrieden war, setzte ich mir als Finish noch eine Baskenmütze auf, die ich ganz leicht über mein rechtes Auge zog. Ich fühlte mich sexy und stark. Ich fühlte mich böse – und das gefiel mir. Ich war wieder einmal Narziss, der von seinem eigenen Spiegelbild bezaubert war, und bestaunte den Charakter, den ich da erfunden hatte.

Und dann, als wäre mein um sich selbst kreisender bipolarer Geist von einem Uhrwerk angetrieben, kippte meine Stimmung und ich war auf der Stelle von einer Wut erfüllt, die mein Körper nicht bei sich behalten konnte. Als ich nach links blickte, kam mir das Erstbeste ins Visier, das ich kaputtmachen konnte. Mein Zielobjekt befand sich auf dem Bücherregal. Dort lag ahnungslos ein Stapel CDs. Ich schnappte mir so viele davon, wie ich greifen konnte, und schleuderte sie durch den Raum. Sie zerbrachen splitternd an der kalten harten Betonstein-Wand. Die Scherben flogen in alle Richtungen.

Das hat sich gut angefühlt! Mach das noch mal! Sofort griff ich nach der nächsten Sache, die ich zerstören konnte. Bilder, Bücher, kleine Figürchen der Freiheits-Statue, die ich eigentlich liebte. In unmotivierter Folge machte ich alles kaputt. Ich zerriss

Kleidungsstücke und warf mit allem, was ich tragen konnte oder das zerbrechlich war, wobei ich stöhnte und Frust- und Wutschreie ausstieß, die tief aus meinem Bauch kamen.

Die Spontanität meiner Wut war erschreckend. Ich wollte alles und jedes zerstören, was meine Eltern mir aus Liebe geschenkt hatten. *Ich will nicht geliebt werden, verdammt noch mal!* Ich wollte raus aus meinem Leben … und weg von allem Guten. Ich wollte finster und gefährlich sein. Mich lockte die Wahnvorstellung eines Lebens als eine Art Hausboy-Nutte. Mein zerrissener Geist war auf der Suche nach falscher Erlösung. In der Obhut eines reichen Mannes, der mich nur für seine lustvollsten Fantasien brauchte und missbrauchte, würde ich Befreiung finden; ich würde Erfüllung ohne Liebe finden. Meine verzerrten Gedanken leuchteten neongrün. *Darin kann ich gut sein … Warum es dann nicht machen?! Lauf weg …*

Durch ein plötzliches, nachdrückliches Klopfen an der Zimmertür wurde ich aus meiner Wahnvorstellung herausgerissen und in die Wirklichkeit zurückgeholt. Mir stockte das Herz. Ich hörte auf, mein Zimmer zu verwüsten, und blickte erstarrt zur Tür. Dahinter ertönte die Stimme meiner Mutter.

»Bruce, alles in Ordnung bei dir? Ich mache mir Sorgen! Ich will nur wissen, ob bei dir alles in Ordnung ist. Mach die Tür auf!«, verlangte sie.

Ich wünschte, sie wäre tot. Sie würde verschwinden und nie mehr wiederkehren. Diese Frau ist noch mal mein Tod.

Ich wartete ab. Ich sagte nichts.

Diesmal rief sie mit erhobener Stimme: »Bruce, mach die Tür auf!«

Meine Antwort erfolgte schlicht und klar in gleichbleibend leiser Stimmlage: »Geh. Weg.«

»Das ist *mein* Haus! Das habe ich gekauft! Jetzt *öffne* diese Tür oder ich breche sie auf!«

Abrupt schloss ich auf und riss heftig die Tür auf. Und offenbarte so das finstere Monster, das ich aus mir gemacht hatte.

Ihre Reaktion fiel unerwartet aus. »Na, das muss ich dir lassen, Bruce. Du siehst genauso traurig ist, wie du dich fühlst, und das auch noch mit Stil.« Ein schiefes Lächeln zierte ihr Gesicht. »Wenigstens siehst du gut aus bei dem, was du hier anstellst.« Sie schaute sich in meinem Zimmer um und sah sich die ganze Verwüstung an, bevor sie fortfuhr. »Es tut mir leid, dass es dir so schlecht geht. Aber aufräumen musst du das trotzdem.« Ihre Anordnung erfolgte gleichmütig, und ihre folgende Äußerung wirkte ebenso aufrichtig wie einstudiert. »Denk dran, du wirst geliebt.« Damit wandte sie sich ab und ging treppauf.

Ich wartete, bis sie außer Sicht war, bevor ich meine Zimmertür wieder schloss und verriegelte. Ich wollte tausend Kilometer weg sein von diesem Leben. Ich wollte mein *eigenes* Leben führen. Weglaufen …

Ich stand wieder vor dem Spiegel und schaute in meine leeren Augen. *Geh … Lauf weg … Dann bist du frei.* Wie von einem Uhrwerk angetrieben, änderte sich meine Stimmung erneut. Und mit ihr auch mein Plan.

Ich räumte mein Zimmer so lange auf, bis auch meine Gedanken wieder im Reinen waren, dann schnappte ich mir eine große Reisetasche und stellte sie geöffnet auf mein Bett. Wieder packte ich die Hoffnung auf ein neues Leben in sie hinein, diesmal aber außerdem auch Sachen, die ich wirklich brauchte. Dieses Mal würde ich wirklich *nicht* zurückkommen.

Als es mitten in der Nacht war, stahl ich die Schlüssel für den Lexus meiner Mutter und ging zur Haustür hinaus. Mit den 200 Dollar, die ich hatte, und den 200 Dollar an Wechselgeld für den Süßwarenladen, die meine Mutter im Kofferraum aufbewahrte, war ich bereit. *400 Dollar reichen, bis ich da bin, wo ich hinwill.* Und wohin fahre ich jetzt? *Ist egal. Hauptsache schnell!* Ich setzte mich hinters Lenkrad, um mich herum herrschte absolute Stille. Was ich als Nächstes tun würde, lag ganz bei mir. *Okay, du Kanone, wohin?* In einem überraschenden Moment der Klarheit schaltete ich den Wagen in den Leerlauf und ließ ihn den Hang hinab und weg vom Haus rollen, bevor ich den Motor anließ. Ich wollte keinen Menschen aufwecken. Ich war von einer Energie erfüllt, die zu dem Dunkel passte, in das ich aufbrach. Ich wurde davongelockt. *Komm, spiel mit uns!* Ich fuhr weg, ohne zurückzuschauen.

Atmen. Jedes Scheitern bringt auch die Chance mit sich, beim nächsten Versuch Erfolg zu haben. Deshalb werde ich es weiter versuchen.

Atmen. Was meiner Meinung nach die anderen denken, hat für gewöhnlich nichts mit der Wirklichkeit zu tun. Ich werde also aufhören, zu viel zu grübeln, weil mir das nur schadet.

Atmen. Ich kann so viel Make-up auftragen und mich so trendig kleiden, wie ich will, um gut auszusehen – die Verkleidung ändert nichts daran, wer ich in meinem Inneren bin.

Atmen. Ich werde meinen Weg weitergehen.

12 Boystown

> Atmen. Wenn du clever genug warst, dich in eine Situation hineinzumanövrieren, dann bist du auch clever genug, da wieder herauszufinden.
>
> Atmen. Du schadest dir nur selbst, wenn du dich auf Personen einlässt, die nicht wirklich dein Bestes im Sinn haben. Lass sie ziehen und geh deinen Weg ohne sie weiter.
>
> Atmen. Ganz gleich, wie betrunken oder high du auch bist, es führt nie dazu, dass du dich besser fühlst – nie!
>
> Atmen. Und geh deinen Weg weiter.

Ich fuhr 140 Kilometer weit, über einen Gebirgspass, bis nach Bozeman in Montana, im »Big Sky Country«. Als ich dort ankam, blinzelte die Sonne gerade über die Berge im Osten. Ich fuhr ungezählte Straßen auf und ab, um mir die Zeit zu vertreiben, bis irgendetwas öffnete.

Mein erster Halt war erst mal der wichtigste. Um acht Uhr morgens parkte ich vor der Bank und wartete ungeduldig darauf, dass die ersten Mitarbeiter auftauchten, damit ich an den Drive-through-Schalter fahren konnte. Ich wollte ja nicht mit dem Wechselgeld des Süßwarenladens weiterreisen, fast 200 Dollar in Münzen; ich brauchte Scheine. Ich fuhr vor und stapelte die Münzrollen in der Fensterablage an der Seite der Bank. Die Kassiererin nahm sie freundlich entgegen. *Die Tussi ahnt ja gar nicht, dass das hier ein gestohlenes Auto ist.* Ein Gefühl der Macht breitete sich in mir aus. *Oder dass auch das ganze Geld, das ich ihr gerade gegeben habe, gestohlen ist.* Ihr erster Job des Tages war leicht. Sie gab mir mein Geld und die Quittung, und ich fuhr davon.

Was nun? Es vergingen mehrere Stunden, in denen ich auf dem Parkplatz der öffentlichen Bibliothek im Auto saß. Der Schutz der Nacht bestand nicht mehr, meine Verbrechen waren nun dem Licht der aufgehenden Sonne ausgesetzt. Da ich nicht wusste, was ich als Nächstes tun sollte, wartete ich einfach weiter und versuchte einen Plan zu schmieden. Meine Hände hielten das Lenkrad fest umklammert. Ich schaute nach vorn und überlegte.

Ich will in eine Stadt. Eine große Stadt, in der es viele Jungs wie mich gibt. Jungs, die das Verlangen nach Sex haben, so wie ich. Ich erinnerte mich wieder, dass ich von einem »schwulen Stadtviertel« namens Boystown in Chicago gehört hatte. *Perfekt,* dachte ich. Chicago war nur zweieinhalb Tagesreisen mit dem Bus von Bozeman entfernt. Ich könnte in Nullkommanichts da sein. Das Versprechen der Energie, nach der ich mich sehnte, und der Rausch, den ich schon spürte, riefen mich. *Komm, spiel mit uns!*

Ich ließ das gestohlene Auto stehen. Zwei Tage und mehrere nach Moschus riechende Greyhound-Busbahnhöfe später stieg ich innerhalb des Hochbahnrings im Zentrum von Chicago aus. Um mich selbst zu überzeugen, wiederholte ich wie ein Mantra: *Hier werde ich alles bekommen, was ich schon immer wollte.*

Boystown lag ein paar Kilometer im Norden, und wenn ich dahin wollte, musste ich laufen. Da ich keine andere Wahl hatte, begann ich also meinen Fußmarsch Richtung Norden, immer am Ufer des Lake Michigan entlang, damit ich mich nicht verlief.

Ich wusste nicht genau, wie spät es war, aber ich nahm an, es könnte so etwa halb sieben Uhr morgens sein. Die Straßen waren noch verlassen und glänzten vom frisch gefallenen Regen. Da ich ja jetzt für immer hier war, verspürte ich keine Eile. Ich bummelte vor mich hin und gab bei allem, was mich interessierte, meiner Neugier nach. Je länger ich lief, desto mehr nahm das geschäftige Treiben in der Stadt zu, die Leute verließen ihre Häuser und strebten ihrer täglichen Arbeit in Chicago entgegen.

Ich brauchte zwei, drei Stunden für meinen Marsch, aber er führte mich ins Zentrum der schwulsten Gegend, die ich je gesehen hatte. Boystown *war* genau so, wie ich es mir erhofft hatte. Regenbogen an jeder Ecke: um die Masten der Straßenlaternen gewickelt, auf die Zebrastreifen gemalt, an den schönen Männern, die hier lebten und arbeiteten. Es war der Himmel.

Ich hab's geschafft! Was jetzt? Ich lief eine Zeitlang, die sich weit länger anfühlte, als sie tatsächlich war, die Halsted Street auf und ab. Ich lugte in die Schaufenster von Läden, die noch nicht für den heutigen Tag geöffnet hatten. All die neuen Eindrücke und Geräusche füllten meinen Morgen aus und hielten die Ängstlichkeit auf Abstand.

Erst am späten Vormittag, am dritten Tag meiner Flucht, begann ich ein wenig Panik zu verspüren. *Scheiße, echt jetzt! Wo soll ich denn eigentlich schlafen? In einer Notunterkunft? Wie soll das hier überhaupt funktionieren?* Während ich noch über mein Dilemma nachdachte, suchte ich eine öffentliche Toilette der Supermarktkette Whole Foods auf. Wie ein Schatten hinter der Wand lauerte das Unheil meiner Zukunft dort direkt hinter der Tür meiner Toilettenkabine. Als ich die Kabine verließ, sah ich ihn. Das Licht im Toilettenraum war hart, so weiß, dass es schon fast grün wirkte. Es beleuchtete einen großen, blassen weißen Mann mittleren Alters mit zerzausten braunen Haaren. Er war dabei, sich die Hände zu waschen, und betrachtete sich dabei im Spiegel. Er hatte schöne Gesichtszüge, die Wangenknochen und die Kieferpartie waren konturiert und kräftig. Seine stechenden, glasklaren blauen Augen waren von langen gebogenen Wimpern umrahmt, die seine Augen heller strahlen ließen, als sie es sollten, fast auf übernatürliche Weise. Er schien ziemlich gut in Form zu sein, seine Rückenmuskulatur zeichnete sich durch sein T-Shirt ab. Meine Augen wanderten von seinem breiten Rücken hinab zu seiner schmalen Taille. Er war schön.

Meine Augen wanderten wieder hinauf und blieben an seinem Gesicht im Spiegel hängen. Schauer überliefen mich, als sich unsere Augen trafen. Er sah, wie ich ihn ansah. Ich riss meine

Augen von ihm los und ging rasch zum nächstgelegenen Waschbecken, um meine Hände zu waschen, von wo ich ihn weiter aus dem Augenwinkel beobachtete. Ich tat so, als wüsche ich konzentriert meine Hände, während ich in Wirklichkeit mein verstohlenes Beobachten fortsetzte.

Als er mit dem Händewaschen fertig war, ging er an mir vorbei zum Händetrockner. Im Vorbeigehen streifte er mich so fest, dass ich fast das Gleichgewicht verlor. Ich war mir nicht sicher, ob das Absicht war.

»Sorry, Junge.« Seine Stimme überraschte mich. Sie war viel sanfter, als ich erwartet hätte. Er zwinkerte mir zu und lächelte frech. Wenn ich mir bis dahin unsicher gewesen war, war der Fall jetzt klar. Mein Herz machte einen Satz und landete im Magen. Es war vielleicht nicht Liebe auf den ersten Blick, aber auf jeden Fall war es Lust. Er nickte mit dem Kopf in Richtung Tür und zwinkerte erneut. *Forderte er mich jetzt echt auf, ihm zu folgen? Konnte es noch leichter gehen?* Aus irgendwelchen Gründen fühlte ich mich plötzlich unsicher. Obwohl das genau das war, was ich gesucht hatte, hinderte mich meine mangelnde praktische Erfahrung nun daran, selbstbewusst zurückzuflirten. Ich scharrte mit den Füßen, blickte zu Boden, versenkte die Hände in den Hosentaschen. Nach einem Moment des Zögerns blickte ich zu ihm auf. Er zuckte mit den Schultern und wandte sich zum Gehen. *Ich brauche einen Ort, wo ich bleiben kann …*

»Warten Sie!«, rief ich ihm nach. Ich trocknete rasch meine Hände ab und folgte ihm eilig aus der Toilette.

Und schon ging's los mit seinen gekonnten Sprüchen. »Sorry, ich muss wohl besser aufpassen, wo ich langgehe. Ich bin Mike.« Du ahnst es nicht! Er gab es tatsächlich zu. Er hatte mich tatsächlich absichtlich gestreift und meinen Hintern mit seinem Handrücken berührt.

»Schon gut«, brachte ich krächzend hervor; mein jugendliches Alter machte sich bemerkbar. Ich räusperte mich und fuhr fort: »Ich meine, machen Sie sich keine Gedanken deswegen. Hi, ich bin Todd.«

»Und wohin bist du so unterwegs, Todd?«, erkundigte er sich mit hoffnungsvollem Funkeln in den Augen.

»Ach, nirgendwohin Bestimmtes«, erwiderte ich. »Ich hänge nur so ab.«

»Abhängen? Es ist halb zehn Uhr morgens! Ist das nicht ein bisschen früh dafür?« Er grinste mich an. Mir war klar, dass er mit mir spielte, aber ich ließ es gern mit mir geschehen. Mike hatte eine leere Einkaufstasche von Whole Foods dabei, also konnte man wohl davon ausgehen, dass er einkaufen gehen wollte.

»Und du willst einkaufen gehen?«, fragte ich. »Brauchst du ein bisschen Unterstützung?« Essen und Unterkunft. Ich brauchte beides.

Mikes Einkaufsliste war kurz. Trotzdem konnten wir ein paar grundlegende Fakten übereinander austauschen, während er Gatorade-Flaschen, Joghurts, Müsliriegel und eine Reihe von Energy-Drinks in seinen Einkaufskorb packte. Er war 36 und arbeitslos. Seinen Worten zufolge war sein Freund reich und er brauchte deshalb nicht zu arbeiten. Außerdem erklärte er mir, ich sei echt süß, was meine zunehmende Begeisterung wachsen und mich noch mehr für ihn schwärmen ließ. Als ich ihm erzählte, dass ich 16 sei, schien ihn das nicht zu stören. Im Gegenteil, er lächelte mich an.

Wir verließen den Laden und bogen in eine Seitenstraße der Halsted Street im Zentrum von Boystown ein. Er schaute mich an, blickte mir tief in die Augen. Mir wurde unbehaglich zumute und ich verlangsamte meine Schritte.

Täter schleichen um den heißen Brei herum. Manchmal übernehmen die Opfer die Führungsrolle. Viele nutzen andere aus, um ihre eigenen verdrehten Bedürfnisse zu verfolgen. »Kann ich womöglich noch ein bisschen mit dir abhängen?«, fragte ich verlegen.

Er stellte seine Einkaufstasche ab und packte mich bei den Schultern. Bevor ich noch wusste, wie mir geschah, hatte er auch schon seine Lippen auf meine gepresst. Eine Woge der Erregung durchströmte mich. Wir küssten uns eine Weile und dann erklärte er: »Das würde mir sehr gefallen … und meinem Freund auch.« *Seinem Freund auch? Geil!*, dachte ich bei mir.

»Oh, du bist ja so ein guter Junge!«, fuhr er fort. Seine Aura war berauschend. Seine Worte waren betörend, seine Bewegungen fließend. *Der scheint mich echt zu mögen … Das könnte meine Chance sein. Ich brauche nur ein »guter Junge« für ihn zu sein, und dann sorgt er für mich.*

Mike sorgte dann tatsächlich für mich – wenn man es denn »für mich sorgen« nennen kann, dass er mich mit Meth versorgte, mir ein ganz klein bisschen zu essen gab, dafür aber jede Menge Sex unter Drogen. Das Ganze wurde meine erste Begegnung mit harten Drogen und meine erste (zu Beginn) einvernehmliche sexuelle Erfahrung, und ich genoss eine illusionäre Euphorie. Aber was in meiner Fantasie Spaß versprochen hatte, wurde rasch gefährlich, als weitere Männer ins Spiel kamen. Jetzt waren die Aktivitäten bald nicht mehr einvernehmlich. Meine zwar intensiven, aber doch unschuldigen Begierden wurden durch eine so große Zahl von Vergewaltigungen zunichte gemacht, dass ich sie nicht mehr an den Fingern beider Hände abzählen kann. Die Zeit löste sich in nichts auf. Das Paradoxe war, dass mein jungfräuliches Sehnen nach einem reichen älteren Mann, der für mich sorgt und mich versteht, mich direkt in die Fänge eines Raubtiers geführt hatte. Aus einem einzigen Pädophilen war ein ganzes Zimmer voll davon geworden, ein Luxusgefängnis voller Dämonen, die ihrer unersättlichen Lust frönten. Dieser charmante junge Mann hatte eine ganze Gruppe böser Kumpane herbeigerufen. Indem ich dem ersten Hochgefühl nachjagte, das ich nur wenige Tage zuvor mit Mike erlebt hatte, war ich nun verloren. Ich hatte zwar bekommen, was ich gesucht hatte, aber es war nicht das gewesen, was ich mir gewünscht hatte.

Als die Party sich dem Ende zuneigte, verlor Mike das Bewusstsein, und ich selbst stand auch kurz davor. Ich wusste, wenn ich überleben wollte, musste ich weg … und zwar schnell. Mit dem Rest an Stärke und Entschlossenheit, die mir verblieben, wurde ich erneut zum Ausreißer. Ich war voller blutiger Wunden und blauer Flecken, war erledigt und hatte einen dreitägigen Aufenthalt in der Hölle hinter mir. Mein früheres Ich war ausgelöscht. Ich suchte zusammen, was ich von meinen Sachen finden konnte, und ging, während Mike bewusstlos dalag.

Die Verwirklichung meiner Träume war in der Wirklichkeit alles andere als ein Traum gewesen. Ich lief die Halsted Street entlang und stand auf einmal wieder vor dem Whole Foods, in dem ich mit Mike gewesen war. Direkt darüber im Obergeschoss war das LGBT-Community-Center. Immer noch benommen, ging ich hoch und stellte mich vor. Nicht als Ausreißer natürlich, sondern als verstoßener Jugendlicher aus London. Ich griff auf meine Schauspielkünste zurück und nahm einen Akzent und eine Rolle an. Die Story sollte sein, dass meine Eltern mich verstoßen hätten, weil ich schwul war. Lügen!

Die Berater in dem Zentrum hörten sich meine Story an und stellten mir eine Reihe von Fragen, um herauszufinden, was sie mit mir machen sollten. Die Zeit dehnte sich, während ich allmählich von meinen Drogen herunterkam. Nach langer Suche hatte der Berater schließlich ein Bett für mich gefunden, in einer Notunterkunft für Kinder irgendwo in der South Side von Chicago. Vor der Aufnahme würde mich aber erst ein Arzt untersuchen müssen, um meinen Fall zu beurteilen. Das Nächste, woran ich mich erinnere, ist, dass ich infolge des Entzugs und meiner Erschöpfung auf dem Untersuchungstisch praktisch das Bewusstsein verlor. Es war schon nach Mitternacht, bis ich endlich in der Unterkunft ankam, wo ich tiefen, dringend benötigten Schlaf fand.

Durch meine Behauptung, ich sei ein zurückgelassener Jugendlicher aus London, hatte ich mir selbst einige Fallstricke ausgelegt, aber ich musste versuchen, meine Lügen so lange wie möglich aufrechtzuhalten. Denn ich befürchtete, wenn meine wahre Identität herauskäme, würde ich nicht mehr lange in dieser Unterkunft bleiben, sondern womöglich zurück nach Hause geschickt werden.

In der ersten Woche in dieser Unterkunft gab es auch ein paar Aktivitäten. An einem Tag gab es für die Handvoll Kinder und Betreuer im Hof eine Art Mini-Jahrmarkt, mit einer kleinen Hüpfburg, einem Flipper und – für mich das Beste – Trinkschokolade. Trinkschokolade wurde in dieser Zeit für mich zum Trost; das war etwas Vertrautes, Einfaches und Unschuldiges, an dem ich mich hochzog. Trinkschokolade war unkompliziert und ließ sich genießen. Später in der Woche ging es in einen größeren Vergnügungspark mit Maislabyrinth, größerer Hüpfburg und vielen Spielmöglichkeiten und Aktivitäten.

Als sich die Woche in der Unterkunft dem Ende entgegenneigte, spürte ich, dass etwas im Schwange war. Einer der Mitarbeiter kam in mein Zimmer und verkündete mir: »Du wirst noch duschen müssen, bevor wir morgen zum Gericht fahren.«

»Gericht?«, fragte ich nach.

»Ja, da ist ein nettes schwules Paar, das vermutlich von deinem Fall gehört hat und dich kennenlernen möchte. Adoption womöglich? … Ich bin nicht sicher … Sei auf jeden Fall morgen früh um acht startklar.«

Mein Herz begann zu rasen, ich malte mir aus, was alles möglich sein könnte. *Na, das klingt doch jedenfalls aufregend. Vielleicht muss ich ja doch nicht zurück nach Hause.*

Am nächsten Morgen war ich um sieben Uhr wach und ging duschen, dann wartete ich, während ein Mitarbeiter einen Schrank durchforstete, in dem sie Sachen aufbewahrten, die für einen Auftritt vor Gericht taugten. Nachdem etwas gefunden war, das mir passte, gingen wir hinunter und stiegen in ein Auto, das uns zum Gericht im Stadtzentrum brachte. Als wir dort ankamen, staunte ich, wie hoch dieses Gebäude war. Ich erinnere mich noch, wie ich aus dem Auto stieg und mehrere Sekunden lang nur die imponierende Höhe dieses Gebäudes bestaunte. Dann setzte die Nervosität ein. Wir betraten das Gebäude und durchquerten eine weite moderne Lobby. Ich hörte den Widerhall von Gemurmel und rhythmischen Schritten auf dem spiegelnden Fußboden, überall schwirrten Gesprächsfetzen herum. Wir begaben uns zu den Fahrstühlen und fuhren hinauf in die Schwindel erregende Höhe der 12. Etage, wo über mein Schicksal entschieden werden sollte.

Es dauerte eine Weile, bis ein Mitarbeiter der Kinderschutzbehörde uns einließ. Schließlich kam eine hübsche junge blonde Frau durch die hölzerne Doppeltür neben dem Empfangstresen und näherte sich mir freundlich.

»Hi. Todd, stimmt's?«, fragte sie.

»Ja«, antwortete ich schüchtern, wobei ich versuchte, den britischen Akzent beizubehalten, den ich damals in *Oliver!* eingeübt hatte.

Sie nannte dann ihren Namen, aber ich kann mich ehrlich gesagt nicht mehr daran erinnern. Ich werde sie hier einfach Katie nennen.

»Ich bin Katie, ich vertrete Sie in diesem Fall«, sagte sie mit herzlichem und freundlichem Lächeln. »Ich höre, Sie sind aus London?«, fragte sie mit einer Mischung aus Neugier und Interesse. »Ich war noch nie in London!«

»Ist okay da«, log ich mit gespielter Nonchalance und hoffte, sie würde das Thema wechseln. Ich war schließlich auch noch nie dort gewesen.

»Also«, begann sie, »Sie haben in den letzten paar Wochen offenbar eine ziemlich raue Zeit durchgemacht, wie ich es verstanden habe. Können Sie mir darüber berichten, was Ihnen passiert ist und warum Sie hier sind?«

»Ähmm, klar. Da gibt's eigentlich nicht viel zu erzählen. Meine Eltern haben mich verstoßen, weil ich mich als schwul geoutet habe.« Die nächste Lüge. Ich war gut im Lügen. Und noch besser war ich im Schauspielern.

»Das ist ja ganz furchtbar, Todd! Tut mir total leid, das zu hören.« Katies Gesichtsausdruck war aufrichtig traurig. »Wir werden die Hilfe für Sie finden, die Sie brauchen. Können Sie mir sagen, wie ich Ihre Eltern erreichen kann?«

»Nein!«, erwiderte ich scharf. »Ich will nicht zu denen zurück! Die hassen mich!«

»Ich verstehe. Ist okay. Wir werden die Situation für Sie lösen.« Sie wechselte das Thema. »Können Sie mir in der Zwischenzeit ein bisschen über London erzählen? Woher sind Sie denn da genau?«

Ich sog mir eine Antwort aus den Fingern. »Woolworth Street, in der Nähe vom Union Square.« Zum Teil stimmte das sogar. Ich hatte tatsächlich in der Woolworth Street gewohnt, allerdings in Montana, nicht in London.

»Gibt's da hohe Wolkenkratzer?«, fragte sie.

»Nein, eigentlich nicht. Ich meine … schon, aber nicht so wie hier bei Ihnen in Chicago«, antwortete ich, wiederum ohne die leiseste Ahnung zu haben.

»Was gefällt Ihnen denn in London am besten?« Jetzt begann ich nervös zu werden, da mir klar wurde, dass sie mich hier verhörte.

Nun kam ihre abschließende Frage: »Was halten Sie denn vom Eye?«, fragte sie mit noch größerer Neugier.

»Das Eye …«, wiederholte ich. Meine Gesichtszüge müssen meine Ratlosigkeit preisgegeben haben. Ich versuchte, meinen verräterischen Gesichtsausdruck zu verbergen und meine Sicherheit zurückzugewinnen: »Ach so ja, find ich ganz okay.«

»Ist das groß?«, bohrte sie nach.

»Nicht so sehr.«

»Waren Sie denn schon mal drin?«

»Ähmmm … Ich war schon mal in der Gegend.«

Sie machte eine winzige Pause, bevor sie weiterredete. Ich war ihr in die Falle gegangen. »Ich war nur neugierig. Ich wollte da immer schon mal hin. Danke, dass Sie mir meine Fragen beantwortet haben! Warten Sie bitte hier, ich bin gleich zurück.« Damit nahm sie ihr Klemmbrett, stand auf und ging wieder durch die hölzerne Doppeltür.

Schwitzend saß ich da. *Hab ich's geschafft? Hab ich sie hinters Licht geführt? Glaubt sie mir?* Nach etwa zehn Minuten gingen die Türen wieder auf. Diesmal kehrte sie mit einem weiteren Anwalt zurück. Ab diesem Moment schlug mir das Herz bis zum Hals. Es war offenkundig. *Sie wissen Bescheid.*

Ich weiß nicht mehr, wie das Gespräch von da an genau verlief, aber jedenfalls warfen sie mir vor, gelogen zu haben. Katie erklärte mir, dass das London Eye zu den bekanntesten Wahrzeichen und Touristenattraktionen Londons gehörte. Sie zeigte mir die Mängel meiner Geschichte ganz schlicht und einfach auf: »Wenn Sie wirklich aus London wären, würden Sie das kennen. Ihre Antworten haben mir aber gezeigt, dass Sie keine Ahnung haben. Wie lautet Ihre Story also wirklich?«

Ich gab mich geschlagen. Ich erzählte ihnen, dass meine Eltern mich nicht verstoßen hatten. Allerdings erzählte ich ihnen auch nicht die ganze Wahrheit. Ich war immer noch auf der Flucht und wollte nicht zurück nach Hause.

»Ich bin nicht verstoßen worden und mein Name ist auch nicht Todd Klein. Mein Name ist Bruce Brackett. Ich bin 16 Jahre alt und ich bin auf der Flucht vor einem Mann namens Bob Von Baron. Er ist ein Furcht erregender Mann und hat mich in einen Prostitutions-Ring gezwungen.« Ich schmückte meine Story noch weiter aus, in der Hoffnung, meinem Betrug so mehr Glaubwürdigkeit zu verleihen. »Ich hatte Angst, etwas zu sagen, weil ich nicht will, dass er mich findet. Deswegen habe ich Ihnen einen falschen Namen angegeben.« Ich schwafelte weiter, um zu versuchen, sie durch vorgetäuschte Emotionen dazu zu bringen, mir meine Geschichte abzukaufen.

Ihr Gesichtsausdruck machte mir klar, dass sie mir nicht glaubten. »Oh, das ist ja furchtbar! Aber der wird Sie nicht finden. Dafür sorgen wir. Aber wir müssen wissen, woher Sie wirklich kommen und wer Ihre Eltern sind. Ich bin mir sicher, die sind schon ganz krank vor Sorge um Sie.«

»Ich bin aus Butte in Montana, und meine Eltern heißen Glenn und Christine.«

Es war klar, dass es keinen Zweck hatte zu versuchen, weitere Informationen zurückzuhalten. Ich gab ihnen die Kontaktdaten und sie verschwanden umgehend durch die hölzerne Doppeltür. Der Mitarbeiter der Kinderschutzbehörde blieb bei mir und passte auf, dass ich nicht abhaute. Kurz darauf kamen die beiden wieder und gaben dem Mitarbeiter einige Anweisungen. Ich war nicht in Hörweite und konnte darum nicht verstehen, was sie genau sagten und was jetzt der Plan war. Ich sah nur, dass Katie alle paar Sekunden zu mir herüberblickte und auch gelegentlich in meine Richtung gestikulierte.

Mein Gerichtstermin wurde gestrichen, wir verließen das Gebäude und gingen zurück zum Auto. Der Mitarbeiter der Kinderschutzbehörde erläuterte mir, wie es weitergehen würde. »Eine

Mitarbeiterin des Ministeriums für Kinder- und Familienangelegenheiten holt Sie morgen ab. Die buchen für Sie heute einen Flug nach Hause. Die Mitarbeiterin wird Sie nach Hause begleiten.« Ich war wie betäubt. Ich wollte noch nicht nach Hause. Ich hatte noch nicht genug.

Die Nacht kam mir endlos vor. Ich wälzte mich hin und her und schlief fast überhaupt nicht. Als meine Augen endlich zufielen, brach auch schon der nächste Morgen an. Wieder packte ich meine paar Habseligkeiten zusammen, dann stieg ich mit der Mitarbeiterin des Ministeriums für Kinder- und Familienangelegenheiten ins Auto, das uns zum Chicago O'Hare International Airport brachte.

»Und Sie fliegen wirklich mit mir mit?«, frage ich.

»Oh ja. Ich passe auf, dass Sie auch wirklich nach Hause kommen«, antwortete die Frau.

Der erste Flug ging bis nach Salt Lake City, wo wir umsteigen mussten. Als es mit dem Boarding für den Anschlussflug losging, gingen wir zu dem Abfertigungsmitarbeiter, der die Tickets annahm, am Eingang zu einem außerhalb des Gebäudes gelegenen Gang, der zu mehreren Gates führte. Die Mitarbeiterin des Ministeriums scannte mein Ticket und beobachtete, wie ich zur Gangway ging. Ich bog um die Ecke und hielt an, als ich außer Sicht war. *Das ist meine Chance.*

15 Minuten lief ich auf und ab und überlegte, was ich tun sollte. Sollte ich an Bord gehen und das Risiko eingehen, in Butte verhaftet zu werden, wenn ich aus dem Flugzeug stieg? Oder sollte ich mein wildes Ausreiß-Abenteuer fortsetzen? Mein damaliger mentaler Zustand machte meine unglückselige Entscheidung vorhersehbar. Meine Entscheidung war also klar, ihr Erfolg aber offen.

Ich lugte um die Ecke, um zu schauen, ob die Mitarbeiterin noch wartete. Ich sah sie nicht. Ich hockte mich hin, zog mein Shirt aus, durchsuchte meine Reisetasche und zog einen Kapuzenpullover heraus – eine schnelle Verkleidung. Ich ging so schnell ich konnte durchs zentrale Gate zum Hauptausgang und von da in Richtung Innenstadt von Salt Lake City.

Ich war wieder auf mich allein gestellt. Niemand, der mir sagte, was ich tun oder wohin ich gehen sollte. Verwirrter denn je, war ich mir selbst überlassen. Nach dem Strudel der Ereignisse in den letzten Wochen war ich wild auf Chaos, gierig nach Sex und heiß auf Drogen.

Atmen. Wenn ich clever genug war, mich in eine Situation hineinzumanövrieren, dann bin ich auch clever genug, da wieder herauszufinden.

Atmen. Ich schade mir nur selbst, wenn ich mich auf Personen einlasse, die nicht wirklich mein Bestes im Sinn haben. Ich lasse sie ziehen und gehe meinen Weg ohne sie weiter.

Atmen. Ganz gleich, wie betrunken oder high ich auch bin, es führt nie dazu, dass ich mich besser fühle – nie!

Atmen. Und ich gehe meinen Weg weiter.

13 Salt Lake City

Atmen. Wenn du andere Menschen ausnutzt, verletzt du nicht nur diese Menschen, sondern du schwächst auch dein eigenes Potenzial.

Atmen. Lügen führen immer nur dazu, dass du ertappt wirst. Du kannst das Blaue vom Himmel herunterlügen, aber eines Tages kommt die Wahrheit doch ans Licht, und dann musst du erkennen, dass Lügen sich nicht lohnt.

Atmen. Du kannst rennen, so weit du willst – vor dir selbst kannst du dich nicht verstecken.

In der Innenstadt von Salt Lake City begann es ruhig zu werden, da sich der Arbeitstag dem Ende zuneigte. Ich lief stundenlang umher, kam auch an dem berühmten Mormonentempel vorbei, lief die Straßen auf und ab, auf der Suche nach meinem Lebensziel. Eine so weit reichende Entscheidung wurde an diesem Abend zwar nicht getroffen, wohl aber eine einfachere: Ich würde mein britisches Image aufgeben, meinen falschen Namen aber behalten: Todd Klein. Ich wusste, ich würde das Schwulenviertel oder einen schwulen Club finden müssen, wenn ich mit jemandem nach Hause gehen wollte, der mein Bedürfnis nach Unterkunft, mein schwelendes Verlangen nach Sex und meinen neuen Hunger auf Drogen befriedigen konnte.

Ich ging zur Bibliothek, um mithilfe der dortigen Computer zu finden, was ich brauchte, aber als ich ankam, war sie schon geschlossen. Vor der Bibliothek erstreckte sich eine riesige Rasenfläche mit einem Brunnen und vielen Parkbänken. Ich lief einen Hügel hinauf und setzte mich da oben hin. In einem inzwischen wohlvertrauten Ritual öffnete ich meine Tasche und ging meine gesamten Habseligkeiten durch. *Was ich brauche, finde ich morgen, wenn die Bibliothek wieder öffnet. Heute muss ich nur noch irgendwie durch die Nacht kommen.*

Ich saß da. Die Dunkelheit brach herein und die Laternen im Park gingen an. Die Energie, die von der Bibliothek ausging, mit ihrer friedlichen und sicheren Atmosphäre des Lernens, machte einem Gefühl der Einsamkeit und Bedrohung durch nächtliche Gestalten und Obdachlose Platz. Im Laufe der nächsten Stunden kamen etliche Personen, die sich im Brunnen wuschen. *Ach, so machen die das! Genial – viel besser als Wasser aus der Toilette.*

Ich nahm an, es wäre so gegen Mitternacht, als ich sah, wie ganz in der Nähe eine Gruppe von Leuten den kleinen Hügel hinaufkam. Sie waren alle in den 20ern, weiß, und gekleidet wie Hippies. Aus ihrem Aussehen schloss ich, dass es in ihrem Leben vermutlich etwas härter zuging, aber Angst hatte ich nicht vor ihnen. Die Gruppe versammelte sich um eine nahe gelegene Bank. Nachdem sie mich ein paar Minuten lang beobachtet hatte, machte sich eine junge Frau, die gar nicht erst versuchte zu verbergen, dass sie mich musterte, auf den Weg zu mir.

»Hey, geht's dir gut?«, fragte sie, als sie näherkam.

»Ja, alles okay«, antwortete ich. Ich war unbesorgt. Sie wirkte in keiner Weise bedrohlich, daher redete ich weiter. »Ich bleib hier nur, bis die Bibliothek morgen wieder aufmacht. Weißt du, wie spät es ist?«

»22 Uhr. Bist du sicher, dass es dir gutgeht? Du siehst traurig aus«, bemerkte sie.

»Also, um die Wahrheit zu sagen, das bin ich auch … Und ich habe Angst.« Nachdem ich völlig ungeplant mit meiner eigenen Wahrheit herausgerückt war, waren die Schleusentore geöffnet und ich begann zu weinen, und ich erzählte der Gruppe die gesamte *Lüge*. Dass ich vor einem Typ namens Bob Von Baron weggerannt wäre, der Chef eines Prostitutionsrings sei, und dass ich Schutz suchte und mich verstecken müsste. Außerdem fügte ich auch noch den

Teil der Story hinzu, dass meine Eltern mich verstoßen hätten, weil ich schwul war, und ich nicht mehr zurück nach Hause könnte.

»Du kannst zu uns kommen«, waren sich da alle einig und stellten sich vor. Das Mädchen hieß Star. Die beiden Jungs nannten sich Ace und Corpse. Ace hatte dunkelbraune Haare. Er war lang und dünn und sah Nicholas Cage nicht unähnlich. Corpse war ein schlaksiger, magerer blonder Typ mit eingefallenen Wangen, kaputten Zähnen und einem Panzer aus Tattoos, der Arme und Hals bedeckte. Und es war auch noch eine weitere Frau namens Alicia dabei, deren lange, wellige braune Haare die Kurven ihres leicht fülligen Körpers konturierten. »Komm, Junge, lass uns nach Hause gehen!«, drängte Star.

Wir gingen zusammen den Hügel hinunter und durch den Park. Nach 30 Minuten Fußmarsch erreichten wir ein sehr durchschnittlich aussehendes Wohnhaus. Obwohl es aus Betonsteinen gebaut war, konnte ich aus dem Inneren hören, wie eine Frau jemanden am Telefon anschrie: Sollte die Person am anderen Ende der Leitung etwa auf der Suche nach einem neuen Arschloch sein, sie hätten wohl eins. Wer immer das war, sie gab's ihm heftig.

»Das ist Mamma«, informierte mich Star. »Sie kümmert sich um uns alle. Wart mal hier draußen. Ich geh sie holen. Wir müssen sie um Erlaubnis fragen, ob du zu uns kommen darfst.«

Ace und Corpse warteten mit mir draußen.

»Du bist schwul, ja?«, fragte Corpse. Ich nickte. »Geil. Ich bin bi. Wir kümmern uns nicht um so einen Scheiß hier in der Gruppe. Bei uns bist du sicher«, ergänzte er noch, und das glaubte ich ihm auch.

Wenige Augenblicke später ging die Fliegengittertür auf und Mamma kam heraus. Sie war eine kleine Frau Ende 20 oder Anfang 30 mit einem unordentlichen hellrosa Dutt auf dem Kopf. Dicke Brillengläser vergrößerten ihre Augen, und ein Tank Top hing ihr nachlässig von den Schultern.

»Du bist Todd?« Sie deutete mit ihrer brennenden Zigarette auf mich.

»Ja«, antwortete ich, unsicher, was ich von diesem kleinen Energiebündel halten sollte.

Sie kam die Stufen herunter direkt auf mich zugestürmt und umarmte mich so heftig und so lange, dass ich dachte, die Umarmung würde nie enden. »Alles okay, Süßer! Du bist jetzt in Sicherheit! Star hat mir alles erzählt. Dieser Scheißkerl wird dich niemals finden und dir auch nie wieder was antun!« Ihre Worte strotzten nur so vor Leidenschaft. »Ich bin Mamma, und ich werde mich um dich kümmern.«

Sie nahm mich mit hinein und zeigte mir das Wohnzimmer. Darin befanden sich ein Futon, ein Fernseher und sonst so gut wie nichts. Sie hatten also nicht viel, aber es war genug für eine wechselnde Runde von sechs bis acht Nomaden. An diesem Abend saßen wir nur beisammen, um uns kennenzulernen. Ich erzählte ihnen meine sich rasch weiterentwickelnde Coverstory, die ich mit neuen Lügen immer weiter ausbaute und vertiefte.

Sie ihrerseits teilten mir auch mehr von sich mit. »Wir sind nicht wirklich eine Gang, sondern eher so etwas wie die Familienmitglieder einer Gruppe, die sich Juggalos nennt. Wir lieben die Band Insane Clown Posse.« Um mir zu beweisen, wie ergeben sie diesem Horrorcore-Rap-Duo ICP waren, zeigten sie mir ihre übereinstimmenden Tattoos mit dem Motiv eines Mannes mit Axt. »Willkommen bei den Juggalos!« Sie waren sich alle einig, dass ich so lange bei ihnen bleiben dürfte, wie ich wollte.

»Rauchst du Gras?«, fragte Ace.

»Auf jeden Fall!«, rief ich, erpicht darauf, meine Zugehörigkeit zu meiner neuen Clique unter Beweis zu stellen. Ich hatte bisher immer nur Joints und Tabakpfeifen verwendet, aber noch nie eine Glaspfeife, wie sie Ace jetzt hervorholte.

Nachdem ich versucht hatte, einen Zug zu nehmen, nahm Ace mir die Pfeife wieder aus der Hand und grinste. »Nein, nein, so geht das nicht. Hier, ich zeig's dir.« Er fuhr fort: »Du hältst mit dem Daumen das kleine Loch hier an der Seite zu. Wenn du dann ziehst, füllt sich die Kammer mit Rauch. Dann nimmst du den Daumen weg und inhalierst. Guck!« Er zeigte mir das Ganze Schritt für Schritt, dann gab er mir die Pfeife zurück. »Sieh zu, dass du nach dem Inhalieren erst ein paar Sekunden wartest, bevor du den Rauch wieder ausatmest.«

»Warum?«, fragte ich.

»Damit du high wirst und damit du nicht so viel von meinem Scheiß-Gras verschwendest!«, lachte er.

Ich wiederholte die Schritte und machte alles sorgfältig genau so, wie er es mir gezeigt hatte. Als ich etwas von dem Rauch verschluckte, blieb mir die Luft weg. Mit jedem verlegenen Huster entwichen mir kleine Rauchwölkchen. Das war hier aber auch etwas *ganz* anderes als beim Meth-Rauchen. Mir brannten Hals und Lunge. Während die Pfeife weitergereicht wurde, trank ich etwas Wasser. Als sie das nächste Mal wieder zu mir kam, nahm ich nur einen Baby-Zug. Aber mit jedem Mal fiel mir das Inhalieren leichter. Nach und nach waren wir alle angesäuselt, und den Rest des Abends saßen wir dann auf dem Futon und auf dem Boden, schauten uns im Fernsehen Cartoon-Filme für Erwachsene an und lachten uns ohne Grund schlapp. Ich fühlte mich *großartig!*

Für die nächsten Tage blieb das unsere tägliche Routine. Wir saßen herum und rauchten, aßen Ramen-Nudelsuppe und guckten dämliche Fernsehsendungen. Star schleppte im Lauf dieser Tage verschiedene Männer an. So auch Corpse und Ace. Auch ein paar Frauen brachten sie mit. Diese Wohnung war ein Karussell für Sex, Drogen und hemmungslose Selbstvergessenheit, so wie ich es mir schon lange erträumt hatte.

Aber es konnte natürlich nicht angehen, dass wir einfach nur so vor uns hin lebten. Mamma brauchte mehr Drama. Da kam ich ihr als neues Projekt gerade recht, und Mamma schritt zur Tat. Sie zeigte sich besorgt, dass dieser Bob Von Baron, den ich mir ausgedacht hatte, mich finden könnte. Und hatte den Plan ersonnen, mein Pseudonym aufs Neue zu ändern. »Ich denke, wir brauchen hier eine drastische Lösung. Was hieltest du davon, wenn wir deine Haare und deinen Namen verändern und dich stylen wie ein Mädchen?«

»Was!?«, rief ich, gleich Feuer und Flamme. »Genial wäre das! Damit rechnet der nie! Das machen wir!«

»Ja super! Das Haarfärbemittel hab ich nämlich schon gekauft!«

An diesem Abend begann meine Verwandlung. Zuerst verbrachten wir 40 Minuten im Bad, um meine Haare schön burgunderrot zu färben. Dann rauchten wir erst mal jede Menge Gras. Anschließend gingen wir ins Wohnzimmer, und Mamma sagte mir, ich solle mich auf den Boden legen. »Wir haben keine Nadel, daher machen wir das jetzt mit einem Paar von meinen Ohrsteckern.«

»Tut das denn nicht viel mehr weh?«, fragte ich besorgt.

»Schon, aber wir betäuben deine Ohren mit Eis«, erwiderte sie. »Jetzt leg dich hin!«

Ich tat, wie mir geheißen, und wartete auf puren Schmerz. Sie hielten Eiswürfel an meine Ohrläppchen, aber nicht lange genug. Ace gab sich die Ehre. Er war ohne zu zögern scharf darauf, die Rolle des Piercers zu übernehmen, ich meinerseits freute mich kein bisschen. Er presste sein Knie auf meinen Brustkorb, um mich unten zu halten, dann drückte er einen der Ohrringe fest durch mein Ohr. *Popp, popp!* Der erste war drin. Mein Ohr brannte wie Feuer. Dann kam der nächste dran. *Popp, popp!* Nun waren beide drin. Meine Ohren taten mir eine ganze Woche lang weh.

Nachdem die Grundlagen meiner physischen Verwandlung nun gelegt waren, kam meine Taufe an die Reihe. »So, jetzt müssen wir uns noch einen Namen für dich überlegen. Hmmm …«

»Ich find Robbin gut«, schlug Star vor.

»Wie wär's mit Alyssa?«, steuerte Alicia bei.

»Ich fände Angel schön«, sagte ich.

»*Angel!*«, rief Mamma. »Das ist es! Perfekt! Von heute an heißt du Angel!«

Die nächste Woche gingen wir zu Drum Circles in den Park an der Bibliothek, rauchten uns in die Wolken und genossen den Bohemian Lifestyle. Bald liebte ich diese wiederkehrenden und vorhersagbaren Freuden.

Im Lauf der folgenden Tage stellte mir Mamma weitere ihrer Juggalo-Familienmitglieder vor, die in verschiedenen Stadtteilen von Salt Lake City lebten. Einer von ihnen hieß Brandon. Der war richtig schön: groß, muskulös und mit dem geilsten Knackarsch, den ich je bei einem Weißen gesehen hatte. Ich war sofort heiß auf ihn. Ich hoffte, dass ich ihn öfter sehen würde.

Zu unserer Routine gehörten auch bestimmte Aufgaben. Wir gingen zu Lebensmittel-Tafeln, um unsere Vorräte an Speisen und Getränken aufzustocken. Von Zeit zu Zeit suchten wir eine Unterkunft für Obdachlose auf, wo es Duschen und einen Fernsehraum gab. Die anderen zeigten mir auch, wie man *arbeiten* ging, wie sie es nannten, oder betteln, wie es andere nennen. Wir standen an der Straße, hielten Schilder, auf die wir mit Permanentmarker unsere Appelle geschrieben hatten, und hofften, die Leute würden Mitleid bekommen und ein bisschen Kleingeld für uns springen lassen. Ace erkannte, dass ich in dieser Beziehung ein Trumpf für sie sein könnte. »Mit dir kriegen wir mit Sicherheit viel mehr, weil du so jung bist und den Leuten leidtust«, ermunterte er mich. Und er hatte recht.

Einen Tag bat ich Star, mit mir in die Bibliothek zu fahren, weil ich deren Computer nutzen wollte. Sie war einverstanden und wir nahmen den nächsten Bus in Richtung Innenstadt. Als wir da waren, saß ich ein paar Computer entfernt von Star, die sich um Jobs bewarb, und schaute nach meinen E-Mails, in der Hoffnung, meine Eltern könnten auf meine Nachrichten geantwortet haben. Aber nichts. Kein Wort.

Voller Wut über diese Nichtbeachtung hämmerten meine Finger eine E-Mail an meine Eltern in die Tastatur. *»He, sucht ihr überhaupt nicht nach mir? Bin ich euch so egal? Warum antwortet ihr nicht?«* Dabei übersah ich geflissentlich – oder ignorierte ich bewusst –, was ich in meiner letzten Mail geschrieben hatte: dass sie bloß nicht nach mir suchen und sich auch gar nicht erst bemühen sollten, Kontakt mit mir aufzunehmen. Ich war ein einziges mentales und emotionales Wrack. Ich versuchte, cool zu bleiben, und teilte Star mit, dass ich fertig sei. *Wie konnte es denn sein, dass meine Eltern auf meine letzte* [hasserfüllte] *E-Mail überhaupt nicht geantwortet hatten?!*

Am selben Abend stand ich, nun wieder in Mammas Wohnung, am Herd und rührte in einem Topf Ramen-Nudelsuppe. Der Strudel meiner Gefühle war ein Spiegelbild der umherwirbelnden Nudeln im Topf. In Kürze sollte auch noch meine äußere Situation in den Wirbel hineingezogen werden.

»Angel, komm mal bitte ins Wohnzimmer. Ich muss mit dir reden.« Mammas Stimme klang, als gebe es etwas Heikles.

»Einen Moment! Ich mach gerade meine Ramen-Suppe«, rief ich zurück.

»Nein, jetzt! Star, machst du bitte ihre Ramen-Suppe fertig!«

Mamma war hier der Chef, und ich fühlte mich verpflichtet, ihren Anweisungen zu folgen. Aber es braute sich ein Sturm zusammen. Denn hier wurde meine rebellische Seite tangiert. Elterliche Autorität war mein Feind, ganz gleich woher sie kam. *Ich bin weggelaufen, weil ich frei sein wollte, und NICHT, um mir sagen zu lassen, was ich tun soll!* Einstweilen konnte ich mich damit abfinden, aber ich spürte, dass es nicht mehr weit bis zum Streit war.

»Komm her, Angel. Setz dich, und krieg jetzt bitte nicht die Panik«, fing sie an. »Wir haben ein paar Sachen über dich und diesen Typen Bob Von Baron herausgefunden. Wie ich es verstanden habe, hat er sich von dir ja Gott nennen lassen.« *Was? Moment mal … Was?* Ich war so schnell in dieser Pseudo-Familie aufgegangen, dass ich die Lüge schon fast vergessen hatte, die mir den Zugang zu ihr verschafft hatte. Aber jetzt war es plötzlich so, als wollte sie diese Lügengeschichte mit mir zusammen weiterspinnen. *WILL sie jetzt einfach lügen? Bei der ganzen Lügerei mitmachen? Ich bin etwas verwirrt.* Ich hatte keine Ahnung, wo sie jetzt hinsteuerte, aber wenn sie die Lüge einfach weiter ausbauen wollte, dann würde ich halt mitmachen. Irgendwie war das ja sogar ganz spannend. *Wo sollte das wohl jetzt hinführen?* Da ich keine Ahnung hatte, nickte ich einfach; ja, dieser erfundene Chef eines Prostitutionsrings hatte sich von mir Gott nennen lassen.

»Tja, der Kerl hat ein Kopfgeld von 250 000 Dollar auf dich ausgesetzt.« *Moment mal, will sie mich jetzt in die Falle locken? Spielt sie hier mit mir? Den Kerl gibt's doch gar nicht.* Plötzlich kam mir ein anderer Gedanke: Die Figur war zwar nicht real, der Name allerdings schon. Als ich meinen Gegner damals ins Leben gerufen hatte, hatte ich auf den Namen eines Typen zurückgegriffen, mit dem ich vor Jahren einmal online gechattet hatte. *Konnte es jetzt hier etwa um diesen Typen gehen?* Hatte Mamma irgendwie den echten Bob Von Baron aufgetan? *Nein, Bob Von Baron war doch in Wirklichkeit auch kein richtiger Name … Der hat doch online mit Sicherheit einen falschen Namen benutzt … Oder? Ach, das war doch alles völlig verrückt!*

Aber egal, was hier auch vor sich ging, jetzt spielte ich erst mal mit. »Was!?« Ich tat so, als geriete ich in Panik, und begann schwer zu atmen.

»Keine Panik. Alles wird gut. Erinnerst du dich an Brandon aus dem Park neulich?«

»Na klar. Der Kerl mit dem tollen Hintern.«

Mamma lachte und nickte. »Der kommt jetzt zu uns und hilft mit, dich zu beschützen. Er wird die ganze Zeit bei dir sein. Nur eine Warnung: Er ist schwul und wird mit dir flirten. Lass nicht zu, ich wiederhole: Lass *nicht* zu, dass er dich anfasst. Das verbiete ich!« Ich hatte keine Ahnung, was das jetzt für ein Spiel werden sollte, aber ich war dabei. Ich weiß, ich fühlte mich, als hätte ich im Lotto gewonnen.

An dem Abend rückte Brandon mit einem großen Koffer und einer großen Tüte Gras bei Mamma an. Wir hingen alle zusammen ab und kifften uns an den Rand der Besinnungslosigkeit. Ich weiß noch, wie Brandon sich zum Schlafen neben mich auf den Futon am Boden legte und dachte: *Nicht zulassen, dass er mich anfasst? Ha! Nicht über ihn sollte sie sich da mal Sorgen machen!*

Im Verlauf der nächsten zwei Tage kamen Brandon und ich uns ziemlich nahe. Wir gingen im Park spazieren und spielten zusammen Computerspiele. Bei einem unserer Spaziergänge legte er mir dann beiläufig den Arm um die Schultern. Als er nun auch noch anfing, mir über den Oberarm zu streicheln, war ich sofort erregt. Das entging ihm nicht. »Oh«, sagte er lächelnd, »da ist ja jemand ganz aufgeregt«. Spielerisch drehte er mich vor sich hin, zog mich an sich und umarmte mich.

»Tut mir leid«, erwiderte ich sofort und wurde dabei so burgunderrot wie meine Haare.

»Das macht doch nichts, ist doch völlig normal. Lass uns ehrlich sein: Ich hab durchaus bemerkt, wie du mich angeschaut hast die letzten Tage. Ich fand das süß.« Ich wurde noch verlegener. »Und, würdest du da gern was machen?«

Von Verlegenheit und Aufregung gepackt, platzte ich mit der Wahrheit heraus: »Ja.«

»Na, dann machen wir da doch was!«

Wir gingen in eine nahe gelegene öffentliche Toilette. Diese in Erfüllung gegangene Fantasievorstellung sollte für mich zum Einstieg in einen weiteren Albtraum werden. Auch wenn ich schon ein bisschen von dem hatte, was man so Erfahrung nennt, war ich im Grunde noch grün hinter den Ohren. Brandon holte eine Pfeife hervor, deren Form mir von meinen Eskapaden mit Mike in Chicago schon wohlvertraut war.

»Schon mal Crystal probiert?«, fragte Brandon verführerisch grinsend.

»Ich liebe das Zeug«, antwortete ich und wusste genau, wohin das führen würde: zu atemberaubendem Sex und zu einer Fahrkarte in die bevorstehende Katastrophe.

Als wir in Mammas Haus kamen, waren dort alle Lichter aus und alles war ruhig. Brandon rief, ob jemand zu Hause wäre. Keine Antwort. »Willst du noch mal?« Ohne zu zögern sprang ich in seine Arme, schlang meine Beine um ihn und küsste ihn leidenschaftlich. Wir ließen uns auf den Futon niedersinken und machten dort weiter, wild und heftig.

Völlig unerwartet schrie da auf einmal Mamma aus der Küche: »Was zum Teufel denkt ihr euch eigentlich?!« Brandon stieß mich so schnell vom Futon auf den Boden, dass mir Hören und Sehen verging. Als wären wir plötzlich im Garten Eden gelandet, suchten wir hektisch nach Sachen, mit denen wir uns bedecken konnten, während Mamma kam, um uns zu vertreiben. *»Zieh dich an und sieh zu, dass du so schnell wie möglich hier rauskommst, Brandon!«* Und fügte noch hinzu: »Du hattest nur *eine* Aufgabe: Angel zu beschützen, nicht ihn zu vögeln!«

Brandon zog sich genauso schnell an, wie er sich ausgezogen hatte, und stürmte aus der Tür. Nicht wie die Schlange im Paradies, sondern eher wie ein Chamäleon-Darsteller drückte ich sofort auf die Tränendrüse.

»Ich wollte das nicht!«, heulte ich. »Er war so stark!«

Mamma kam sofort zu mir und umarmte mich wieder. »Ich weiß, Kleine, ich weiß.« Meine Schauspielerei hatte sie hinters Licht geführt.

Brandon sah ich nie wieder. Diese Tür war zugefallen, aber dafür hatte sich eine andere Tür geöffnet. Ich könnte jetzt behaupten, Brandon hätte mich durch diese Tür gelockt, aber ich war freiwillig hindurchgegangen. Die Drogen hielten mich die ganze Nacht über wach.

Ich war immer noch high, als der Morgen anbrach. Ich hörte Mamma in ihrem Zimmer weinen. Sie war am Telefonieren. »Ich verstehe. Danke fürs Bescheidsagen.« Ihr Schluchzen war überwältigend, gewaltig, an der Grenze zur Unglaubwürdigkeit. Sie kam aus ihrem Zimmer und ging durch den Korridor in Richtung Küche. Ich ging hinüber, stand in der Tür und schaute sie an.

»Was ist denn los?«, fragte ich behutsam.

»Setz dich, Kleine«, entgegnete Mamma. »Mamma hat schlechte Nachrichten.« Sie wies auf den kleinen runden Terrassentisch, den sie in ihrer Küche stehen hatte. Ich tat wie geheißen und setzte mich still hin.

»Ich hatte ein paar von den Jungs erzählt, was dir mit Brandon passiert ist. Sie haben sich drum gekümmert.« Sie weinte. Mein Zwerchfell zitterte vor Verwirrung und Entsetzen.

»Was meinst du mit ›sie haben sich gekümmert‹?«, fragte ich vorsichtig und hoffte auf Details, die etwas mehr Licht auf die Frage werfen würden, wie ernst ihre Aussage gemeint war. *Meint sie, die haben mit ihm gesprochen? Ihn zusammengeschlagen?*

»Sie haben sich um die Angelegenheit gekümmert. Er wird dir nie wieder etwas tun.« *Ihn umgebracht?* »Er hatte nicht nur anderen schon mal was angetan, sondern dich gestern Abend auch noch als Ausreißer verpfiffen. Er hat Bob Von Baron kontaktiert. Er hat ihm gesagt, wo du bist. Das verstößt gegen die Juggalo-Ehre. Einige der anderen Jungs in unserer Familie hatten das schon länger mit Brandon machen wollen, aber sie hatten nie ausreichend Gründe dafür. Der wird jetzt nie mehr wiederkommen und dir etwas tun.« Lügen, die neue Lügen erzeugen. Ohne weitere Worte stand sie auf, wischte sich die falschen Tränen aus dem Gesicht, reichte mir eine Pfeife zum Rauchen und zog sich wieder auf ihr Zimmer zurück.

Mein Kopf schwirrte vor lauter Nachdenken. *Hatten die etwa den Typen gefunden, mit dem ich online gechattet hatte? Nein, das konnte nicht sein. Bob Van Baron kann unmöglich sein wahrer Name gewesen sein. Das war doch nur irgendein Typ, mit dem ich online gechattet habe. Es gibt diesen Prostitutionsring doch gar nicht. Das ist doch nur ein WITZ! Die liebt einfach ihre eigenen Lügen!*

Meine Zweifel nahmen zu. Ich begann zu begreifen, dass Mamma ihre eigenen Storys brauchte, um Macht zu empfinden. So übte sie Herrschaft aus. Entweder glauben alle meine Lügengeschichte; oder sie glauben Mammas Lügengeschichten und teilen ihre Wahnvorstellungen; oder sie lassen es und sind einfach nur süchtig nach diesem ganzen Drama und spielen nur zu ihrer eigenen Unterhaltung mit. Aber *Brandon … Hat sie denn etwa wirklich gemeint, was ich glaube, verstanden zu haben? Haben sie ihn verstoßen oder Schlimmeres? Haben sie ihn umgebracht?* Sämtliche Haare standen mir zu Berge. Ich wusste, ich konnte bei diesem Affenzirkus nicht länger mitspielen. Ich wusste … *ich muss weg!*

Fast 20 Minuten später kam Mamma dann aus ihrem Zimmer und wirkte so, als wäre nichts geschehen. »Okay, ich gehe jetzt zur Arbeit. Ich lass dir mein Handy da. Und du gehst nicht aus dem Haus! Schließ die Tür ab und lass niemanden rein, der keinen Schlüssel hat. Hier ist meine Telefonnummer auf der Arbeit. Ruf mich an, wenn irgendetwas vorfällt, das dich beunruhigt!« Sie gab mir einen Zettel mit ihrer Telefonnummer, umarmte mich, ging aus der Tür und schloss hinter sich ab.

Mein Plan war schnell gefasst. *Ich muss nach Las Vegas. Das ist die nächstgelegene und größte Stadt in der Gegend.* Ich packte mit Lichtgeschwindigkeit meine Sachen zusammen, aber dann wurde ich durch die Erkenntnis gebremst, dass ich ja Fahrgeld für den Bus brauchte. Ich huschte in Mammas Zimmer und suchte nach Geld. Unterm Bett fand ich ein Gefäß voller Vierteldollar-Münzen. *Perfekt! Das reicht. Ich wechsele die Münzen in Scheine und kauf mir damit dann ein Busticket.*

Dann spann ich den Faden der erfundenen Geschichten weiter und verwüstete auch noch den Rest der Wohnung, um den Anschein zu erwecken, Bob hätte mich gefunden und es hätte einen Kampf gegeben. Mit Permanentmarker schrieb ich an die Wohnzimmerwand: »*Es war nicht schlau von euch, ihn hier alleinzulassen! Wir beobachten euch schon seit Tagen. Jetzt gehört er mir!*« Und um noch ein bisschen von Mammas dramatischer Ausschmückung der Lügengeschichte zu ergänzen, signierte ich auch noch mit: »*Gott.*«

Zum Abschluss, und um das Ganze noch realistischer erscheinen zu lassen, nahm ich die Axt, die im Gang an der Wand hing, und hieb sie neben der Nachricht in die Wand. Ich habe keine Ahnung, warum ich das gemacht habe. Womöglich, weil ich immer noch high war und nicht ganz klar bei Verstand.

Ich griff mir meine Tasche und das Gefäß mit den Münzen und stürmte aus der Tür. Ich lief über Nebenstraßen, um zum Busbahnhof in der Stadtmitte zu gelangen. Unterwegs machte ich Halt bei einer Bank, wo ich die Münzen in Scheine wechselte. Nachdem ich mir ein Ticket nach Las Vegas gekauft hatte, setzte ich mich hin und wartete drei Stunden auf die Abfahrt des Busses. Wieder meldeten sich die Zweifel. Es war alles so verwirrend. Ich war gefangen in einem immer komplizierter werdenden Netz von Unwahrheiten. Ich dachte daran, was Mamma mir vor ein paar Stunden gesagt hatte: *Der wird dir nie wieder etwas tun.* Das jagte mir wirklich Angst ein, auch wenn ich nicht so ganz daran glaubte. Die ganze Entspannung dadurch, dass ich eine Clique für mich gefunden hatte, war dahin. Mir wurde bewusst, dass ich eigentlich keinen von ihnen wirklich kannte oder wusste, wozu sie jeweils fähig waren. Ich wusste nur, dass ich wegmusste. Diesmal würde ich finden, was ich suchte, in Las Vegas. Ich war mir sicher.

Atmen. Wenn ich andere Menschen ausnutze, verletze ich nicht nur diese Menschen, sondern ich schwäche auch mein eigenes Potenzial.

Atmen. Lügen führen immer nur dazu, dass man ertappt wird. Ich kann das Blaue vom Himmel herunterlügen, aber eines Tages kommt die Wahrheit doch ans Licht, und dann muss ich erkennen, dass Lügen sich nicht lohnt.

Atmen. Ich kann rennen, so weit ich will – vor mir selbst kann ich mich nicht verstecken.

14 Las Vegas – leben oder sterben

Atmen. Manchmal ist es besser aufzugeben, vor allem wenn sonst unvermeidlich die Selbstzerstörung droht.

Atmen. Wenn du Augenblicke des Friedens und der Vernunft findest, solltest du sie mit aller Kraft festhalten, denn solche Augenblicke sind etwas sehr Seltenes, obwohl sie oft als eine Selbstverständlichkeit betrachtet werden.

Atmen. Wenn der Zeitpunkt zur Kapitulation gekommen ist, solltest du diese Gelegenheit ergreifen. Auf der anderen Seite winkt die Freiheit.

Der Bus nach Las Vegas war gepackt voll. Ich war immer noch als Angel verkleidet. Erschöpft, mit verschmiertem Make-up und knurrendem Magen, saß ich auf meinem Platz. Ich trug einen Rock, ein Tube-Top und eine burgunderrote Perücke, die ich während meiner Zeit bei den Juggalos geschenkt bekommen hatte. In diesem Outfit stand ich auf und machte mich mit meiner Tasche auf den Weg zur Toilette im Heck. Nachdem ich die Tür abgeschlossen hatte, suchte ich in der Tasche nach etwas Bequemerem zum Anziehen. Infolge der voll aufgedrehten Klimaanlage war es hundekalt im Bus. Warme Sachen hatte ich aber nicht dabei, und so wählte ich Shorts. Es waren meine Lieblings-Shorts, sie waren blau und reichten mir bis knapp übers Knie. Die hatte ich ständig getragen, bevor ich zu Angel wurde.

Schließlich hatte ich also wieder meine Jungenkleidung an. Wie eine Schlange, die sich häutet, hatte ich meinen Rock, mein Tube-Top und meine Perücke abgeworfen. Ich öffnete das Toilettenfenster einen Spalt weit, und während der Bus mit Tempo 110 über die Autobahn bretterte, warf ich die Sachen aus dem Fenster. Was die Leute in den Autos hinter uns wohl dachten, als auf einmal eine rote Perücke an ihnen vorbeigeflogen kam, kann ich mir nur ausmalen.

In den Spiegel blickend, reparierte ich, so gut es ging, dann auch noch mein Make-up und meinen verschmierten Eyeliner, dann schloss ich wieder auf und ging zurück zu meinem Sitz. Ich setzte mich wieder auf denselben Platz, aber in völlig anderem Look. Der Mann neben mir blickte auf und informierte mich: »Hier sitzt schon jemand.«

Ich erwiderte: »Ja, ich weiß, das bin ich.« Sein Blick verriet zunächst Verwunderung, dann dämmernde Erkenntnis und schließlich Unbehagen. Er wandte den Blick ab und sprach die ganze Fahrt über kein Wort mehr mit mir.

Der Bus erreichte den Busbahnhof Las Vegas. Die trockene, warme Nachtluft war eine Erholung nach der Eiseskälte der Klimaanlage. Ich begann mich sofort bei Passanten zu erkundigen, wie ich zu dem berühmten Las Vegas Strip käme. Man wies mir die Richtung, warnte mich aber auch, dass es zum Laufen zu weit sei, ich solle besser ein Taxi nehmen. Ich hatte allerdings nur noch wenige Dollar. Da ich mir damit nicht einmal öffentliche Verkehrsmittel leisten konnte, lief ich eben trotzdem. Die Richtung konnte ich nicht verfehlen. *Ich muss immer nur in Richtung der hohen Gebäude da in der Ferne laufen.*

Ich durchquerte einen ziemlich zwielichtig wirkenden Teil der Stadt, kürzte quer durch die Vorgärten der Leute hindurch ab und kam recht flott voran in Richtung The Strip. Etwa auf halber Strecke kam ich durch eine verlassene, schwach beleuchtete Straße. Nur wenige Autos fuhren hier entlang. *Vielleicht könnte mich ja einer von denen mitnehmen.* Ich streckte meinen Arm aus und machte das internationale Anhalter-Zeichen.

Die ersten Autos fuhren vorbei ohne anzuhalten. Dann fiel mir auf, dass ein bestimmter Wagen, ein schwarzer Cadillac, schon einmal an mir vorbeigefahren war. Beim dritten Mal verlangsamte er seine Fahrt und hielt an. Der Fahrer, ein Mann mittleren

Alters, ließ die getönte Scheibe herunter. Er wirkte ein wenig grob und sprach mit stark nahöstlichem Akzent. »Wo willst du hin, Schatz?«, fragte er.

»Ich bin auf dem Weg zum Strip«, antwortete ich.

»Steig ein! Kann dich mitnehmen.«

Ich lief vorn um den Wagen herum und stieg auf der Beifahrerseite ein.

»Du läufst durch gefährlichen Teil der Stadt hier«, bemerkte er. »Was hast du vor?«

»Ich will einfach nur zum Strip«, antwortete ich kurz und hoffte, er würde keine weiteren Fragen stellen. Ein wenig war mir der Typ unheimlich. Als ich meine Hand auf die Armlehne der Tür legte, rutschte mir das Herz in die Hose. Ich fand keinen Türgriff. Ich hatte keine Möglichkeit, wieder aus dem Auto herauszukommen.

»Bis wir da, hast du Lust, bisschen rumzumachen?«, erkundigte er sich mit einem lüsternen Grinsen, das sich mir tief in die Erinnerung eingebrannt hat. »Kann dich auch bezahlen.«

Das änderte die Sache. *Hab ich jetzt einfach Glück, oder wird das gefährlich?,* überlegte ich, immer noch auf der Suche nach dem Türgriff. Bevor ich antworten konnte, griff er mir auch schon zwischen die Beine. Und zog seine Hand sofort wieder zurück. »Was zum Teufel! Du Junge oder Mädchen?« Seine Stimme hatte sich verändert, war aggressiv geworden.

Mir dämmerte, dass ich in echter Gefahr war. Ohne dass ich es vorgehabt hätte, war er auf mein Make-up und mein burgunderrotes Haar hereingefallen. »Ich bin ein Junge«, antwortete ich kleinlaut.

»Oh nein, Mann! Was zum Teufel!«, bellte er. »Sofort raus aus mein Auto!«

Er stieg aus, ging vorn ums Auto herum und riss die Beifahrertür auf. Ich stieg schnell aus.

»Tut mir leid, ich dachte, Sie wüssten das und wollten mich haben«, versuchte ich mich zu entschuldigen. Da packte er mich am Hemd und zog mich direkt vor sein Gesicht.

»Scheiße, nein! Ich wollte Möse«, zischte er. Er schubste mich weg und ich fiel zu Boden. Er ging wieder vorn ums Auto herum und murmelte »Miese Schwuchtel!« vor sich hin. Er fuhr in die Nacht davon und ließ mich als erschrockenes und verängstigtes Bündel auf dem Asphalt zurück.

Ich blieb noch etliche Minuten am Boden sitzen, völlig verängstigt von dem gerade Erlebten. *Der hätte mich umbringen können. Er hätte mich zusammenschlagen können. Ich hatte keine Möglichkeit, aus seinem Wagen zu entkommen. Niemand hätte jemals davon erfahren. Der hätte mich sonstwohin bringen können. Ich hatte echt Glück, dass er mich hat ziehen lassen.* Ich stand auf und lief mit doppelter Geschwindigkeit weiter, um dieser finsteren Gasse zu entkommen und die Wolkenkratzer und Neonlichter des Las Vegas Strip zu erreichen. Nach anderthalb Stunden, gegen ein Uhr nachts, traf ich schließlich ein in dem pulsierenden Leben, diesem berauschenden und verführerischen Wirrwarr, in dem hinter jeder leuchtenden Ecke die Schatten lauern.

Ich lief den Strip wohl fünfmal auf und ab, bevor ich mich auf einer Bank vor dem Caesars Palace niederließ. Dort saß ich einen guten Teil der Nacht und sah den vorbeikommenden Autos zu. Ich war von den vergangenen Tagen her immer noch high, aber allmählich nahm meine Energie ab. Die leuchtenden Farben wurden matter, die überdeutlichen Klänge wurden verschwommener, die scharfen Kanten wurden weicher, und die endlose Bewegung der vorbeieilenden Gestalten wurde düster. Es war, als ließe eine höhere Macht alles in Zeitlupe ablaufen. Ich beobachtete, wie die LEDs der Laufschriften erst grün und schwarz flackerten, bevor sie die Farbe wechselten. Im Rhythmus meines Bewusstseins wechselte mein Blick zwischen scharf und unscharf. Mit Unterbrechungen wurden Bilder halbnackter Frauen sichtbar, die für Sex warben. Nackte Haut auf Postkarten, nackte Haut auf Reklametafeln. In diesen entblößten Frauen sah ich mich selbst. In ihr Gewerbe hatte ich einsteigen wollen, aber die raue Wirklichkeit dessen, was dann geworden wäre, drosch jetzt genau so auf mich ein, wie es meine Albträume getan hatten. Erschöpfung und Entzug machten mich müde. Mir wurde klar, dass ich mich nicht nur physischen und mentalen Misshandlungen ausgesetzt, sondern auch meine Seele verkauft hätte.

Völlig außer mir begann ich die provozierenden Bilder der mobilen Reklameplakate auf vorbeifahrenden Trucks anzuschreien. »*Was würde eure Mutter von euch denken?*« Immer wieder beschimpfte ich die Sexarbeiterinnen für diese offene Zurschaustellung, fremdschämte mich für ihre Bilder.

Als ich später in der Nacht wieder den Strip entlanglief, begannen die Flipflops an meinen Füßen, mir in die Haut zwischen den Zehen zu schneiden. Ich zog sie aus und ging barfuß weiter. Schweiß floss mir aus den Poren und schwemmte streng riechende Toxine aus.

Schließlich ging schon die Sonne auf, während ich immer noch ziellos den Strip auf und ab lief. Las Vegas ist eine Stadt der Nacht. Zu dieser frühen Morgenstunde waren die Straßen so gut wie verlassen. Ich kam an der Nachbildung des Trevi-Brunnens vor dem Caesars Palace vorbei und setzte mich auf seinen Rand, aber mir war keine Erholungspause vergönnt. Die Bewegungslosigkeit an einem windstillen Morgen ließ um mich herum ein olfaktorisches Gefängnis entstehen; vor meinem eigenen Gestank gab es kein Entrinnen. Ich schaute mich um, ob jemand vorbeikäme.

Ich stützte mich an einer Ecke des Brunnens an der Wand ab. Dann setzte ich erst den einen, dann den anderen Fuß in den Brunnen. So schnell es ging, wusch ich mir Füße und Achseln. Der Dreck von meinen Füßen färbte das Wasser grau. Ich schaute mich erneut um und stellte fest, die Luft war rein. So wie die Leute, die ich im Park vor der Bibliothek in Salt Lake City im Brunnen hatte baden sehen, zog nun auch ich mich aus und warf meine Sachen auf den Brunnenrand. Schnell tauchte ich meinen Hintern ins Wasser und wusch mich zwischen den Beinen. So, nun war ich fertig mit meinem heimlichen Bad. Schnellstmöglich stieg ich wieder aus dem Brunnen und zog mich an. Ich konnte es kaum glauben, dass mich keiner gesehen hatte. Als ich mich noch einmal umsah, bemerkte ich allerdings eine Security-Kamera, die genau in meine Richtung wies. Ich holte die Flipflops aus meiner Tasche, zog sie an, zeigte der Kamera den Mittelfinger und zog weiter.

Gegen Nachmittag waren meine Flipflops hinüber und ich musste wieder barfuß laufen. Meine Füße waren bald wieder genauso dreckig wie vorher. Überall lagen schmutzige Postkarten herum, die für schmutzigen Sex warben. Sex war allgegenwärtig, aber kein einziger Gay Club war in Sicht. *Wie soll ich hier jemanden finden, der mich aufnimmt und für mich sorgt?* Diese Idee erschien mir immer unmöglicher. Da der Traum von einem Beschützer also immer mehr verblasste, drängten sich mir zwei Alternativen auf: Ich könnte mich der Polizei stellen, oder ich könnte mich umbringen.

Der Gedanke daran, mich umzubringen, wurde so stark wie noch nie zuvor. Diesmal war es mir ernst damit, zumal ich weiterhin fest entschlossen war, nie wieder nach Hause zurückzukehren. Ich schaute zu den Schwindel erregend hohen, umliegenden Gebäuden hoch. Der Rummel der grellen Farben und der verlockenden Bilder lachte mich an wie ein Zuckerwatte-Automat, der zum Kaufen lockt, aber nur süße Übelkeit liefert. *Wie komme ich da hoch, um runterzuspringen? Oder soll ich mich einfach vor einen Lastwagen werfen?*

Ich ging in die Lobby des Mandalay Bay Hotel und suchte nach einem Zugang zum Treppenhaus. Ohne Erfolg. Dann lief ich die

Flure des Gebäudes entlang, um nach dem Treppenhaus zu suchen. Mag sein, dass es eine Treppe gab, aber ich fand sie nicht. Völlig niedergeschlagen gab ich auf und ging wieder nach draußen.

Plötzlich begann ich zu weinen. Der Schmerz, den ich mir selbst bereitete; die unerträgliche mentale Qual; die Tortur des Herunterkommens von den Drogen; der Stress purer Erschöpfung. Ich hielt inne.

Ich schaute zum Himmel hinauf und atmete tief ein. *Leben oder sterben?* Aus irgendwelchen Gründen änderte sich meine Haltung. Auf einmal war alles völlig klar, so als wäre ich wieder bei Sinnen. *Du kannst dich nicht umbringen; es liegt noch so viel Leben vor dir. Du hast einfach den falschen Weg eingeschlagen. Du musst umkehren. Stell dich der Polizei.*

Ich rannte über den Las Vegas Boulevard und dann die Straße hinauf zu einer Tankstelle. Da ich das Gefühl hatte, kurz vor der Bewusstlosigkeit zu stehen, griff ich mir eine Dose Mountain Dew aus den Kühlregalen an der Wand, öffnete die Dose und trank sie sofort in einem Zug aus. Der junge Mann an der Kasse hatte das gesehen und rief: »He, du musst noch bezahlen!« Während ich aus der Tür lief, rief ich zurück: »Du kriegst das Geld zurück, verlass dich drauf!« Als ich davonrannte, empfand ich weder Scham noch Schuld.

Wie soll ich mich stellen? Wo bin ich sicher? Geh zum Flughafen, dachte ich mir. *Flughäfen sind sicher.* Um dorthin zu kommen, musste ich zu Fuß gehen. Als ich schließlich im Haupt-Terminal stand, sah ich mich nach einem Münztelefon um. Aber ich hatte nur noch 55 Cent, das reichte nicht für ein Ferngespräch. In der Nähe saß eine Frau und telefonierte mit ihrem Handy. Ich setzte mich ein paar Plätze von ihr entfernt hin und wartete darauf, dass sie ihr Gespräch beendete. Als sie auflegte, stand ich auf und ging zu ihr.

»Hi, ähmm, ob ich wohl mal Ihr Handy benutzen dürfte, um zu Hause anzurufen?«, fragte ich, wobei mir bewusst war, was für einen heruntergekommenen Zustand ich bot. Sie musterte mich von oben bis unten, registrierte meine schmutzigen Beine und meine nackten schwarzen Füße.

»Nein, tut mir leid.« Es durfte mich nicht überraschen, dass sie den Verdacht hatte, ich wollte ihr das Handy klauen, aber ich musste diesen Anruf einfach tätigen, und so blieb ich hartnäckig.

»Oh, ich bitte Sie! Ich hab nur noch 55 Cent, aber ich muss unbedingt meine Eltern anrufen und ihnen sagen, wo ich bin und dass es mir gutgeht«, flehte ich weiter. Ich sah, wie sie das Risiko abschätzte, wobei sie mich erneut von Kopf bis Fuß musterte. Man konnte erkennen, wie vorsichtig sie war. Nach einer Zeit, die mir wie eine Ewigkeit vorkam, siegte schließlich die Freundlichkeit (oder das Mitleid) und sie gab mir ihr Handy.

»Aber mach schnell, ich muss meinen Flieger erwischen«, sagte sie dazu, um mir Grenzen zu setzen.

»Oh, vielen, vielen Dank!«, sagte ich und tippte eilig die heimatliche Telefonnummer ein. Ring … Ring … Ring …

»Hallo?« Meine Schwester Sonia war am Telefon.

»Ist Mom da?«, fragte ich schnell. Es entstand eine kleine Pause.

»Bruce?«, fragte sie. »Bist du das?«

»Ja, ich bin's. Ist Mom da?«, wiederholte ich ungeduldig.

»Ja, Moment … Mom, das ist Bruce!«, rief sie. Wieder ein Moment Pause, dann eine vertraute Stimme.

»Bruce?«, fragte Mom hoffnungsvoll.

»Ja, ich bin's.« Ich begann vor Erleichterung zu weinen.

»Schön, deine Stimme zu hören«, erwiderte sie. »Wo bist du?«

»In Las Vegas. Ich bin am Flughafen. Ich will nach Hause«, antwortete ich.

»Du musst dich der Polizei stellen. Such einen Polizisten und stell dich.«

Ihre Anweisung löste in mir Erleichterung aus. »Ja, mach ich. Versprochen.«

»Mach das, Bruce. Das musst du jetzt tun.« Sie versicherte mir, dass alles gut würde, aber dass ich das jetzt einfach machen müsse, und zwar auf der Stelle.

Ich legte auf und gab der Frau ihr Handy wieder. Sie war sichtlich bestürzt. Ich musste wieder weinen, unter Tränen dankte ich ihr vielmals und lief dann zum Info-Schalter.

»Hi, ich muss dringend einen Polizeibeamten sprechen«, sprach ich dort vor. Eine Art unbestimmter Eifer erfüllte mich jetzt.

»Und warum, bitte schön?«, fragte die Angestellte in leicht eingebildetem Ton zurück.

»Weil ich ein 16-jähriger Prostituierter bin, der weggelaufen ist und der dringend wieder nach Hause muss«, gab ich zurück.

»Oh! Okay.«

Ein paar Minuten später kam ein Polizeibeamter zu mir und nahm mich beiseite. Ich erklärte ihm meine Situation. Allerdings war ich immer noch nicht wieder voll bei Verstand, und so erzählte ich ihm die rührselige Version meiner Geschichte, also die Lüge, mit allen Details, einschließlich meiner angeblichen Flucht vor einem Prostitutionsring. Ich dachte, das könnte mir vielleicht einige der Konsequenzen ersparen, die meinen Befürchtungen zufolge auf mich zukamen.

Er brachte mich zu einem Warteraum auf dem Flughafen, wo noch weitere Polizisten zu uns stießen, einschließlich eines FBI-Beamten und eines Beamten, der für das Sittendezernat in Las Vegas arbeitete. Diesem erzählte ich meine rührselige Story noch einmal. Nachdem sie sich meinen Schwachsinn geduldig angehört hatten, schickten sie mich in eine Unterkunft für Jugendliche, wo ich bleiben sollte, bis mein Vater, wieder einmal, herfliegen und mich abholen könnte. Der Beamte von der Sittenpolizei rief meine Eltern an und berichtete ihnen meine Story. Er versuchte meine Eltern sogar zu überzeugen, dass ich die Wahrheit erzählt hätte.

Es vergingen zwei Tage, bis mein Vater schließlich per Flugzeug kam und mich abholte. Er war noch stiller als beim letzten Mal. Ich weiß nicht, was ich eigentlich erwartete, als wir schließlich in Butte aus dem Flieger stiegen und zu der kleinen Airport-Lobby gingen. Ich hatte meinen Eltern das Auto und Geld gestohlen und war jetzt schon zum zweiten Mal ausgerissen. Es war klar, dass ich in Schwierigkeiten steckte.

Zwei Polizeibeamte warteten auf uns. Mein Vater schnappte sich meine Tasche, die beiden Beamten schnappten sich meine Person. Mir wurden Handschellen und Fußfesseln angelegt, und mein Vater sah traurig zu, wie ich mühsam zum Einsatzfahrzeug humpelte. Dann fuhr er nach Hause.

Wir fuhren 35 Minuten zur Einrichtung für die Wiedereingliederung jugendlicher Straftäter in der Jugendstrafanstalt in Galen in Montana. Dort sollte ich die nächsten 59 Tage verbringen. Ich war wütend auf mich selbst und das zu Recht. Während meines Aufenthalts kamen mich Mom und Dad besuchen und auch Mellie vom Same Difference Theater. Dabei befanden sie sich auf der einen Seite einer Glasscheibe und ich mich auf der anderen, und wir sprachen über Telefonhörer mit sehr kurzen Metallkabeln miteinander. Als meine Mom zu Besuch kam, war ich von einer Wut erfüllt, die sich direkt gegen sie richtete. Als ich sie durch die Glasscheibe sah, musste ich an Berna denken, und da wurde ich von der Furcht ergriffen, dass ich nie wirklich erwünscht war. Mein schwieriges Verhältnis zu Autoritäten verschlimmerte meinen Ärger über sie noch. Sie hatte schon viele Gefängnisbesuche hinter sich, sowohl in ihrer eigenen Familie als auch mit meinen Geschwistern. Eigentlich hatte sie das nie wieder erleben wollen. Es war einfach zu schmerhaft für sie. Und doch war sie jetzt wieder hier. Ich hatte sie enttäuscht. Als sie mir sagte, dass sie

Besuche in der Wiedereingliederungsanstalt hasste und deshalb nicht noch einmal zu Besuch kommen würde, war ich von Scham und Schuld erfüllt und bekam das Gefühl, erneut verlassen zu werden.

Über die Gründe, warum ich eingesperrt war, log ich weiter alle an. Ich konnte der Wahrheit immer noch nicht ins Gesicht blicken, und so erzählte ich auch weiterhin die inzwischen wohlvertraute rührselige Geschichte von meiner Flucht vor einem Prostitutionsring. Meine Eltern kauften mir das natürlich überhaupt nicht ab.

Am 59. Tag hatte ich dann eine Anhörung vor dem Gericht in Butte. Meine Eltern sahen zu, wie ich mich in Handschellen und Fußfesseln in den Gerichtssaal mühte. Der Richter hörte sich meinen Fall an und erläuterte die Anklagen gegen mich. Es wurde vereinbart, dass ich bei Kooperation und guter Führung in eine Gruppenunterkunft für problematische Jugendliche entlassen werde. Dort sollte ich die nächsten sieben Monate wohnen.

Ich denke, es ist nicht übertrieben zu sagen, dass ich diesen Sommer nur durch eine Reihe von Wundern überlebt hatte. Trotz all den Drogen, den dunklen und Furcht erregenden Gassen und dem Missbrauch, den ich mir selbst angetan hatte und der mir von anderen angetan worden war, war ich am Leben. Ich hatte überlebt. Ich war wieder zurück am Ausgangspunkt. Ich hatte den falschen Weg eingeschlagen. Ich war umgekehrt und unweigerlich genau dort gelandet, wo ich hingehörte.

Die Mitarbeiter in der Unterkunft für problematische Jugendliche ließen nicht viel durchgehen. Wenn man fluchte, hatte das Konsequenzen; wenn man sich stritt, hatte das noch strengere Konsequenzen. Ich benahm mich allerdings besonders gut und verdiente mir daher bald einige Privilegien. Ich erhielt das Recht, gelegentlich ein Wochenende zu Hause zu verbringen, alleine draußen spazieren zu gehen, an Freizeitaktivitäten teilzunehmen und sogar ein Radio und einen DVD-Player auf dem Zimmer zu haben.

Als ich in die Gruppenunterkunft kam, war es noch Sommer, aber der Schuljahresbeginn rückte näher. Die normale Highschool kam für mich nicht mehr infrage. Man teilte mir mit, ich würde infolge meines Vorstrafenregisters das elfte Schuljahr und wohl auch die Abschlussklasse an der Sonder-Highschool absolvieren müssen. Ich hatte keine andere Wahl und fügte mich bereitwillig.

Während meiner Zeit in der Gruppenunterkunft war ich auch an der Tanzschule direkt auf der anderen Straßenseite eingeschrieben. Meine Eltern waren der Meinung, das könnte in vielerlei Hinsicht gut für mich sein. Vor allem würde dort viel mehr Disziplin verlangt werden, als sie mir beibringen könnten. Dorthin ging ich mit Freuden, und ich entdeckte auch bald, dass ich ein natürliches Talent fürs Tanzen hatte. Ich belegte Kurse in Ballett, Stepptanz, Ausdruckstanz, zeitgenössischem Tanz, Jazz-Tanz und auch ein paar in Musical-Theater und war überall gut. Die erste Hälfte des Tages verbrachte ich immer an der Schule und den Rest des Tages direkt danach bei den verschiedenen Tanzkursen.

Das Tanzen war toll, aber es gab auch noch die Konsequenzen für meine Taten. Ich wurde unter Bewährung gestellt und hatte 200 Stunden gemeinnützige Arbeit abzuleisten. Ich rechnete mit dem Schlimmsten. Zum Glück musste ich aber keinen Müll aufsammeln, sondern wurde in die örtliche Suppenküche geschickt, wo ich beim Essenmachen half oder die Böden schrubbte. Die Menschen aus dem Ort, die jeden Tag zum Mittag- oder Abendessen in die Suppenküche kamen, waren sehr nette und anständige Leute. Man musste sich nur einen Moment Zeit nehmen, um sie besser kennenzulernen. Diese Erfahrungen haben meinen Blick auf Obdachlose wirklich grundlegend geändert. Zuvor hatte ich alle in einen Topf mit der Aufschrift Drogenabhängige oder Trinker geworfen. In meiner Vorstellung waren sie alle freiwillig obdachlos. Ich erkannte praktisch auf der Stelle, dass meine Annahmen alle falsch gewesen waren. Ich war verblüfft und beschämt darüber. Ich erkannte, dass meine Ansichten snobistisch waren und dass ich mein eigenes Unglück viel zu schnell vergessen hatte. Ich hatte vergessen, wo ich gerade erst gewesen war, und auch, wie für mich als Kind alles begonnen hatte, dass ich quasi vom Tellerwäscher zum Millionär aufgestiegen war. Nie war es mir in den Sinn gekommen, dass Menschen einfach auch deshalb obdachlos werden können, weil sie nicht mithalten konnten oder sich ihre Wohnung nicht mehr leisten konnten. Einige hatten ihren Job verloren und waren dadurch hinten runtergefallen; andere hatten Krankheiten, mit denen sie nicht fertigwurden.

Diese Erfahrungen vermittelten mir eine Menge Disziplin, Demut und Dankbarkeit für mein Leben und die Privilegien, die ich genoss. Während ich diese Bestrafung für mein selbstsüchtiges und unüberlegtes Verhalten durchlief, entstand eine Idee, die das genaue Gegenteil davon darstellte. Dass ich anderen half, schien sich auf meinem Weg zur Besserung positiv auszuwirken, und das löste in mir den Traum aus, Motivationsredner zu werden, auch wenn dieses Ziel noch viele Jahre in der Ferne lag. Nachdem ich die Redner gesehen hatte, die an unsere Schule kamen, um auf Versammlungen ihre eigenen Geschichten von Hoffnung, Besserung und Inspiration zu erzählen, bekam ich das Gefühl, dass ich das eines Tages auch würde tun können. Ich hatte zuvor noch viele Kämpfe auszutragen, aber ich hatte den altvertrauten Weg wiedererkannt, den mir mein Vater beschrieben hatte, und vielleicht würde ich ja eines Tages auch darauf zurückfinden.

Atmen. Manchmal ist es besser aufzugeben, vor allem wenn sonst unvermeidlich die Selbstzerstörung droht.

Atmen. Wenn ich Augenblicke des Friedens und der Vernunft finde, werde ich sie mit aller Kraft festhalten, denn solche Augenblicke sind etwas sehr Seltenes, obwohl sie oft als eine Selbstverständlichkeit betrachtet werden.

Atmen. Wenn der Zeitpunkt zur Kapitulation gekommen ist, werde ich diese Gelegenheit ergreifen. Auf der anderen Seite winkt die Freiheit.

15 Mein Weg

> Atmen. Du wirst staunen, was du alles erreichen kannst, wenn du nur konsequent zeigst, was du draufhast.
>
> Atmen. Die Menschen sind oft nicht so, wie sie auf den ersten Blick erscheinen, aber wenn sie dann offenbaren, wie sie wirklich sind, solltest du das auch glauben.
>
> Atmen. Menschen, Orte und Dinge haben gewaltigen Einfluss darauf, wie du in deinem Leben urteilst und handelst. Pass sehr gut auf, worauf du deine Energie verwendest und mit wem du dich umgibst.
>
> Atmen. Geh deinen Weg weiter.

Wie durch ein Wunder schaffte ich meinen Highschool-Abschluss. Angesichts des Chaos, das in meinem Leben zuvor geherrscht hatte, fand ich meinen Notendurchschnitt von 3,6 (also »sehr gut minus«) verdammt gut – zumal für eine Person, die mit Lernbehinderungen zu kämpfen hatte und Schule tendenziell hasste. Mit diesem Schnitt wurde ich dann sogar Abschiedsredner bei der Entlassungsfeier. Ich scherzte, dass ich diese Ehre nur deshalb erlangt hätte, weil ich meinen guten Schnitt halt in einer kleinen Klasse von nur sechs weiteren Schülern an einer Sonder-Highschool erzielt hatte. Aber ich war durchaus stolz darauf. Ich war in der richtigen Richtung unterwegs.

Auch andere Bereiche meines Lebens nahmen Gestalt an. Ich hatte einen Job angenommen und sparte so viel wie möglich von meinem Geld, weil ich nach New York wollte. Dieser Traum war vor Jahren entstanden, in der Zeit, als ich in *Oliver!* aufgetreten war, und jetzt war er endlich in Reichweite gerückt. Ich hatte es geschafft, 6700 Dollar zu sparen. Das mag nicht viel erscheinen, angesichts der Tatsache, dass New York eine der teuersten Städte der Welt ist, aber für mich war es genug, um die Sache durchzuziehen. Das mentale und chemische Chaos, das auf Drogenmissbrauch und Pubertätshormone zurückzuführen war, hatte sich zum großen Teil stabilisiert. Meine Sexbesessenheit hatte nachgelassen. Ich nahm Medikamente, die gegen meine bipolare Störung halfen. Und die Disziplin, die für Tanzen und Lernen erforderlich war, führte zu stärkerer Konzentration auf meine wahren Lebensziele.

Der 1. Oktober 2009 sollte für mich der Tag des Aufbruchs werden, und ich konnte es kaum erwarten. Ich weiß noch, wie ich am Flughafen eintraf und eine Abordnung meiner Freunde sowie der größte Teil meiner Familie da waren, um mich zu verabschieden. Die Tränen flossen beim Abschied diesmal aus Freude, Vorfreude und Stolz, nicht aus Traurigkeit, Angst, verwirrter Verzweiflung und Scham wie bei früheren Begegnungen am Flugplatz. Wir wussten nicht, wann wir uns wiedersehen würden, aber diesmal herrschten Hoffnung und ein gewisses Maß an gemeinsamer Zuversicht vor.

Nach den letzten Umarmungen passierte ich die Security und ging an Bord. Jetzt schlich sich der leise Hauch eines altvertrauten Gefühls ein. Die Zweifel waren zwar nur von kurzer Dauer, aber solche Gedanken hatte es auch schon früher gegeben, so wie in meinen Albträumen im Bus. In diesem kurzen Moment des neuerlichen Alleinseins bekräftigte ich mich in meiner Entschlossenheit. Diesmal rannte ich nicht vor etwas weg, sondern ich lief einem Ziel entgegen. Dafür hatte ich fleißig gearbeitet. Mein Leben war voller Chancen. Ich würde mich nicht über meine Vergangenheit definieren lassen.

Als ich am JFK International Airport landete, weinte ich vor Glück. Ein lebenslanger Traum wurde wahr. Allerdings endete meine erste Freude bereits an der Gepäckausgabe. Die anderen Leute, die mit mir im Flieger gesessen hatten, verschwanden einer nach dem anderen mit ihren Taschen, aber mein Gepäck fehlte. Ich fühlte mich verloren in dem Bad aus Geräuschen, blinkenden Lichtern und bewegtem Metall. Ich war allein an einem unbekannten Ort, dessen Regeln und Rhythmen ich nicht verstand. Nichts von all dem, was ich eingepackt hatte für mein neues Leben in der großen Stadt, war da, angefangen von meinen Kleidern bis hin zu meinen DVDs der Fernsehserie *Will and Grace.* Mein Vorsprechen am Schalter für verlorenes Gepäck blieb erfolglos. Mir wurde geraten, mich täglich zu erkundigen. Meine Habseligkeiten erhielt ich dann zwei Wochen später; bis dahin blieb ich erst einmal auf meinen Einfallsreichtum und den Inhalt meines Rucksacks angewiesen, um mich durchzuschlagen.

Ich nahm ein Taxi zu der Wohnung in Harlem, die ich gefunden hatte. Ab der Ecke 150th Street und Frederick Douglass Boulevard ging ich zu Fuß. *Du wirst es schaffen, Bruce!* Da schrie mich plötzlich aus nächster Nähe völlig unerwartet ein Mann an: »Hier kriegt gleich einer den Arsch voll!« Ich bin schon oft angepöbelt worden, weil meine Extravaganz und meine überschäumende Energie ja alles andere als dezent sind. Ich rannte die Straße hoch zu der Wohnung und klopfte wie wild an die Tür. Mein Freund Landen, der ebenfalls aus Montana stammte, öffnete mir. Wir waren in zahlreichen Bühnenstücken gemeinsam aufgetreten und hatten schon seit mehreren Jahren versucht, diesen Umzug zu verwirklichen. Während ich geflogen war, hatte er die lange Reise vor etwa einer Woche mit dem Zug angetreten.

»Ich krieg gleich den Arsch voll!«, rief ich, rannte an ihm vorbei und knallte die Tür hinter mir zu.

»Wow, okay, willkommen in New York«, begrüßte mich Landen freundlich, wenn auch leicht verwundert.

Drei Tage später bekam ich meinen ersten Job in New York, bei einem Starbucks am Times Square. Die wahnsinnige Hektik, die dort unaufhörlich herrschte, war etwas völlig anderes, als ich es von dem Süßwarenladen in Virginia City gewohnt war, und ich hasste diesen Job. Es war ein rund um die Uhr geöffneter Express-Starbucks, vor dem zu jeder Tages- und Nachtzeit eine Schlange stand. Die New Yorker und die Touristen, die dort anstanden, hatten es immer eilig und wollten ihren Kaffee am liebsten schon, bevor sie ihn bestellt hatten.

Die ersten zwei Wochen tourten Landen und ich mit der Frau, bei der wir zur Untermiete wohnten, durch die Stadt. Ihr Angebot hatten wir durch eine Online-Anzeige gefunden. Als wir sie das erste Mal persönlich trafen, schien sofort alles zu passen. Sie erzählte uns, sie sei Jazz-Sängerin aus London und bereite sich auf einen Umzug nach Las Vegas vor, wo sie in einer Show auftreten werde, und würde die Wohnung daher bald verlassen. Der Plan war also, dass wir dort nur die kurze Zeit zusammen wohnen würden, bis sie auszog. Die Wohnung war ein winziges Zwei-Zimmer-Apartment mit einem Bad von der Größe eines Esstischs. Landen und ich teilten uns ein großes Bett im Schlafzimmer, während sie mit ihrem Pitbull Max auf einer Ausziehcouch im Wohnzimmer schlief. Das Ganze war also eine ziemlich enge Angelegenheit, aber zu Beginn war das Zusammenleben mit ihr eine Freude. Sie machte mit uns eine Privatführung durch Harlem und nahm mich in einige der Jazzclubs mit, in denen sie auftrat.

Nachdem sie uns zu Beginn also versprochen hatte, sie werde in Kürze ausziehen, hieß es bald, es gebe eine kleine Verzögerung, und Landen und mir wurde rasch klar, dass wir betrogen worden waren. Sie hatte nie die Absicht gehabt auszuziehen. Sie ließ uns die Miete zahlen und blieb selbst kostenlos dort wohnen. Die Umzugskartons, die sich im Wohnzimmer stapelten, waren leer. Als wir sie zur Rede stellten, wurde ihr Verhalten auf der Stelle eisig und sie berechnete uns Fantasiegebühren für alles Mögliche, bis hin zum Handy-Aufladen an der Steckdose.

Die anschließenden zwei Wochen waren die Hölle. Ihr Auftreten und ihr Verhalten uns gegenüber waren wie Tag und Nacht im

Vergleich zu der Frau, die wir zu Beginn kennengelernt hatten. Wir gingen in ihrer Nähe wie auf rohen Eiern, bis ich eines Tages bei der Arbeit einen Anruf von Landen bekam. »Wir verlassen dieses Loch. Ich habe ein Wohnheim hier in der Nähe gefunden, wo wir erst mal bleiben können«, sagte er.

Es sah bestimmt komisch aus, wie wir uns dann, mit mehreren Koffern und einer großen vollgepackten Reisetasche hantierend, in einen U-Bahn-Waggon zwängten, der uns zu unserer neuen Bleibe bringen sollte. Dort wollten wir die nächsten zwei Wochen bleiben – dachte ich.

Am nächsten Tag bekam ich allerdings bei der Arbeit wieder einen Anruf von Landen. »Es tut mir echt leid, aber ich denke, New York ist einfach nichts für mich. Ich bin mit dem nächsten Flug hier weg«, beichtete er nervös.

Ich versuchte in meiner Reaktion zuversichtlich und solidarisch zu klingen, aber in mir regten sich Furcht und Frust. *Jetzt bin ich völlig allein in dieser Riesenstadt, in der ich mich überhaupt nicht auskenne.* Wir verabschiedeten uns und früh am nächsten Morgen war er weg. Die folgenden zwei Wochen suchte ich nach einer neuen Bleibe. Ich durchsuchte die Craigslist-Kleinanzeigen nach einer Wohnung, die ich mir mit meinem mageren Budget leisten konnte, und fand schließlich eine Anzeige für ein Zimmer in der Innenstadt, nahe dem Viertel South Street Seaport im Financial District. Der Preis passte zu meinen schwindenden Mitteln, aber selbst mir war klar, dass es einen Haken geben musste. Ich rief die Nummer an, die in der Anzeige angegeben war. Ein älterer Herr namens Charles war am Apparat. Wir sprachen ein paar Minuten miteinander und vereinbarten ein Treffen für den Abend.

Charles war ein magerer, älterer schwuler Mann, der sein graues Haar auf einer Seite streng gescheitelt trug. Er hatte große, weit offene Augen und begrüßte mich herzlich. Er schien ein netter Kerl zu sein. Wir gingen ins Haus und fuhren hoch in den neunten Stock. Er zeigte mir seine Wohnung. Es war eine schöne

Wohnung mit zwei Schlafzimmern und einem tollen Blick über Seaport und Brooklyn Bridge. In dem Schlafzimmer, das er vermietete, standen zwei gleiche Betten. Auf einem der Betten lag ein gut aussehender junger Mann, der witzigerweise Landon hieß. Wir unterhielten uns mehrere Minuten, bis weitere Details ans Licht kamen. Es ging bei der Vermietung gar nicht um das Schlafzimmer. Sondern er wollte für 400 Dollar im Monat die Couch in seinem Wohnzimmer vermieten. *Egal, ich schätze, das ist besser als nichts.* Es gab drei Regeln, wenn man hier wohnen wollte: Frauen sind nicht erlaubt. Du darfst nicht öffnen, wenn einer an die Tür klopft. Du musst dich gelegentlich mit ihm verlustieren und einen trinken gehen.

Kann ich machen, kein Problem.

Optimistisch packte ich meine Sachen und zog in mein neues Leben in der Innenstadt. Das Leben in einem Haus voller schwuler Männer inmitten des Financial District war für mich ein wahr gewordener Traum. In den ersten Monaten lernte ich Manhattan kennen und konzentrierte mich auf meine Ziele. Ich war nach New York gekommen, um darstellender Künstler zu werden. Mit diesem Ziel im Kopf belegte ich Tanzkurse am Broadway Dance Center und spielte oft vor. Das Ganze hatte etwas Poetisches für mich. Ich lebte jetzt das Leben eines bedürftigen Künstlers. Die Realität war allerdings ein wenig schwieriger. Mit meinem Verdienst bei Starbucks konnte ich die Miete, das Essen, die Fahrtkosten und die Tanzkurse kaum bezahlen. Darüber hinausgehende Ausgaben standen überhaupt nicht zur Debatte.

Ich machte noch sechs Monate weiter mit meiner Arbeit bei Starbucks, die ich aber von Tag zu Tag mehr hasste. Schließlich kündigte ich. Charles hatte mir gesagt, er könne mir einen Job als Go-go-Tänzer in der Bar Stonewall Inn besorgen, die wir beide regelmäßig zusammen besuchten. Wir sprachen mit seinem

Freund, dem Bartender, und schon am selben Abend tanzte ich vor. *Ich liebte das!* Es löste wieder etwas in mir aus, was ich nicht mehr gespürt hatte, seit ich von zu Hause weggelaufen war. Aber jetzt war es wieder da. Ich genoss die sexuelle Leidenschaft und Energie, die ich verspürte, als ich vor der Menge meine perfekten Tanz-Moves zeigte. Durch meine sexy Drehungen heiß gemacht, steckten mir die Männer Geld unter den Bund meiner Shorts. Es war ein geiler Abend. Leider bekam ich den Job dann doch nicht, weil ich zu dünn war für die Rolle, die sie im Sinn hatten. Aber auch wenn ich nicht der Muskelprotz war, den das Stonewall suchte, in anderen Bars fand ich durchaus Arbeit als Tänzer. So trat ich in einer bekannten Kneipe in Chelsea an deren Twink Tuesdays als Go-go-Tänzer auf und auch in einer Szenekneipe im aufstrebenden Stadtteil Long Island City.

Obwohl ich also Arbeit hatte, hatte ich keine Ahnung, wie ich mit meinem Geld auskommen sollte. Das Leben in New York war ein ständiger finanzieller Kampf. Ich nahm jeden Gelegenheitsjob an, den ich kriegen konnte, um irgendwie über die Runden zu kommen.

Dann hörte ich, dass Kathleen, die sich vor Jahren in Twin Bridges so für mich eingesetzt hatte, bald nach New York ziehen wollte. Als sie nach ein paar Wochen ankam, trafen wir uns im Subway um die Ecke zum Essen. Das war schön, und das Gefühl der Vertrautheit ließ die große Stadt ein klein bisschen weniger riesig erscheinen. In den folgenden Monaten erkundeten wir oft auf gemeinsamen Spaziergängen die Stadt. Ich war permanent pleite und immer gestresst, aber diese gemeinsamen Abenteuer waren immer schön.

In dieser Zeit lernte ich auch einen Typen namens Paul kennen. Wir waren über die Craigslist-Partnerschaftsanzeigen miteinander in Kontakt gekommen. Unsere erste Interaktion in der wirklichen Welt fand im Central Park statt, und ich verliebte mich sofort total in ihn. Als er mich dann einigen seiner Freunde vorstellte, wusste ich, dass ich meine neue Clique gefunden hatte. Wir hingen ständig zusammen ab und ich wollte gern dazugehören. Und da sie alle Gras rauchten, verlor ich meine Widerstandskraft und fing auch wieder an zu rauchen. Zu einem von ihnen, der ebenfalls Profitänzer war, fühlte ich mich besonders hingezogen. Spencer war ein hochgewachsener junger Mann mit dunkelbraunen Haaren, der ebenfalls adoptiert worden war. Wir verstanden uns sofort prächtig und waren bald unzertrennlich. Spencer und ich standen vor denselben Herausforderungen. So wie ich behielt auch er keinen Job auf Dauer und konnte sich nichts leisten, und so dauerte es auch nicht lange, bis er eine neue Bleibe suchte. Dass ich ihn einlud, mit mir bei Charles zu wohnen, war praktisch ausgemachte Sache, und so teilten wir uns für die folgenden Monate das Ausziehsofa und auch die kleine Monatsmiete.

Nachdem ich bei Starbucks gekündigt hatte, arbeitete ich in einem Schokoladengeschäft im West Village, und wie üblich begann ich die Arbeit bald zu hassen. Als ich eines Abends das Geschäft abschloss und das Geld in der Kasse zählte, ließ ich einen Fünf-Dollar-Schein in meiner Hosentasche verschwinden, damit ich nach Hause fahren konnte. Am nächsten Tag wurde ich entlassen. Mir war noch nicht bewusst, dass ich inzwischen wieder angefangen hatte, vom wohlvertrauten Weg abzuweichen, aber vielleicht war ich damals auch zu sehr auf meine unmittelbaren Bedürfnisse konzentriert. Ich war also wieder auf Jobsuche. Zum Glück fand ich recht bald einen Job im Sonnenstudio. Sie stellten mich als Airbrush-Künstler ein, der den Kunden den ganzen Tag lang zu aufgesprühter Bräune verhalf. Da es in meinem Lebenslauf viel um Kunst ging, schien ich dafür gut geeignet zu sein, und so war es auch.

Spencer und ich schlossen uns einer Gruppe anderer Typen an, die ebenfalls im Sonnenstudio arbeiteten, und gingen mit ihnen nach der Arbeit und am Wochenende öfter aus. Es bedurfte nur ein wenig Schummelei, um mich in die Clubs einzuschleusen, in denen ich kein Mitglied war. Spencer verschaffte mir eine falsche Identität und schon durften wir hinein. In einem dieser Clubs, Splash, bot mir ein Kollege eine Prise Kokain an. Ohne zu überlegen nahm ich sie, führte sie zur Nase und schnupfte sie. Und dann noch eine und dann noch eine. An diesem Abend hämmerte die Musik besonders laut, und die grünen Laserstrahlen strichen über den Tanzboden, in der Dunkelheit flirrende Streifen erzeugend. Wallende Nebel sorgten für ein verführerisches Schattenspiel. Im Rhythmus der Musik verschmolzen die Lichtstrahlen und trennten sich wieder, von einem einzelnen Strahl zu einem göttlichen Spektrum, und sie hypnotisierten mich und die wogende Menge der Mittänzer. Auf der Suche nach dem Versprechen dieser Ekstase kehrte ich viele Male in diese seltsame Kathedrale zurück. Meine alten Gewohnheiten waren wieder da, und ich war auf dem falschen Weg. Der Zyklus des Partymachens ging monatelang so weiter.

Eines Abends, nachdem ich viel zu viele Drinks und viel zu viel Kokain konsumiert hatte, begann mein Magen zu rebellieren. Ich musste *sofort* aufs Klo, sonst würde ich mir in die Hose machen. Ich kämpfte mich durch die Menge zur Toilette; es handelte sich um einen länglichen, dunklen Raum, beleuchtet mit Schwarzlicht, das ein schummriges Leuchten erzeugte. Auf der einen Seite war eine Reihe von Kabinen mit Urinalen, auf der anderen eine Reihe von Toiletten-Kabinen. Die Urinale waren zum Teil durch schwarze Abtrennungen separiert, zum Teil durch transparentes Glas, was dezenten Exhibitionismus erlaubte. Kurz vorm Explodieren eilte ich in eine der Kabinen und schloss die Tür hinter mir ab. Nachdem ich mich erleichtert hatte, suchte ich nach dem Klopapier, fand aber keines. Es war auch nicht etwa ausgegangen, sondern es gab nicht einmal einen Rollenhalter. Als ich dann nach links schaute, blickte ich in ein Gesicht, das zu mir herüberstarrte, mit angewidert verzerrtem Mund und entsetzt aufgerissenen Augen. Erst da erkannte ich meinen Fehler. Ich hatte meine Notdurft vor fremden Augen in einer Urinal-Kabine verrichtet.

Ich war auf der Stelle wieder nüchtern und wäre am liebsten gestorben. Vor Scham zitternd, zog ich meine Hose hoch und lief, ohne sie zu schließen, breitbeinig hinüber auf die andere Seite zu den Toiletten-Kabinen und schloss die Tür hinter mir. Nach Einsatz des Toilettenpapiers wartete ich erst noch ein paar Minuten, bis ich wieder ging, in der Hoffnung, dass der unglückliche Fremde inzwischen verschwunden war. Mit gesenktem Kopf wusch ich mir die Hände und suchte dann Spencer auf der Tanzfläche. Als ich ihn endlich fand, fasste ich seinen Arm und rief ihm zu: »Wir müssen hier weg! Auf der Stelle!«

Wir verließen den Club und liefen die Straße hinauf. Erst als wir ein paar Schritte entfernt waren und der Klang der Musik allmählich leiser wurde, fragte Spencer besorgt: »Bruce, was ist denn passiert, zum Teufel? Ich hatte gerade echt Spaß!«

»Ich nicht!«, gab ich zurück und erzählte ihm, was passiert war. Spencer bekam auf der Stelle einen Lachanfall.

»Das ist nicht lustig!«, versuchte ich zu beteuern, wobei ich allerdings selbst fast lachen musste. »Ich kann hier nie wieder hin!«

Am nächsten Abend waren wir wieder da.

Abende wie dieser wurden immer häufiger. Meine Widerstandskraft gegenüber Drogen war dahin, ebenso mein Drive. Erst nach sechs Monaten fiel mir auf, dass ich die ganze Zeit über kein einziges Mal vorgespielt und auch keinen Tanzunterricht genommen hatte. Diese Erkenntnis hätte mir die Chance gegeben, auf den altvertrauten Weg zurückzufinden, aber stattdessen beschloss ich: *Pfeif drauf! Ich will Spaß!*

Nachdem ich zwei Jahre bei Charles gewohnt hatte, hatte ich genug Geld gespart, um mir eine eigene Wohnung leisten zu können, in Brooklyn, direkt an der Grenze zum Stadtteil Park Slope. Paul und ich gingen zu dieser Zeit seit fast einem Jahr miteinander, und meine neue Wohnung lag nur ein paar Blocks von seiner entfernt. Paul und ich liebten uns, aber ich denke, vor allem liebten wir den Sex. Die Chemie zwischen uns war nicht von dieser Welt. Wir standen zwar vor allem auf uns, aber mitunter holten wir auch Fremde dazu. Leider war das zwischen Paul und mir auch nicht von Dauer. Wir betrogen einander ständig, was bedeutete, dass wir uns auch ständig belogen. Und am Ende stritten wir auch andauernd.

Paul und meine Probleme hielten mich allerdings nicht davon ab, Spaß zu haben. Spencer und ich genossen unser Leben als Freigeister und schwule junge Männer in den 20ern in New York. Oft gingen wir online, um uns Typen für einen Dreier zu suchen.

Eines Abends trafen wir auf diese Art einen Typen namens Felik, der in Chelsea wohnte. Er war ein bekannter Designer mit jeder Menge Geld, das ihn vor vielen Gefahren seiner Exzesse schützte. Der Fahrstuhl führte nicht zu einem Flur mit vielen Wohnungstüren, sondern direkt in den Eingangsbereich seines Apartments. Felik wartete schon auf uns. Das Apartment war mondän eingerichtet, mit modernen Möbeln und teuren Skulpturen. Durch seine ausgedehnte Apartmentwohnung führte er uns in sein Schlafzimmer, wo sich bereits zwei weitere Männer nackt miteinander vergnügten. Wir unterhielten uns kurz, kamen aber bald zur Sache. Die zwei anderen Männer gingen irgendwann, und Spencer verlor auf dem Bett das Bewusstsein. Felik führte mich in ein anderes Schlafzimmer weiter vorn in seiner Apartmentwohnung und nahm dabei eine kleine schwarze Ledertasche mit.

Ich legte mich aufs Bett, um mich nach dem vorangegangenen leidenschaftlichen, anonymen Sex zu entspannen. Felik öffnete das Ledertäschchen und nahm eine Glaspfeife heraus. Mein Herz explodierte. Ich konnte spüren, wie meine Pupillen sich verengten, wie bei einem Hai, der Blut riecht. Ich wusste genau, was das war.

»Hast du schon mal Crystal probiert?«, fragte Felik und füllte einige Körnchen in die Pfeife.

»Ja, ist aber schon ein paar Jahre her«, erwiderte ich. Ich konnte mich nicht bremsen. »Darf ich?«

Ich hatte die Bestie geweckt.

Atmen. Ich werde staunen, was ich alles erreichen kann, wenn ich nur konsequent zeige, was ich draufhabe.

Atmen. Die Menschen sind oft nicht so, wie sie auf den ersten Blick erscheinen, aber wenn sie dann offenbaren, wie sie wirklich sind, werde ich das auch glauben.

Atmen. Menschen, Orte und Dinge haben gewaltigen Einfluss darauf, wie ich in meinem Leben urteile und handle. Ich werde sehr gut aufpassen, worauf ich meine Energie verwende und mit wem ich mich umgebe.

Atmen. Ich gehe meinen Weg weiter.

16 Die Diagnosen

Atmen. Wenn dein Körper dir sagt, dass etwas nicht stimmt, dann solltest du auf ihn hören. Dein Körper belügt dich nicht.

Atmen. In den dunkelsten Zeiten deines Lebens gibt es so viele Fenster der Hoffnung und Gelegenheit. Versuch, dich nicht entmutigen zu lassen, denn es gibt Antworten.

Atmen. Mitunter kann es sich anfühlen, als wärest du am Ende, ohne Hoffnung in Sichtweite. Aber es ist erstaunlich, wie sich der Überlebenswille durchsetzt, wenn deine Optionen zur Neige gehen.

Atmen. Und geh deinen Weg weiter.

Felik verkörperte alles, was ich vor Jahren gesucht hatte, als ich von zu Hause weglief: Er war der liebevolle, reiche, sexy ältere Mann, der mit mir machte, was er wollte, der aber auch für mich sorgte. Praktisch wohnte ich bei ihm. Benutzt, missbraucht und geliebt, durchlebte ich aufs Neue mein früheres Trauma. Es schien perfekt zu sein; ich bildete mir ein, dies sei die beste Zeit meines Lebens. Meine Beziehung führte aber nicht etwa dazu, dass meine Augen in neuer Liebe erstrahlten, sondern sie führte zu weit aufgerissenen Augen mit dunklen Ringen darunter.

Bei der Arbeit torkelte ich durch meine Schichten, in denen ich meinen Kunden zu aufgesprühter Bräune verhalf, und schaffte es irgendwie, trotz den jederzeit verfügbaren Prisen Kokain eines Kollegen nicht das Bewusstsein zu verlieren. Ich kann nur mutmaßen, was meine Kunden wohl gedacht haben mögen, wenn ich da so unkontrollierbar vor mich hin zuckend durchs Sonnenstudio stolperte.

Gegen Ende des zweiten Jahres meiner Tätigkeit im Sonnenstudio wurde ich krank. Von Tag zu Tag bemerkte ich eine schrittweise Verschlimmerung meiner Beschwerden. Wenn ich mich unter normalen Umständen unwohl fühlte, war ich einfach nur ein, zwei Tage krank, dann wurde es wieder besser. Das fühlte sich jetzt aber anders an, und es ging auch nicht wieder weg. In meinen Achselhöhlen begannen sich zwei Beulen zu bilden. Ich wusste nicht, was das zu bedeuten hatte. Nachdem mir drei Wochen lang jeder Muskel im Körper wehtat, beschloss ich endlich, zu einer Klinik zu gehen und mir Hilfe zu holen. Auf dem ganzen Weg dachte ich unterbewusst: *Du stirbst, du stirbst.*

»Was führt Sie zu uns?«, fragte die Krankenschwester. Ich erläuterte ihr meine Symptome und dass ich mich fühlte wie eine wandelnde Leiche.

»Sie sehen auch aus wie eine wandelnde Leiche«, stimmte sie mir zu. Ich stand gebückt. Wenn ich versuchte gerade zu stehen, musste ich mich vor Schmerzen krümmen. Ich schwitzte und hatte permanent das Gefühl, Fieber zu haben. Alle Gelenke und Muskeln in meinem Körper schrien vor Schmerz. Meine Venen fühlten sich an, als wären sie leer. Ich konnte meinen Herzschlag in den Zehen spüren und meine Atmung ging flach. Die Krankenschwester nahm mir Blut ab, um verschiedene Tests durchzuführen.

Das Warten auf die Ergebnisse verschlimmerte meine Schmerzen. Ich wollte nur noch nach Hause in Park Slope und dort unter einer dicken Decke auf meiner Luftmatratze liegen. Etwa 30 Minuten vergingen, dann wurde meine Nummer wieder aufgerufen. Ich ging in den Untersuchungsraum. Dieses Mal waren dort noch eine weitere Krankenschwester und ein Arzt. Ich wusste, dass etwas ernsthaft nicht in Ordnung war.

»Hi Bruce, setzen Sie sich doch bitte.« Mit ein wenig Hilfe der Krankenschwester schaffte ich es, Platz zu nehmen.

Der Arzt kam ohne Zögern zur Sache. Ich saß noch gar nicht richtig, da erklärte er mir auch schon kalt und geschäftsmäßig: »Die Schnelltests haben ergeben, dass Sie HIV-positiv sind.« Er sprach schnell und emotionslos. »Ihre Virenlast ist gefährlich hoch und Ihr CD4-Wert ist praktisch nicht vorhanden. Hier habe ich ein paar Broschüren für Sie, die Sie durchlesen können, und hier ein paar Empfehlungen für Kliniken, an denen Sie sich weiterbehandeln lassen sollten.«

Die Schnelltests haben ergeben, dass Sie HIV-positiv sind. Er hatte mir das so verkündet, als wiese er mich darauf hin, dass ich Ketchup auf dem Hemd habe.

Ich war im Schockzustand. Das war so niederschmetternd, dass ich nicht einmal weinen konnte. Ich hatte nicht die Energie dafür. »Was ist eine Virenlast und was ist ein CD4-Wert?«, fragte ich.

»Die Virenlast ist die Menge der Viren, die sich im Blutkreislauf einer Person befindet, und der Wert für die CD4-Zellen oder T-Helferzellen gibt die Zahl der weißen Blutkörperchen an, die im Blutkreislauf bei der Abwehr von Infektionen helfen. In Ihrem Fall ist die Virenlast so hoch, dass Sie sich an der Grenze zum Übergang zu AIDS befinden, die Erkrankung, zu der das HIV-Virus führen kann, wenn es unbehandelt bleibt.«

Ich verließ die Klinik mit meinen Informationspaketen und meiner Diagnose. Als ich durch die Kliniktüren ins Freie trat, war es, als hätte ich mein Gehör verloren. Die Welt war vollkommen still. Das ständige Summen der Stadt hatte aufgehört. Keine dröhnenden Hupen, keine Gespräche von Passanten, keine quietschenden Bremsen, keine rumpelnden Lastwagen, keine kreischenden Vögel waren mehr zu hören. Stille, reine Stille schien meine Ohren zu füllen.

Das Erste, was ich tat, war, zu dem Laden an der Ecke zu gehen und mir eine Packung Zigaretten zu kaufen. Davor stehend, rauchte ich fünf Zigaretten nacheinander. Dadurch fühlte ich mich allerdings kein Stück besser. Zurück zu meiner Wohnung in Brooklyn nahm ich den Zug, was eine gefühlte Ewigkeit dauerte. Als ich wieder in meinem Zimmer war, ließ ich mich auf die Luftmatratze fallen, die nach und nach ihre Luft verloren hatte. Die Schleusentore öffneten sich und ich begann einfach nur zu weinen. Ich griff nach dem Telefon und rief meine Eltern in Montana an. Kaum hatten sie abgehoben, erzählte ich ihnen auch schon die Neuigkeit. Es wurde ein sehr kurzes Telefonat, weil ich nicht aufhören konnte zu weinen. Meine Eltern bemühten sich, mir zu versichern, dass alles wieder gut würde und dass sie mich besuchen kämen. Ich legte ungetröstet wieder auf und weinte, bis ich schließlich einschlief.

Im Lauf der nächsten Tage hatte ich eine gefürchtete Pflicht zu erfüllen. Ich musste meine letzten Sexualpartner anrufen und ihnen Bescheid sagen, damit auch sie sich testen lassen konnten. Bei den One-Night-Stands, von denen ich eine Telefonnummer hatte, war das relativ einfach. Paul zu informieren war schon schwieriger, und mit Felik war es am schwierigsten. Wir verbrachten zwar immer noch viel Zeit miteinander, aber mir wurde klar, dass ich ihn eigentlich gar nicht besonders gut kannte, und konnte mir daher auch nicht wirklich ausmalen, wie seine Reaktion wohl ausfallen würde.

Als ich ihm die Neuigkeit übermittelte, beruhigte er mich, alles werde gut werden. Er hatte sowohl die schlimmsten Zeiten der AIDS-Epidemie gesehen als auch die Fortschritte in der Behandlung über die Jahre hinweg. Das gehörte für mich zum Überraschendsten, das ich immer wieder erlebte, als ich meine Telefonanrufe tätigte. Statt wütend auf mich zu sein oder Angst vor mir zu haben, wollten die meisten für mich da sein und zeigten das auch, indem sie zuhörten und sehr verständnisvoll waren.

Nach etwa drei Wochen machten sich meine Eltern auf den Weg, um mich zu besuchen und mich aufzumuntern. Bevor sie kamen, war mir schon eine Klinik mit einem Allgemeinmediziner zugewiesen worden, der mir half, vollen Krankenversicherungsschutz und staatliche Unterstützung zu erhalten. Im Staat New York sind die Beihilfen für Menschen, die mit HIV leben, ausgesprochen human, ein Modell an Mitgefühl und Verständnis. Ich bekam Essenmarken, eine wöchentliche finanzielle Unterstützung und Wohngeld.

Bald erhielt ich meinen ersten Medikamenten-Cocktail zur Bekämpfung des HIV-Virus. Zwar nicht sofort, aber doch nach einiger Zeit begann ich mich etwas besser zu fühlen, auch wenn ich noch einen langen Weg vor mir hatte. Als meine Eltern wie versprochen kamen, unternahmen wir nur wenig. Sie luden mich für alle Mahlzeiten zum Essen ein und sorgten dafür, dass ich alles hatte, was ich brauchte. Es war ein kurzer Besuch. Sie wollten sich nur vergewissern, dass es mir besser ging. Nachdem sie gesehen hatten, dass dies der Fall war, fuhren sie wieder nach Hause, zwar immer noch besorgt, aber doch vorsichtig optimistisch.

Im Verlauf des folgenden Monats begann ich mich langsam wieder wie der Alte zu fühlen. Ich ging jede Woche zu meinem Arzt und hatte mich auch zu einer HIV-Selbsthilfegruppe für junge Männer angemeldet, die gerade erst ihre Diagnose erfahren hatten. Über diese Gruppe lernte ich etliche wirklich liebevolle, begabte und schöne junge Männer kennen. Das Wissen, dass wir alle etwas gemeinsam hatten, führte dazu, dass wir uns auf Anhieb gut verstanden. Und unserer negativen Situation zum Trotz scherzten wir bei unseren wöchentlichen Treffen gern, dass wir doch alle »positiv« bleiben wollten.

Mit einem der Mitglieder dieser Gruppe verstand ich mich besonders gut, mit Jay. Er war klein an Wuchs, aber groß in Form, ein Kubanoamerikaner aus Florida. Wir waren sofort unzertrennlich. Meistens verließen wir die wöchentlichen Treffen gemeinsam und gingen in seine Wohnung, um dort fernzusehen und reichliche Mengen an Joints zu rauchen. An arbeitsfreien Tagen trafen wir uns in Greenwich Village oder am Pier und rauchten.

Diese Routine machte mir zwar Spaß, aber es war auch nicht zu bestreiten, wie ernst meine Situation war. Ja, physisch fühlte ich mich zwar besser, aber emotional und spirituell war ich am Boden. Mit Jay Gras zu rauchen war eine kleine Flucht aus meinem Schmerz, aber was ich brauchte, war das völlige Verschwinden dieses Schmerzes.

In den folgenden Monaten rückten die Mauern um meine Welt immer enger zusammen. Die Dunkelheit, die um mich herum aufzog, lieferte mir letztlich den Brennstoff, mit dem ich ein neues Feuer entfachte. Es sollte Jahre dauern, bis diese ganzen Erlebnisse schließlich entwirrt und in etwas Positives verwandelt waren. Aber solange ich jetzt noch trudelte, war keine Erlösung zu erwarten. Während dieser Phase meiner Reise verlor ich den Weg zum besseren Leben, das meine Eltern für mich erhofft hatten, rasch aus den Augen. Mein Geist – der Urheber all meiner Schwierigkeiten – versicherte mir zwar, dass es mir gutgehe, aber in Wirklichkeit verdampfte jeden Tag ein Stück meiner Seele in den Drogen, die ich rauchte. Eine chemisch erzeugte rosarote Brille verschleierte die Wirklichkeit meiner sich rapide verschlechternden Situation. Ich war auf der Jagd nach Rauschzuständen, um die zunehmende Leere mit irgendetwas zu füllen, was sich gut anfühlte, ja um überhaupt irgendetwas zu fühlen.

***

Meine mentale Gesundheit verfiel zusehends, und ich begann wieder, meinen diversen Süchten zu frönen. Ich war beherrscht von dem unglaublich starken Wunsch, dass sich jemand um mich kümmern möge. Natürlich gingen meine Gedanken da als Erstes und Nächstliegendes in Richtung Felik.

Eines Abends dachte ich mir eine Lüge aus, die Felik dazu bringen sollte, mich dauerhaft bei sich einziehen zu lassen. Ich erzählte ihm, in meinem Haus hingen Zettel an den Türen, die eine Zwangsräumung und den Abriss des Gebäudes ankündigten. Das war nicht einmal komplett erfunden. Das Haus, ein schäbiges

Stadthaus mit vier Wohnungen, war in einem beklagenswerten Zustand und von Mäusen befallen. Die Eigentümer waren Monate mit der Grundsteuer im Rückstand, und auch die Ankündigung einer Zwangsräumung hatte es gegeben, wenn auch nicht an meiner Tür. Er erklärte sich bereit, mich bei ihm einziehen zu lassen. Das Ganze sollte allerdings nur vorübergehend sein, denn Felik wollte keinen festen Freund, der bei ihm wohnte. Er wollte vielmehr weiter jede Menge anonymen Sex und Meth-Partys. Das wollte ich ja auch, daher dachte ich, das passe doch alles ganz gut. Aber nach ein paar Monaten, die mit eifersüchtigen Streitereien und Meth-Diebstählen belastet waren, warf er mich dann raus.

Da mir jetzt weder Feliks Apartment noch eine eigene Wohnung zur Verfügung standen, musste ich zusehen, wo ich blieb. Ich schlief im Wechsel bei Freunden auf der Couch und gelegentlich fand ich auch einen Escort-Kunden, der mich übernachten ließ. In dieser Zeit traf ich auch auf einen Kunden, der mir besonders interessant erschien. Er wollte mir 3000 Dollar für ein komplettes Wochenende zahlen. Über meinen HIV-Status war ich gegenüber potenziellen Sexualpartnern stets ehrlich. Wenn sie bereit waren, war ich es auch. Hier bot sich mir die Gelegenheit, sowohl Geld als auch Unterkunft zu bekommen. Es gab nur einen Haken: Er bestand darauf, meine Augen müssten die ganze Zeit verbunden sein.

Die Dollarzeichen vor den Augen sprachen lauter als die Ängste vor der Aussicht, ein ganzes Wochenende mit verbundenen Augen bei einem Fremden verbringen zu müssen. Gegen bessere Einsicht notierte ich mir seine Adresse und stieg in den nächsten Zug der Linie 6 in Richtung Norden. Als ich seine Wohnung erreichte, sah ich, dass über dem Türknauf ein langes schwarzes Stück Stoff hing, zusammen mit dem Unheil verkündenden Hinweis: *Verbind dir damit die Augen, bevor du anklopfst.* Ich verspürte ein Ziehen in der Magengegend. Ich atmete einmal tief durch und konzentrierte mich auf das Geld. Dann tat ich, was auf dem Zettel stand, klopfte und wartete. Es näherten sich Schritte.

Ich versuchte meine aufkommenden Zweifel zu zerstreuen, indem ich unter dem schwarzen Stoff das Bild grüner Scheine vor meinem geistigen Auge heraufbeschwor. Ich verspürte ein Prickeln auf der Haut, als sich die Tür öffnete und mich ein eisiger Lufthauch streifte. Dann wurde ich hineingezogen.

Ich habe keine Ahnung, wie ich diese Nacht überlebt habe. Meine Schutzengel fochten Schattenkriege für mich aus. Ich weiß zwar nicht, wer die Leute waren, aber *da* waren sie, und sie waren stark. Ich wurde gepackt, niedergeworfen und ans Bett gefesselt, alles mit verbundenen Augen. Es waren mehrere, brutale Typen mit einem unverständlichen Slang. Vielleicht waren es sechs, womöglich zehn, und ihre sadistisch aufgegeilten Stimmen waren aus allen Ecken zu vernehmen.

In dieser Nacht wurden mir auf die harte Tour einige Lehren erteilt. Erstens gewährleistet auch die freiwillige Entscheidung für die Tätigkeit des Sexarbeiters nicht, dass der Sex immer einvernehmlich ist. In eher praktischer Hinsicht lernte ich zweitens, dass ich mir nie die Augen verbinden sollte, bevor ich die Wohnung eines Fremden betrete. Und drittens lernte ich schließlich, dass ich mich immer vorher bezahlen lassen sollte. Denn zu den Qualen jener schrecklichen Nacht kam auch noch die Demütigung hinzu, dass ich nicht bezahlt wurde.

Meine Verzweiflungstaten setzten sich auch nach dieser Erfahrung fort. Weiterhin verkaufte ich meinen Körper für Geld (das ich mir vorher auszahlen ließ). Ich verdiente damit genug, um mir ein Zimmer in Harlem leisten zu können, das nur zwei Blocks entfernt von meiner ersten Wohnung in New York lag. Allerdings musste ich bald wieder ausziehen, weil das Gebäude von Bettwanzen befallen wurde.

Ich rief meine Freundin Kathleen an, die nur wenige Blocks entfernt wohnte, und schilderte ihr meine verzweifelte Wohnsituation. Nachdem sie mit ihren WG-Bewohnerinnen gesprochen hatte, durfte ich dort dankenswerterweise auf der Couch übernachten. Ich konnte so lange bleiben, wie es nötig war.

Das Leben war sicherer bei Kathleen und ihren Freunden in ihrer Wohnung, die sie »Peace Pad« nannten, also etwa »Friedens-Bude«. Ich musste mir jetzt keine Sorgen mehr machen, wie ich das Geld für exorbitante Mieten auftreiben oder eine Bleibe für mich finden sollte. Aber ich nahm ihre Großzügigkeit als Selbstverständlichkeit und versuchte nicht einmal, eigene Beiträge zu leisten. In den ersten Monaten bezahlte ich gar nichts, obwohl ich ja staatliche Unterstützung erhielt. Dieses Geld verwendete ich aber für meinen Drogenkonsum. Es dauerte auch nicht lange, bis Kathleen und ihre WG-Bewohnerinnen merkten, dass ich sie ausnutzte. Da ich ihre Verärgerung spürte, kam ich immer seltener nach Hause.

Durch weitere Escort-Dienste und Prostitution wollte ich dem Problem ausweichen. Aber als ich dann eines Abends doch einmal nach Hause kam, bat mich Kathleen in ihr Zimmer, um mit mir zu reden. Sie berichtete mir von den Bedenken ihrer WG. Abgesehen davon, dass ich keine Miete zahlte und auch sonst keine Beiträge leistete, waren sie auch besorgt um meinen Zustand. Kathleen sah, dass ich immer mehr abnahm.

Es war jetzt fast ein Jahr her, dass ich meine HIV-Diagnose erhalten hatte, und ich war mittlerweile wieder in meine alten selbstzerstörerischen Gewohnheiten zurückgefallen. Das brachte auch mit sich, dass ich ständig vergaß, meine Medikamente zu nehmen. Die unregelmäßige Einnahme verringerte ihre Wirksamkeit, sodass ich immer wieder neue Medikamente nehmen musste. Und jedes Mal stellte ich fest, wie ich immer kränker wurde. Während ich meine Situation auf diese Weise unbewusst immer komplizierter machte, konnte ich damit fortfahren, mir selbst leidzutun und zu hoffen, dass ich auch anderen leidtat, sodass ich ihre Freundlichkeit ausnutzen konnte. Der kranke Zyklus setzte sich fort.

Nachdem Kathleen mich ermahnt hatte, ich müsse anfangen, Miete zu zahlen, fand ich schnell heraus, wie ich das staatliche Wohngeld für ein Zimmer in der Peace Pad einsetzen konnte. Meine Sucht hatte mich dermaßen im Griff, dass ich das staatliche Unterstützungsprogramm nicht dafür verwendete, für eine Verbesserung meiner Situation zu sorgen, sondern vielmehr dafür, mich mit der Situation anzufreunden, nicht auf eigenen Beinen zu stehen. Ich machte weiter Party und lebte in meinen gestörten Fantasien und Selbsttäuschungen. Die neue Realität, in der ich lebte, war unterirdisch. Ich war HIV-positiv, unerträglich depressiv und im Todesgriff meiner Crystal-Meth-Sucht.

Dating-Sites boten eine gute Möglichkeit, leicht an Crystal Meth zu kommen. Auf Grindr stieß ich auf einen Typen namens Ian, der in der Bank Street im West Village wohnte. Sein Profilbild war zwar rätselhaft und visuell vage, es gab keinerlei Hinweise darauf, wie er wohl aussah, aber das war mir egal. Ich war nur auf der Suche nach der nächsten Möglichkeit, high zu sein. Sex stand für mich nicht mehr im Vordergrund; es ging nur noch um Drogen.

Ian hatte erklärt, er wäre allein, aber als ich ankam, zeigte sich, dass er alles andere als allein war. Alle größeren Lampen der Wohnung waren aus, die Vorhänge fest zugezogen. Der Raum war von einem giftigen Neonleuchten erfüllt, das von mehreren strategisch platzierten Schwarzlichtern ausging. Und aus dem weiter hinten gelegenen Schlafzimmer drangen abstoßendes Gelächter und abartige Stimmen.

»Ich dachte, du hättest gesagt, du wärest allein«, hielt ich ihm mit einem Hauch von Verärgerung in der Stimme vor.

»Ich würde doch alles sagen, um das hier zu bekommen«, versuchte Ian meine Besorgnis beiseitezuwischen, griff mir an den Hintern und zog mich an sich. Seine Forschheit machte mich sofort mächtig an. Auf der Stelle vergaß ich meine Bedenken darüber, dass auch andere Leute anwesend waren. Er war ein großer Mann mit leichenblasser Haut und tiefdunklen Ringen unter den Augen. Meine Begierden ließen mich über seinen gespenstischen Anblick hinwegsehen. Mir war es, wie gesagt, egal, ob ich mit einem Adonis zusammen war oder mit einem Wesen aus den Black-Lagoon-Mangas, Hauptsache, sie konnten mir zu einem High verhelfen. Wenn es dann nachher auch noch zu Sex kam, dann war es eben so. Und für gewöhnlich *war* es auch so. Es war die einzige Möglichkeit, wie ich für die Drogen bezahlen konnte.

Ohne groß überrascht zu sein, stellte ich zu meiner Freude fest, dass Ians Wohnung eine Drogenhöhle war, ein Karussell für Männer, die entweder Sex suchten oder ihren nächsten Schuss. Bei mir war es nicht anders, abgesehen davon, dass die Männer irgendwann wieder gingen, um ein paar Tage später wiederzukommen, während ich die Wohnung nicht wieder verließ, nachdem ich einmal meinen Fuß über die Schwelle gesetzt hatte.

Nachdem ich eine Minute lang mit Ian auf dem Bett gelegen und geredet hatte, kam auch schon die Glaspfeife zum Vorschein, vollgestopft mit Crystal. Wir verschwendeten keine Zeit. Ich erzählte ihm, dass ich HIV-positiv sei und ganz ehrlich in Bezug auf meinen Status sein wolle. Er erwiderte, dass fast jeder Mann hier in der Wohnung das auch sei, genau wie er selbst auch. Das kümmerte hier keinen, und so kümmerte es auch mich nicht.

Ich führte die Glaspfeife an die Lippen. Binnen Sekunden verließ mein Verstand meinen Körper, und ich wurde in die bodenlosen, leeren Abgründe des nächsten High-Zustands hineingezogen. Binnen 30 Minuten wurde anschließend die leere Hülle meines Körpers herumgereicht, damit sich jeder Anwesende daran erfreuen konnte, während mein Geist körperlos weit entfernt weilte. Dieser Kreislauf wiederholte sich die ganze Nacht hindurch und auch viele kommende Nächte. Phantomgestalten ergötzten sich an meinem Körper, während ich mich im Neonnebel meines Rauschs räkelte. Die schattenhaften Wochen, die folgten, gehörten zu den finstersten meines Erwachsenenlebens. Ich war nicht darauf gefasst, wie finster sie werden sollten. Seit dem Moment, als ich Ians Wohnung betreten hatte, lauerte der Tod auf mich.

> Atmen. Wenn mein Körper mir sagt, dass etwas nicht stimmt, dann werde ich auf ihn hören. Mein Körper belügt mich nicht.
>
> Atmen. In den dunkelsten Zeiten meines Lebens gibt es so viele Fenster der Hoffnung und Gelegenheit. Ich werde mein Bestes tun, um mich nicht entmutigen zu lassen, denn ich weiß jetzt, dass es Antworten gibt.
>
> Atmen. Es mag sich mitunter so anfühlen, als wäre ich am Ende, ohne Hoffnung in Sichtweite. Aber es ist erstaunlich, wie sich der Überlebenswille durchsetzt, wenn mir die Optionen ausgehen.
>
> Ich werde atmen und meinen Weg weitergehen.

17 Hurrikan Bruce

> Atmen. Ganz gleich, wie sehr du deine Selbsttäuschung auch liebst, sie ist nicht real und liebt dich auch nicht zurück.
>
> Atmen. Es gibt vieles, was du nicht beeinflussen kannst. Aber wenn der Hurrikan kommt, kannst du durchaus beeinflussen, ob du Schutz suchst oder dich dem Sturm aussetzt. Diese Entscheidung liegt ganz bei dir.
>
> Atmen. Manchmal müssen wir erst am Tiefpunkt ankommen, dort eine Falltür öffnen und noch einen weiteren Tiefpunkt darunter erreichen, bevor wir endlich den Entschluss fassen: Genug ist genug! Sofern du an diesem Tiefpunkt noch am Leben bist, hast du noch Optionen.
>
> Atmen. Und geh deinen Weg weiter.

Zwei Wochen verließ ich Ians Wohnung höchstens, um mir im Laden an der Ecke Zigaretten zu holen. Und selbst bei diesen seltenen Ausflügen blieb Ian immer dicht an meiner Seite. Wir hatten uns ineinander verguckt. Ich war besessen von ihm, und er war fürsorglich oder besser gesagt besitzergreifend mir gegenüber. Zu jener Zeit meines Lebens, und unter dem trügerischen Einfluss des Rauschgifts, interpretierte ich sein Verhalten jedenfalls als beschützend.

Es war immer die gleiche Routine. Nach unseren kurzen Ausflügen kehrten wir sofort wieder in die Wohnung zurück – in sein Herrschaftsgebiet – und widmeten uns den Rendezvous mit ihm und seinen Freunden. Diese Lebensweise erschien mir komfortabel und als genau das Richtige für mich. In diesen Wochen meldete ich mich weder bei Kathleen noch bei sonst jemandem aus der Peace Pad. Auch das gehört zu den zahlreichen wenig erfreulichen Begleiterscheinungen der Sucht: Man kommuniziert als Betroffener nicht mehr mit den Menschen, die man liebt.

Weder durch Textnachrichten noch durch Anrufe hatte ich sie wissen lassen, dass ich bei einem Freund wohnte oder überhaupt noch am Leben war. Ich wollte nicht zurück in die Peace Pad. Zum einen hatte ich das Gefühl, dass ich das gar nicht verdiente. Zum anderen kam ich da nicht an meine Drogen und meinen unbekümmerten Sex mit stets wechselnden Fremden.

Nach diesen zwei Wochen beschloss ich dann aber, ich müsste noch einmal zurück, um weitere Sachen zu Ian zu holen. Ich wollte nur kurz am Abend in der Peace Pad vorbeischauen und gleich wieder gehen. Direkt als ich die Wohnung betrat, spürte ich, wie sich in der Atmosphäre Spannung aufbaute. In Anwesenheit der anderen fragte mich Kathleen freundlich, wo ich denn gewesen sei. Ich gab nur kurz zur Antwort, ich habe jemanden getroffen, bei dem ich jetzt wohne. »Du hast ganz schön abgenommen«, stellte Kathleen ruhig fest, während sie mich von oben bis unten musterte. Ich dachte zwar, ich wäre gut im Lügen, aber heute bin ich mir sicher, sie wusste, was lief, oder hatte zumindest den richtigen Verdacht. Ich versuchte zu überspielen, was sie eigentlich meinte, und erzählte ihr, ich würde mich halt gesünder ernähren und mehr Sport treiben, was natürlich beides komplett gelogen war. In Wirklichkeit aß ich kaum noch etwas. Ich sah Ian jeden Tag ähnlicher, wurde dünner und blasser und hatte dicke schwarze Ringe unter den Augen. Meine Wangenknochen begannen hervorzutreten. Ich selbst meinte allerdings, ich sähe umwerfend aus.

Nach Kathleens freundlicher und besorgter Befragung suchte ich zusammen, was ich brauchte, und kehrte zu Ian zurück. Das Karussell mit den Männern und den Drogen drehte sich weiter, Tag und Nacht. Wir blieben bis in die frühen Morgenstunden auf, während wir high wurden, oder wir blieben gleich mehrere Tage am Stück wach, bis wir zusammenbrachen, schliefen dann 14 Stunden, und anschließend ging das Ganze wieder von vorne los. Es war die Hölle, aber aus irgendwelchen Gründen gefiel mir das auch total. Ich war etwa drei Monate bei Ian, als sich Hurrikan Sandy auf den Weg zu uns machte.

Hurrikane waren kein Thema gewesen, als ich in Montana aufwuchs, und auch in New York hatte ich damit bislang keine Bekanntschaft gemacht. Jetzt sah ich in den Nachrichten Warnungen, dass in der Stadt alles geschlossen würde, einschließlich der U-Bahn. Das war sehr ungewöhnlich und ließ bei mir alle Warnlampen angehen. Die leise Stimme des gesunden Menschverstands flüsterte mir zu: *Vielleicht sollte ich diesen Sturm lieber in der Peace Pad an mir vorüberziehen lassen.* Auch Ian fand, es wäre besser, wenn ich ginge und erst wieder zurückkehrte, wenn das Schlimmste vorbei wäre. Er gab mir noch Drogen für ein paar Tage mit und schickte mich dann meines Weges.

Ich erreichte die U-Bahn-Station etwa 30 Minuten, bevor der Betrieb eingestellt werden sollte, stieg in die Linie A Richtung Norden und fuhr nach Hause. Als ich dort ankam, hatten sich alle im Wohnzimmer versammelt. Große Kreuze aus Klebeband sollten die Fensterscheiben vorm Zerbersten schützen. In der Küche standen die Arbeitsplatten voller Wasserkrüge, und die Schränke waren mit Lebensmitteln und Konserven gefüllt, die bis ans Ende aller Tage reichen würden.

Die Peace Pad war wie immer eine sehr gastfreundliche Wohnung. Kathleen und ihre beiden Mitbewohnerinnen Adina und Tiffany ließen mich genauso bei sich wohnen wie zwei junge Schauspielerinnen, Micah und Caitlyn, die zusammen mit ihrem Hund Wiley vorübergehend bei ihnen eingezogen waren. Sechs Personen und ein Hund waren recht viel für eine Wohnung mit drei Schlafzimmern und einem Bad in Manhattan. Das wurde deutlich, als wir zusammen im Wohnzimmer hockten und angespannt darauf warteten, dass Hurrikan Sandy seine prophezeiten Verwüstungen anrichtete. Wir vertrieben uns die Stunden der angespannten Ungewissheit mit Spielen. Je dunkler die Nacht wurde, desto lauter und stärker wurde der Wind. Er schlug Aufmerksamkeit heischend gegen die Fenster, während das Licht flackernd an und aus ging wie in einem Horrorfilm.

Ich ging ins Bad und versuchte dort etwas Ruhe zu finden, während das Meth von früher noch durch meine Venen wirbelte. Ich dachte, unzutreffenderweise, wenn ich mehr rauchte, würde mich das vielleicht beruhigen und ich würde gar nicht mitbekommen, wie der Sturm draußen tobte. Ich öffnete das kleine Badezimmerfenster und blies den Rauch nach draußen, wo er sich mit dem dort wirbelnden Chaos vereinte. Aber das Einzige, was ich erreichte, war, dass auch in meinem Kopf ein Hurrikan entstand. Ich ging zurück ins Wohnzimmer, wo weiter gespielt wurde. Zu dieser Zeit waren alle bereits ein bisschen durchgedreht, denn während ich im Bad mein Meth geraucht hatte, hatten hier im Wohnzimmer alle Gras geraucht.

Die vom Wind gepeitschten Fenster begannen beunruhigend zu rappeln. Je stärker der Wind wurde, desto stärker wurde das Rütteln. Und auch meine Angst nahm im gleichen Maße zu; ich war mir sicher, die Scheiben würden jeden Moment bersten. Als ich mich schließlich in eine ausgewachsene Panik hineingesteigert hatte, begann ich zu schreien: »Schnell, wir müssen die Fenster mit Heißkleber zukleben! Wir müssen die Fenster mit Heißkleber zukleben!« Dann wechselte mein Flehen die Richtung: »Wo ist das nächstgelegene Krankenhaus? Wenn einer von uns verletzt wird, wohin gehen wir dann? Ich weiß nicht, wo hier in Harlem ein Krankenhaus ist! Wo ist ein Krankenhaus?!« Ich hatte so viel Angst, dass ich zitterte, meine Panik war zu einem eigenen Sturm geworden. Scherzend, aber durchaus ehrlich gemeint, erklärte mir Kathleen später, dass ich während des Hurrikans schlimmer zu ertragen war als der Hurrikan selbst. »Du warst der Hurrikan Bruce. Es war unmöglich, dich zu beruhigen.«

Meine Furcht muss sich übertragen haben, denn irgendwann beschloss Kathleen, wir sollten das Wohnzimmer lieber verlassen und uns alle in ihr Schlafzimmer zurückziehen. Dieser Raum lag am dichtesten am Kern des Gebäudes. Sie nahm an, es würde daher auch den meisten Schutz bieten. Die anderen Zimmer hatten alle Außenwände und waren dadurch, sollten die Fenster tatsächlich zerbrechen, stärker durch herumfliegende Gegenstände und Glassplitter gefährdet.

Wir müssen wohl schon eine Stunde in ihrem Zimmer gewesen sein, bevor ich wieder normal zu atmen begann. Ich tat es den anderen gleich und rauchte so viel Gras, wie ich nur konnte, um mich auszuknocken. Das funktionierte zum Glück. Alle sechs und Wiley hatten wir uns auf Kathleens großem Bett zusammengedrängt, aber wir erkannten, so würde diese Nacht keiner von uns schlafen können. Daher holten sich einige von uns Kissen vom Sofa und bereiteten sich damit ein provisorisches Nachtlager auf dem Fußboden. Erst am nächsten Morgen verließen wir das Zimmer wieder.

Die Sonne lugte über die Vorkriegsgebäude und ließ einen ruhigen hellblauen Himmel erkennen. Kathleen, Adina und Caitlyn gingen hinunter auf die Straße und machten einen Spaziergang, um zu schauen, welche Schäden Hurrikan Sandy im Viertel angerichtet hatte. Die schlimmsten Zerstörungen waren uns erspart geblieben. Harlem war mit etlichen abgebrochenen Baumwipfeln und einer Menge herumliegendem Müll aus umgestürzten Abfalltonnen davongekommen. Außer Upper Manhattan waren alle Regionen schwer getroffen worden. Wir sahen Videos, die zeigten, wie U-Bahn-Schächte komplett vollgelaufen waren und Teile von Lower Manhattan bis zu zwei Meter fünfzig unter Wasser standen. Überall unterhalb der 14th Street gab es keinen Strom mehr, und viele der umliegenden Bezirke und Küstenstriche waren völlig zerstört. In vielen Häusern waren Keller und Erdgeschoss geflutet und alles war vernichtet. In manchen Gegenden von New Jersey waren ganze Häuser verschwunden.

Immer noch benebelt und im Griff meiner Sucht sah ich nicht, wie dämlich die Idee war, jetzt Richtung Süden zu fahren. Aber ich konnte es nicht mehr aushalten und wollte zurück zu Ian.

***

In Ians Wohnung war es kalt. Sie lag unterhalb der 14th Street und hatte daher keinen Strom, und das womöglich noch für Tage. Die Abendstunden begannen und damit auch unser Hunger. Der Elektroherd war nutzlos, und Essenholen war auch keine Option, da die Restaurants alle geschlossen waren. Wir versuchten, mit den Brennern, die wir für unser Crystal Meth verwendeten, zwei Dosen Suppe einigermaßen warm zu bekommen. Ich weiß noch, wie ich geschlagene 30 Minuten dasaß, die Dose über der Miniflamme drehte und versuchte, nicht die Geduld zu verlieren. Sobald wir sahen, dass ein erstes bisschen Dampf aus der offenen Dose aufstieg, beschlossen wir, das Essen sei warm genug. Ich nahm einen Löffel. Es war bestenfalls lauwarm, fast noch kalt, aber ich hatte keine Geduld und wollte nicht noch länger warten. Außerdem mussten wir ja darauf achten, dass wir nicht zu viel von unserem Brennstoff verschwendeten, denn schließlich stand nach dem Essen ja unser Rauchen an. High zu sein hatte für mich weiterhin die höchste Priorität. Wir schluckten also schnell unsere Buchstabensuppe und krochen dann unter die Decke, um es warm zu haben. Warum ich mich entschied, nach dem Hurrikan die Sicherheit und Wärme der Peace Pad gegen eine Wohnung ohne Strom einzutauschen, ist mir noch heute unbegreiflich. Die Sucht bringt uns wirklich dazu, die dümmsten Sachen zu machen.

Die Kälte und die Nässe waren nicht gut für meine Gesundheit. Nach einer Woche, in der ich völlig zugedröhnt im Dunkeln zitterte, wurde ich krank. Das Elend war mir vertraut, es waren die gleichen Symptome wie vor meiner HIV-Diagnose. Ich konnte das Bett nicht mehr verlassen und jeder Muskel meines Körpers schmerzte unerträglich. Nach ein paar Tagen konnte ich auch das Wasser nicht mehr halten. Essen war mir unmöglich. Der Ernst meiner Erkrankung ließ sich nicht mehr bestreiten. Ich sagte Ian, dass ich seine Hilfe brauchte, um in meine Arztpraxis zu gelangen. Ich hatte Glück; bei ihm stand gerade weder ein One-Night-Stand an, noch hatte er sich um ein Drogengeschäft zu kümmern.

Ich weiß nicht, was sonst passiert wäre. So aber half er mir die Treppe hinunter und in sein Auto. Ich konnte kaum noch stehen.

Er setzte mich an der Mount Sinai Clinic an der 25th Street ab, und ich quälte mich mit erstaunlicher Entschlossenheit durch die Lobby und in den Aufzug. Ich sah nur noch verschwommen, und mir war total schwindelig. Nach der Anmeldung holte mich direkt eine Krankenschwester ab. Es war nicht zu übersehen, wie schlecht es mir ging. Nach 15 Minuten im Untersuchungsraum kam mein Arzt. Er maß meine Vitalparameter, untersuchte mich kurz und nahm mir Blut ab, um es für weitere Tests ins Labor zu schicken.

»Haben Sie regelmäßig Ihre Medikamente genommen?«, fragte er mich.

»Meistens. Manche Tage vergesse ich es«, antwortete ich beschämt. Obwohl mich die Ärzte wiederholt darauf angesprochen hatten, ob ich Drogen nähme, bestritt ich das immer, obwohl es offensichtlich war. Da sie mir nicht weiterhelfen konnten, was meine Ehrlichkeit betraf, konzentrierten sie sich auf die verschriebenen Medikamente. Bei meiner Erstdiagnose war mir erklärt worden, wie wesentlich es sei, dass ich meine Medikamente mit der Präzision eines Uhrwerks einnehmen müsse und nicht eine Dosis auslassen dürfe. Wenn ich zu viele hintereinander ausließe, könne mein Körper immun gegenüber den Medikamenten werden. Ich wusste das alles, aber wenn ich bei Ian war und high, verlor ich jedes Zeitgefühl. Ich wusste nicht mehr, ob es Tag war oder Nacht. Mal verflog die Zeit nur so, mal schleppte sie sich dahin. In unserer Drogenhöhle wurde aus dem Verrinnen der Zeit ein seltsam verschwommener Strudel. Während ich unablässig high war, hasste ich mich auch unendlich. In diesem Zustand tat ich absolut nichts, was gut für mich war. Dass ich meine Medikamente nicht nahm, war nur ein Beispiel dafür. Ich ließ meine Dosen ständig aus. Meine HIV-Virenlast – die Menge der Viren in meinem Blutkreislauf – war außer Kontrolle geraten.

In einem totalen Kontrastprogramm der Sinne spürte ich nun, wie meine Temperatur fiebrig anstieg, während ich gleichzeitig vor Eiseskälte zitterte. Es dauerte keine zehn Minuten, bis ich in einen Krankenwagen verfrachtet und zur Niederlassung der Klinik in der Upper East Side gebracht wurde. Zu meinen glasklaren Erinnerungen an diesen traumatischen Tag gehört die Szene, wie ich auf einer Rollbahre über den belebten Fußweg vor der Klinik geschoben wurde. Ein Passant, der mich offenbar dem Tod sehr nahe glaubte, sagte mit Mitleid in der Stimme zu mir: »Halt durch, Kumpel! Alles wird gut.« Im nächsten Moment verlor ich das Bewusstsein.

Ich erwachte in der Notaufnahme, mit einem Tropf am Arm und Überwachungsgeräten an Brust und Fingern. Nicht nur war meine Virenlast außer Kontrolle geraten, sondern ich hatte auch noch eine akute Hepatitis C und eine Lungenentzündung. Meine Haut war gelb, mein Urin war braun, und ich hatte unkontrollierbaren Durchfall. Ich lag im Sterben. Sobald ein Bett frei war, wurde ich in ein Zimmer geschoben und unter Quarantäne gestellt. Dort sollte ich die nächsten zehn Tage bleiben.

In dieser Zeit war ich am Ende. Es war ein ähnliches Gefühl wie damals mit 16 in Las Vegas. *Leben oder sterben.*

Ich wollte nicht sterben. Allem Selbsthass zum Trotz brannte in meinem Inneren immer noch ein Licht, das leben wollte, das leuchten wollte. Tief in meinem Herzen spürte ich, dass ich noch Träume hatte, die verwirklicht werden wollten. Gleichzeitig hatte ich das Gefühl, dass ich in der Falle saß, dieser Hölle nie entkommen würde, in der ich mich befand. In diesen zehn Tagen hatte ich genug Abstand, Einsamkeit und Zeit, um nachzudenken. Die Zeit reichte auch für eine Entgiftung von den Drogen, die meinen Verstand vernebelten und mir die Sicht auf Möglichkeiten zur Rückkehr auf den altvertrauten Weg versperrten.

Ich rief Kathleen an und teilte ihr mit, wo ich war und dass mir alles total leidtäte. Wenigstens gegenüber einer Person ehrlich zu sein war schon mal ein Anfang. Sobald meine Quarantäne aufgehoben war und mein Zustand stabiler wurde, kam Kathleen mich besuchen. Als sie das Zimmer betrat, trug sie zum Schutz einen Krankenhauskittel und ein weißes Haarnetz. Auch wenn meine Quarantänezeit offiziell vorbei war, sorgte das Krankenhauspersonal dafür, dass alle Besucher Maßnahmen zum Schutz der eigenen Sicherheit trafen. Sie begrüßte mich mit einem herzlichen Lächeln und einem Einmachglas mit Sonnenblumen. Auch ein paar Zeitschriften, die ich zum Zeitvertreib durchblättern konnte, brachte sie mir mit. Sie leistete mir Gesellschaft, saß auf dem Stuhl in der Ecke und plauderte mit mir. Ich war noch sehr schwach, deshalb blieb sie nicht lange, aber sie sorgte dafür, dass ich wusste, ich werde geliebt. Ich hoffe, ich habe mich in den Jahren seither für ihre Freundlichkeit revanchiert; ich bin mir sicher, dass ich das damals nicht tat.

Schließlich begann ich mich besser und weit stabiler zu fühlen. Die Ärzte hatten mir neue HIV-Medikamente verordnet, die hoffentlich Wirkung zeigen würden. Die unerträglichen Schmerzen hatten endlich aufgehört, und im Hinblick auf meine Gesundheit konnten wohl alle Punkte als zufriedenstellend abgehakt werden, sodass ich entlassen wurde, diesmal mit Broschüren über akute Hepatitis C.

Ich war gerade noch mal davongekommen. Aber man vergisst schnell, was man gelernt hat, und die Sucht ist stark. Als ich das Krankenhaus verließ, ging ich direkt nach links über die Straße und holte mir in einer Eckkneipe eine Schachtel Zigaretten. Ich brauchte irgendeine Dröhnung, ganz gleich was für eine. Ich rauchte drei Zigaretten hintereinander, dann nahm ich mir ein Taxi und fuhr heim zur Peace Pad. Im Taxi kam ich zur Besinnung. Ich war doch zehn Tage ohne Zigaretten ausgekommen. So wollte ich meinen Weg nicht weitergehen. Als ich in die Wohnung kam, ging ich direkt ins Bad, hielt die Zigarettenschachtel unter den Wasserhahn, bis sie durchgeweicht war, und warf sie dann in den Abfalleimer.

Die Erfahrung, die ich durchlebt hatte, hätte ausreichen müssen, um mich für alle Zukunft außer Gefahr, bei Vernunft und völlig nüchtern zu halten. Aber das Einzige, was ich wollte, war wieder zu Ian zurückzukehren und high zu sein. Nach ein paar Tagen gab ich meinen Wünschen nach. Es stimmte: In meinem Kopf, in meinen Zwängen, in meinen Süchten war ich Hurrikan Bruce.

Im Handumdrehen war ich wieder im Abgrund meiner Süchte und in der ungemütlichen Dunkelheit von Ians Wohnung angekommen. Kurz nach meiner Rückkehr wurden wir zu einer Party in einem Schwulen-Hotel im Stadtteil Hell's Kitchen eingeladen. Ohne zu zögern nahmen wir die Einladung an. Als wir eintrafen, waren fünf weitere Männer im Hotelzimmer. Im Fernseher liefen bereits Pornos, und Meth-Geruch erfüllte den Raum. Ich sprang unter die Dusche, um mich auf die erwartete Orgie vorzubereiten. Aber als ich aus der Dusche kam, musste ich zu meiner Enttäuschung feststellen, dass Sex gar nicht auf der Tagesordnung stand. Die wollten alle nur zusammen abhängen, Pornos gucken und Meth rauchen. Kein Sex? Dafür war ich ja nun nicht hergekommen. Die Typen wollten einfach nur high sein. Sobald ich selber high genug war, beschloss ich zu gehen.

Benebelt, wie ich war, machte ich einen langen Spaziergang. Ich ging von Hell's Kitchen aus Richtung Süden und erreichte Chelsea. Dort kam ich an einem Nobel-Secondhandshop vorbei, in dem Prada, Gucci, Louis Vuitton, Dolce&Gabbana und andere Luxusmarken verkauft wurden.

Drinnen fiel mir eine schwarze Hose von Prada ins Auge. In der Umkleidekabine sah ich ein paar leere Kleiderbügel am Haken. Da packte mich die Idee. *Ich könnte die Hose einfach klauen.* Ich hatte überhaupt nicht die Absicht gehabt, etwas zu stehlen, als ich den Laden betrat, aber diese leeren Kleiderbügel hatten irgendetwas in mir ausgelöst. Ich probierte die Hose an, und sie passte mir wie angegossen. Die Hose, die ich beim Hereinkommen angehabt hatte, ging locker über die hautenge Prada-Hose.

Nachdem ich also meine eigene Hose über den begehrten Artikel gezogen hatte, verließ ich die Umkleidekabine und gab die übrigen Hosen zurück, damit es so aussah, als wollte ich nichts kaufen. Mein Fehler war: Ich gab auch einen leeren Kleiderbügel mit zurück.

»Haben Sie diese Hose dabei?«, fragte mich die Angestellte.

»Die habe ich nicht anprobiert. Ich dachte, die hätte ich Ihnen zurückgegeben?«, erwiderte ich dämlicherweise.

»Die haben Sie mit in die Umkleidekabine genommen, und wir hätten sie auch gern wieder zurück«, entgegnete sie scharf.

Ich beharrte nun erst recht auf meinen falschen Behauptungen. »Wie können Sie es wagen, mich des Diebstahls zu beschuldigen!« Ich geriet in Panik und suchte nach einer Möglichkeit, aus dem Laden zu rennen. *Jetzt!* Ich griff über die Ladentheke und schnappte mir meine kontrollierte Tasche. Wie der Blitz rannte ich zur Tür. Die Ladeninhaberin sprang mir in den Weg. Aber ich würde mich doch wohl nicht von einer grauhaarigen Frau Mitte 50 stoppen lassen! Mein Herz raste mit hundert Sachen. Ich schubste sie durch die Tür und wir stürzten beide auf den Fußweg vor dem Laden. Nun eilte aber auch noch die Angestellte herbei, warf sich auf mich und hielt mich am Boden fest. Mit Armen und Beinen wild in der Luft herumschlagend, versuchte ich mich zu befreien.

Ein Passant sah unseren Kampf und hörte, wie die Ladeninhaberin schrie: »Hilfe! Haltet den Dieb, der Kerl hat in meinem Laden gestohlen!« Daraufhin warf er sich nun auch noch auf den Haufen, um mich festzuhalten. Ich gab auf. Auf dem Rücken liegend, die Ladenangestellte und diesen fremden Mann auf mir, blickte ich zum Himmel hoch. Abrupt war ich nicht mehr high und benebelt, wenn auch nur vorübergehend. Für einen kurzen, schmerzlichen Moment war ich völlig klar. Ich war verängstigt, verlegen und beschämt.

Die Angestellte hatte ihr Knie auf meine Brust gesetzt. Sie schrie mich an. »Ich weiß, du hältst dich für einen ganz harten Burschen. Bist du aber nicht! Guck dich doch an, Kleiner – du bist ganz und gar nicht clever! Du wanderst in den Bau!« Und immer wieder rief sie: »Du bist *nicht* clever! Du bist *nicht* clever!«

Kurz darauf traf die Polizei ein und übernahm. Ich wurde in Handschellen gelegt und zum Streifenwagen gebracht. Meine Tasche hatten sie zwar nicht durchsucht, aber ich wusste, dass sie das noch tun würden. Daher schaute ich die Polizistin an und sagte ihr wahrheitsgemäß und ohne Umschweife: »Ich habe Drogen dabei.«

Sie sah mich überrascht an. »Ach so? Was für welche denn?« Ich informierte sie, dass ich Meth und die zugehörige Pfeife im Sonnenbrillen-Etui hätte. »Gut, dass Sie ehrlich sind. Das wird sich vor Gericht positiv für Sie auswirken«, erwiderte sie darauf. Ich hatte das Gefühl, dass sie mich in dem Moment mehr als das sah, was ich war, nämlich ein um sein Dasein kämpfendes menschliches Wesen, und weniger als einen Verbrecher.

Das war das erste Mal, dass ich als Erwachsener festgenommen wurde, und ich hatte totale Angst. Meinem Aussehen konnte ich nicht entkommen. Ich würde im Gefängnis auffallen wie ein bunter Hund. Meine androgyne schwarze Hose und mein Netzhemd, das bei dem Kampf zerrissen war, luden ungewollt geradezu dazu ein, Ärger zu bekommen. Ich saß zunächst zehn Stunden lang allein in einer Zelle, bevor ich in ein Gefängnis in der Innenstadt gebracht wurde, wo eine deprimierend lange Schlange von Männern darauf wartete, eingesperrt zu werden. Ich war einer von ihnen.

Ich wurde in einen riesigen, an eine Gruft erinnernden Raum geführt, mit großen Zellen zu beiden Seiten. Auf jeder Seite gab es wohl vier von diesen Zellen, in denen jeweils 20 bis 50 Männer waren. Das harte Kunstlicht, das von den blauen Oberflächen reflektiert wurde, tauchte alles in ein diffuses Blassgrün. Die zahlreichen

Metallgitterstäbe warfen ein schwarzes Streifenmuster auf die Personen im Gang. In der Zelle, in die ich kam, gab es eine einsame Garnitur aus Toilette und Waschbecken aus rostfreiem Stahl auf einer Plattform in der Ecke. Man wäre dort für alle offen sichtbar. *Nie im Leben würde ich darauf gehen,* dachte ich bei mir.

Wachbleiben, durchhalten, wachbleiben, durchhalten, skandierte ich für mich, denn ich hatte eine Scheißangst davor, inmitten all dieser verzweifelten und potenziell gewalttätigen Männer einzuschlafen. Nachdem ich wohl drei Stunden auf meinen Händen gesessen, vor und zurück geschaukelt und dabei *Wachbleiben, durchhalten, wachbleiben, durchhalten* skandiert hatte, wurde ich in eine andere Zelle gebracht, die näher zum Gerichtssaal lag. Das war eine viel kleinere Zelle, in der etwa 15 Männer waren. Wieder saß ich auf einer langen Betonsteinbank, schaukelte vor und zurück und skandierte *Wachbleiben, durchhalten, wachbleiben, durchhalten.* Als mein High-Zustand nachließ, pennte ich ein. Ich war etwa 20 Stunden eingesperrt, als ich unversehens von einem der anderen Insassen wachgerüttelt wurde.

»Junge, ich hab schon gedacht, du bist tot! Ich schüttele dich hier schon geschlagene zehn Minuten!«, sagte er. »Die Pflichtverteidigerin ist da und will mit dir reden.«

Gegen meine anhaltende starke Schläfrigkeit ankämpfend, kam ich auf die Beine und ging in einen an eine Abstellkammer erinnernden Betonsteinraum, in dem am Boden ein Metallstuhl festgeschraubt war. Vor mir wurde der Raum durch ein Glasfenster abgeteilt. Ich döste ein. Meine Anwältin, eine blonde Frau, wartete geduldig, bis ich wach wurde. Als ich wieder ein wenig besser bei mir war, begannen wir meinen Fall zu besprechen.

Eine Stunde später stand ich vor dem Richter und hörte mir die Anklage gegen mich an. Da es mein erstes Vergehen war, ließ man mich laufen, mit einem Anschlusstermin vor Gericht. Ich nahm meine Papiere und verließ das Gericht mit einer MetroCard in Händen. Sie war für zwei Fahrten aufgeladen. Damit konnte ich zuerst zu dem Polizeirevier fahren, in dem ich tags zuvor gewesen war, um meine Tasche abzuholen, die sie dortbehalten hatten. Im Anschluss an diese unangenehme Aufgabe fuhr ich mit der Karte schnurstracks zur Peace Pad, dem altvertrauten Weg entgegen. Als ich ankam, saß Kathleen auf dem Sofa und sah fern. »Was um Gottes willen ist dir denn passiert?«, fragte sie mit Blick auf mein zerrissenes Netzhemd und mein heruntergekommenes Äußeres. Ich sah einfach beschissen aus.

»Ich bin verhaftet worden, weil ich in der U-Bahn übers Drehkreuz gesprungen bin«, log ich. Ich war immer noch nicht in der Lage, wirklich ehrlich zu sein und in Interaktion mit anderen zu treten. Ich konnte ihre positive und freundliche Art noch nicht annehmen. Ich ging an ihr vorbei direkt in mein Zimmer, warf mich auf die Luftmatratze und schlief mehrere Stunden.

Irgendwann am nächsten Tag wachte ich auf. Ich fand mich und den Hurrikan meines Lebens einfach nur noch zum Kotzen. Ich wollte dieser Hölle entkommen, in der ich festsaß.

Es brauchte hierzu keine Art von Bereitschaft. Ich musste es nur wollen. Und ich wollte es. Mit diesem Geschenk der Verzweiflung ging ich an meinen Computer und suchte nach Suchthilfeeinrichtungen in der Stadt. Zu meiner Überraschung fand ich viele verschiedene Programme: stationäre Rehas, ambulante Rehas, Zwölf-Schritte-Programme. Dann stieß ich auf eine Site mit dem Namen »The Addiction Institute of New York«. Ich klickte darauf und rief die dort angegebene Telefonnummer an. Das war *der* Anruf, der mein Leben zum Besseren wendete.

Ich vereinbarte einen Einstufungstermin am nächsten Tag. Ich zog die Sache durch und kreuzte sogar zu früh dort auf. Das Addiction Institute sollte die Einrichtung werden, die mein Leben für immer veränderte.

Atmen. Ganz gleich, wie sehr ich meine Selbsttäuschung auch liebe, sie ist nicht real und liebt mich auch nicht zurück.

Atmen. Es gibt vieles, was ich nicht beeinflussen kann. Aber wenn der Hurrikan kommt, kann ich durchaus beeinflussen, ob ich Schutz suche oder mich dem Sturm aussetze. Diese Entscheidung liegt ganz bei mir.

Atmen. Manchmal muss ich erst am Tiefpunkt ankommen, dort eine Falltür öffnen und noch einen weiteren Tiefpunkt darunter erreichen, bevor ich endlich den Entschluss fasse: Genug ist genug! Sofern ich an diesem Tiefpunkt noch am Leben bin, weiß ich jetzt, dass ich noch Optionen habe.

Ich werde atmen und meinen Weg weitergehen.

18 Crystal im Regen

> Atmen. Für genau das Problem, mit dem du zu kämpfen hast, gibt es irgendwo auch Hilfe. Du brauchst dafür keine Art von Bereitschaft, du musst nur gewillt sein, diese Hilfe auch anzunehmen.
>
> Atmen. Wenn du meinst, du hättest einen leichteren oder bequemeren Ausweg gefunden, solltest du noch einmal nachdenken. Denn alles, was einen Wert hat, verlangt viel harte Arbeit, aber diese harte Arbeit wird sich auch auszahlen.
>
> Atmen. Wenn du dir endlich nicht mehr selbst im Wege stehst, wirst du feststellen, dass du nun in der Lage bist, alles zu bekommen, was du je wolltest.
>
> Atmen. Und geh deinen Weg weiter.

Mein Behandlungsplan beim Addiction Institute of New York sah vor, dass ich ins ambulante Reha-Programm aufgenommen werde. Ich sollte vier Tage die Woche an verschiedenen Treffen teilnehmen sowie auch eine individuelle Therapiesitzung erhalten.

Bei einigen dieser Treffen handelte es sich um DBT (dialectical behavioral therapy, dialektische Verhaltenstherapie) und CBT (cognitive behavioral therapy, kognitive Verhaltenstherapie), was mir bis dahin unbekannt war. Die Leiter erklärten mir, DBT sei eine Form der Gesprächstherapie. Sie ermögliche Menschen, die intensive Emotionen empfinden, einen Ort des Friedens zu finden, indem sie ihnen helfe, schwierige Gefühle zu verstehen und zu akzeptieren. CBT konzentriere sich auf aktuelle Probleme. Sie helfe den Menschen, destruktive Verhaltensweisen zu erkennen, und stelle ihnen bessere Techniken für den Umgang mit solchen Situationen zur Verfügung. *Ja, das klang wie etwas, was ich gut brauchen könnte.*

Ich nahm auch an Treffen für Menschen mit Suchterkrankungen teil und an Treffen mit dem Ziel der Schadensbegrenzung, mit denen die negativen Konsequenzen riskanter Drogen- und Sexual-Aktivitäten vermindert werden sollen, ohne komplette Abstinenz zu verlangen. Dies ermöglicht den Menschen, positive Veränderungen vorzunehmen, mit denen sie sich selbst und andere schützen, während sie nach wie vor ihre schädlichen Verhaltensweisen an den Tag legen. Ich erfuhr, dass es wichtig sei, mit dieser Vorgehensweise sehr vorsichtig zu sein, und dass den Teilnehmern klar sein sollte, was sie sich davon erhofften, wenn sie diesen Weg beschritten. Dazu gehöre auch, sich selbst zu fragen, ob man wirklich eine positive Veränderung wolle oder die Schadensbegrenzung nur als Vorwand nutze, um weiterhin die eigene Droge der Wahl nehmen zu können. Ist Schadensbegrenzung ein Vorwand, um die eigene Sucht auf eine andere schädliche Angewohnheit zu übertragen, die man für weniger schlecht hält? Letztlich war dieser Genesungsstil nichts für mich. Ich wollte clean werden.

Und schließlich umfasste meine ambulante Reha auch noch Crystal Meth Anonymous for Gay Men, was für mich besonders verlockend war, da ich dort in Gesellschaft schwuler Männer war, die weiterhin Drogen nahmen. Mein erster Gedanke war: *Was für eine tolle Möglichkeit, Sex zu finden und meinen nächsten Schuss zu bekommen.* Und das passierte auch tatsächlich ein paarmal. Auch wenn die Gruppe speziell dafür gedacht war, Menschen wie mir zu helfen, die Meth nahmen, erkannte ich schnell, dass sie im Hinblick auf meine Gesundung nicht sicher genug war.

Trotz meiner Festnahme und meiner sich verschlechternden Gesundheit war ich noch nicht motiviert genug, abrupt aufzuhören. Spätabends konnte man mich immer noch dabei finden, wie ich online nach meinem nächsten Schuss suchte. Diese Angewohnheit setzte sich auch trotz meiner Teilnahme an dem ambulanten Programm noch zwei Monate fort. Aber trotz meiner Rückfälle ging ich weiter zu meinen angesetzten Treffen, wo ich offen und ehrlich zugab, dass ich weiterhin zu kämpfen hatte und Drogen nahm, und je mehr ich an dem ambulanten Programm teilnahm, desto stärker ging mein Drogenkonsum zurück. Dieser Fortschritt reichte aus, um mich bei der Stange zu halten. *Ich denke, ich kann aufhören, ich kann vorankommen, ich denke, ich kann aufhören, ich kann vorankommen.*

Als meine Online-Suche mich zum Addiction Institute of New York geführt hatte, hatte ich meinen Willen gezeigt, die Drogen aufzugeben, aber voll und ganz bereit, dem Programm zu folgen und die Sache durchzuziehen, war ich erst Monate später. *Du brauchst dafür keine Art von Bereitschaft, du musst nur wollen. Die Bereitschaft kommt dann später von alleine.*

Einen Abend rauchte ich in einem Hotel in Hell's Kitchen mit einem Fremden eine kleine Menge Meth, obwohl ich das eigentlich gar nicht wollte. An diesem Erlebnis war überhaupt nichts Positives oder Erfreuliches. Nach zwei Zügen wurde mir total übel und in meinem Kopf begann es heftig zu pochen. Den Rest des Abends hing ich über der Toilette. Das Pochen gab mir ein Gefühl, als flösse mir das Gehirn aus den Ohren. Es war schrecklich. Ich hatte es satt, mir so etwas anzutun. Ich fühlte mich hilflos, kaputt und völlig besiegt.

Nach einer turbulenten Taxifahrt nach Hause ging ich ins Bett, um nüchtern zu werden. Am nächsten Morgen hatte sich etwas geändert. Ich sah sowohl das Hässliche als auch das Schöne. Ich sah die Schwielen auf meiner Haut, die Höhlen unter meinen Augen, die Kratzer in meinem Gesicht, das Gewicht, das ich verloren hatte, und die Stumpfheit in meinen Augen. Und trotzdem war da auch etwas Schönes. Das Geschenk der Verzweiflung schien heller als all dieses Dunkle und ermöglichte mir, etwas zu sehen, was ich zuvor nicht gesehen hatte. Ich war nun in der Lage, mich selbst zum ersten Mal wirklich zu sehen. Ich konnte das Potenzial zu meiner Besserung erkennen und gestattete diesem Licht der Erkenntnis, sich auszubreiten.

Die Sucht hatte mich dazu gebracht, stärker im Schatten und ungesehen zu agieren. Als nun das morgendliche Licht der Bewusstwerdung aufging, begann ich die sanft leuchtenden Umrisse des Wunsches zu erkennen, mit meinen Tagen etwas Positives anzustellen, die Umrisse meiner Fähigkeit zu Empathie und Mitgefühl. Rein äußerlich war überhaupt nichts passiert, aber meine innere Waage hatte begonnen sich zu neigen. Ich hatte Verbindung zu meinem eigenen Wert, zu meinem Potenzial, meiner Lust zu leben und meiner Lust zu geben aufgenommen. Da ich am Leben war, beschloss ich, diesen Zielen zu folgen.

Indem ich die Richtung geändert hatte, in die meine Aufmerksamkeit zielte, hatte ich die Kraft der Erkenntnis gefunden und meinen eigenen Wert erkannt. Ich war zu so viel Gutem in der Lage, trotz all des Schlechten.

Ich war bereit. Ich konnte meine Gesundung nicht länger nur halbherzig angehen.

In der Nähe der Peace Pad, im Harlemer Viertel Sugar Hill, gab es einen Mausoleums-Friedhof. Ich fühlte mich aus unerklärlichen Gründen zu einem Besuch aufgerufen. Ich nahm meine Meth-Pfeife und alles, was mit meinem Drogenkonsum zu tun hatte, und stopfte das Ganze in eine Tasche. Entschlossen, die Sucht zu beenden, die mir das Leben klaute, machte ich mich auf den Weg zum Friedhof, entschieden und bereit.

Nachdem ich langsamen Schrittes das Tor passiert hatte, nahm ich die volle Blüte der hoch über mir aufragenden Bäume in mich auf. Da ich immer noch die Nachwirkungen des vergangenen Abends spürte, schleppte ich mich den Weg nur so entlang. Er führte zu einem kleinen Hügel, der durch die granitenen Mausoleen gebildet wurde; deren Eingänge erstreckten sich hinter und jenseits des Gipfels in die Erde. Ich ging den Hügel hinauf und fand dort eine Grasfläche, auf der ich direkt über den Fassaden der Mausoleen sitzen konnte. Nachdem ich mich hingesetzt hatte, begann ich zum Universum zu sprechen und bot ihm eine vollständige Beichte an. Ich bat die höheren Mächte, den Dämon der Sucht zu beseitigen, der mich im Griff hatte. Ohne zu wissen, zu wem oder was ich betete, hatte ich keine andere Wahl, als mich zu unterwerfen. Ich betete 30 Minuten lang in aller Ernsthaftigkeit zu einer Macht, die außerhalb meiner Person lag und größer war als ich.

Dann fand ich einen glatten, runden Stein auf dem Boden. Ich langte in meine Tasche und breitete das Crystal Meth, die Pfeife und den Brenner vor mir auf dem Boden aus. Mit Leidenschaft, Schmerz und Traurigkeit begann ich, die Kristalle und die Pfeife mit dem Stein zu Staub zu zertrümmern. Nachdem ich diese Werkzeuge des Todes vernichtet hatte, warf ich die Überreste in die Lüftungsöffnung eines Mausoleums, Glasscherben, Kristallstaub und alles. In dem Moment, als ich das tat, begann es wie eine reinigende Anerkennung des Himmels zu regnen. Eine drückende Last war mir von den Schultern genommen. Ich war schon vor meiner Geburt an meine Sucht gefesselt worden, jetzt aber fühlte ich mich wirklich frei. In dem sanft fallenden Regen begann ich große Schluchzer der Erleichterung zu weinen. Es war, als löste der Regen die Albtraumwelt auf, in der ich gelebt hatte.

Der Schauer war nur kurz, und ich blieb auf dem Friedhofs-Hügel sitzen, bis er vorbei war. Die Sonne lugte nun hell hinter einer dunklen Wolke hervor und kündigte weiteres Licht an. Die Sturmwolken bewegten sich weiter und gestatteten der Sonne, in ihrem vollen Glanz zu erstrahlen. Ich nahm das als Zeichen. *Das muss auch ich tun.* Das authentische Ich begann zum ersten Mal seit Jahren zum Vorschein zu kommen.

Der 13. Juni 2014 war der Tag, an dem ich endgültig meine Freiheit erlangte. Mit einem Mirror-Key, der aus meiner Person und meinem Potenzial bestand, befreite ich mich von meinen Fesseln. Ich war zuversichtlich, den »altvertrauten Weg« wiederfinden zu können, auch wenn mir durch Trübsinn und Negativität der Blick vernebelt werden sollte. Durch Erkenntnis und Bereitschaft müsste sich der Weg finden lassen.

Den Rest des Tages saß ich im Wohnzimmer der Peace Pad, schaute Trash-TV und leckte, bildlich gesprochen, meine Wunden. Als es Abend wurde, ging ich ins Bett und schlief friedlich ein.

Ich begann zu träumen. Um meinen Frieden zu erlangen, war noch ein weiterer Kampf ums Überleben zu bestehen. Als ich in mein Unterbewusstsein abtauchte, fand ich mich in dem Albtraum wieder, der mich schon früher heimgesucht hatte.

Der boshafte Schatten löste sich aus den grün-schwarz gestreiften Wänden und landete dicht neben mir. Er erhob sich aus seiner kauernden Stellung und erkundete katzenartig und methodisch sein Umfeld. Direkt vor mir stehend, streckte er sich zu seiner vollen Größe von vier Metern empor. Seine abstoßend magere Taille verriet jahrzehntelangen Hunger.

Sein Arm schoss eckig zur Seite und ergriff die vertraute Spritze. Deren Spitze sah so bedrohlich aus wie immer, lang und dünn, und wartete auf ihre Befehle. Eine unsichtbare Kraft packte meine Beine, Taille und Arme und schnallte mich umgehend an den gefürchteten Metallstuhl.

Die schwarzen Streifen an der Wand verwandelten sich in Spiegel, die kaleidoskopartig gebrochen mein Bild zeigten. Ich wusste, ich war in Gefahr.

Der Boden zu meiner Linken begann zu beben und eine Falltür spie einen Wagen mit drei beschrifteten Kisten aus. Auf die erste Kiste war »HIV« gekritzelt, die zweite war mit »Schwäche« beschriftet und die dritte trug die Aufschrift »Meth«. Bei meinen früheren Besuchen dieser Phantom-Folterkammer waren die Kisten mit »Gehirn«, »Herz« und »Kehlkopf« beschriftet gewesen. Damals waren mir diese Organe gestohlen worden, aber diesmal blieb ich intakt. Mein Gehirn formte Gedanken, mein Herz schlug eine Million Stundenkilometer schnell und ich hörte mich plötzlich schreien. Von diesem Moment an war ich nicht mehr die Marionette dieses Monsters.

Die Silhouette kam näher. Ich konnte den Gestank ihrer verwesenden Haut riechen, als sie mich boshaft grinsend anbrüllte: »Weißt du, was in dieser Spritze ist?«

Auch diesmal schüttelte ich den Kopf.

Sie lachte mit dämonischem Vergnügen. »Natürlich weißt du das nicht! Es macht doch immer viel mehr Spaß herauszufinden, was es ist, nachdem es dir schon verabreicht worden ist!« Die Stimme des Schattens war heiser vor Verbitterung. Sein Blick sprang schneller, als ich schauen konnte, von der Spitze der Nadel zu meinem schutzlosen Arm und dann weiter zu meinen Augen.

Er hob die Spritze langsam hoch über meine verletzliche Haut, aber dann stieß er frustriert einen hohen Schrei aus und schmetterte die Glasspritze zu Boden, wo sie in tausend Stücke ging.

Mit unverhohlener Wut wandte er sich dem Wagen zu und riss die drei Kisten auf, in denen jeweils eine einzelne Spritze zum Vorschein kam. Eine nach der anderen griff sich das dunkle Wesen diese Spritzen, hob sie drohend hoch in die Luft und versuchte mir ihr Gift in den Arm zu injizieren. Doch seine Wut war vergeblich. Bei jedem Versuch wurde seine böswillige Bewegung von einer unsichtbaren Kraft abgewehrt. Die Spritzen knallten zu Boden und zersprangen beim Aufprall zu einem kristallenen Scherbenmuster. Seine frustrierten Schreie verstummten. Als die letzte Spritze in Stücke ging, tat das auch der grässliche Schatten und löste sich in den schwarzen Rauch einer Aschewolke auf.

Schwitzend und zitternd schreckte ich aus meinem Schlaf hoch. Die Bedeutung meines Traums war kristallklar. Ich hatte mich endlich aus dem tödlichen Griff meiner Sucht nach Meth, Sex und Selbsthass befreit. Ich saß in der Stille meines Zimmers und nahm seine Friedlichkeit und Heiterkeit wahr. Ich begann ganz tiefe Atemzüge zu nehmen, und mein Herzschlag verlangsamte sich zu einem normalen Puls. *Es ist alles in Ordnung. Ich bin in Sicherheit. Ich werde meinen Weg weitergehen. Ich muss einfach nur weiteratmen.*

***

Ich setzte meine Behandlung am Addiction Institute noch anderthalb Jahre fort, bevor ich mein Programm abschloss. In dieser Zeit konnte ich Liebe zu mir selbst und Freude finden. Außerdem war ich in der Lage, einen Job zu finden und ihn zu behalten. Ich gewann allmählich das Vertrauen meiner Freunde und meiner Familie wieder, und mit jedem Tag kehrte langsam, aber sicher, das Leben zu mir zurück. Und schließlich war in meiner alltäglichen Routine auch wieder die einfache Lebensfreude vorhanden.

Das Ganze verlief nicht ohne große Kämpfe. Mit dem Verlangen hatte ich auch nach Abschluss meiner ambulanten Reha noch viele Monate zu kämpfen, und das ist auch heute noch der Fall. Aber heute habe ich den Wunsch und die Energie, diesem Verlangen zu widerstehen. Ganz langsam lernte ich, mein Ego zu überwinden und auch die Angst davor, Freunde, Familie, sogar Therapeuten um Hilfe zu bitten. Ich gehe auch weiterhin zu Zwölf-Schritte-Treffen, was mir ungemein geholfen hat.

Nachdem ich so lange den Weg in Richtung Selbstzerstörung gegangen war, war ich nun endlich umgekehrt. Auf dem Rückweg zum Altvertrauten begegnete ich etlichen Hindernissen, aber diese Hindernisse kannte ich ja nun schon, ich war ihnen bereits auf dem Weg die Abwärtsspirale hinab begegnet. Da ich wusste, wo sich die Fallen verbargen, konnte ich nun um sie herum navigieren, ohne dass es zu Unfällen kam. Sehr passend ist auch das Bild vom Berg, den man zu besteigen hat. Es hat seinen Grund, dass dieses Bild von so vielen Menschen bei der Schilderung ihres Genesungswegs verwendet wird. Da ich wusste, welche Herausforderungen auf mich zukamen, konnte ich mich ihnen voll und ganz stellen.

Genau wie ganz zu Beginn meiner Reise standen die Chancen auf Genesung für mich schlecht, aber ich hatte und habe den Willen zu überleben. Von diesem Willen angetrieben gehe ich meinen Weg voran. Von meiner Story gibt es noch viel mehr zu erzählen, und ich hoffe, dies alles eines Tages in künftigen Büchern mit euch teilen zu können. In diesen Erinnerungen und in meinen täglichen Postings in den Social Media mache ich meine Schattenarbeit öffentlich, in der festen Überzeugung, dass Teile meiner

Reise für euch hilfreich und inspirierend sein können und euch oder euren Lieben womöglich ein wenig Hoffnung geben beim weiteren Beschreiten des eigenen Weges. Denn wenn wir unseren Weg weitergehen, werden wir tatsächlich feststellen, dass noch so viel Gutes uns begegnen und widerfahren wird. Die besten Tage unseres Lebens kommen erst noch. Der sich verändernde Horizont enthält unsere Hoffnung auf all das Gute, das kommen wird. Ich weiß jetzt, dass das wahr ist, weil ich nie aufgegeben habe. Seit ich in die Tiefen meiner Hölle hinabgestiegen war, habe ich inzwischen eine Menge Hindernisse überwunden. Ja, manche von diesen Hindernissen mögen brennende Reifen gewesen sein, aber ich habe mich trotzdem hindurchgeschwungen. Mit meinem Weg, der von der Sucht nach Drogen übers Clean-Werden bis hin zur Leitung erfolgreicher Unternehmen, zum Erschaffen eines von Gelächter erfüllten Zuhauses und auch Schreiben dieses Buches führte, bin ich der lebende Beweis, dass alles möglich ist und wir wirklich genesen können.

Atmen. Für genau das Problem, mit dem ich zu kämpfen habe, gibt es irgendwo auch Hilfe. Ich brauche dafür keine Art von Bereitschaft, ich muss nur gewillt sein, diese Hilfe auch anzunehmen.

Atmen. Wenn ich meine, ich hätte einen leichteren oder bequemeren Ausweg gefunden, werde ich noch einmal nachdenken. Denn alles, was einen Wert hat, verlangt viel harte Arbeit, aber ich weiß, diese harte Arbeit wird sich auch auszahlen.

Atmen. Wenn ich mir endlich nicht mehr selbst im Wege stehe, werde ich feststellen, dass ich nun in der Lage bin, alles zu bekommen, was ich je wollte.

Ich werde atmen und meinen Weg weitergehen.

Weil ich es kann und weil ich es wert bin.

19 Fotogalerie

Familienporträt 1991: April, Sonia, Megan und Bruce (von links nach rechts)

Erster Schultag: Megan, Bruce, April und Sonia (von links nach rechts)
Mit freundlicher Genehmigung von Christine

Abenddämmerung am Beaverhead River 1994: Glenn und Bruce
Mit freundlicher Genehmigung von Charles Lindsay

Tag der Adoption 1997: Sonia, Glenn, Bruce, Christine, Megan und April (von links nach rechts)
Foto einer Freundin der Familie

Barbie Girl beim Familientreffen: Bruce und Glenn
Mit freundlicher Genehmigung von Christine

We heard you! April, Sonia, Christine, Bruce, Glenn und Megan (von links nach rechts)
Foto einer Freundin der Familie

Bruce »spielt« Gitarre
Mit freundlicher Genehmigung von Sonia

Bruce bei der Pause vor dem Süßwarenladen in Virginia City 2006
Mit freundlicher Genehmigung von Christine

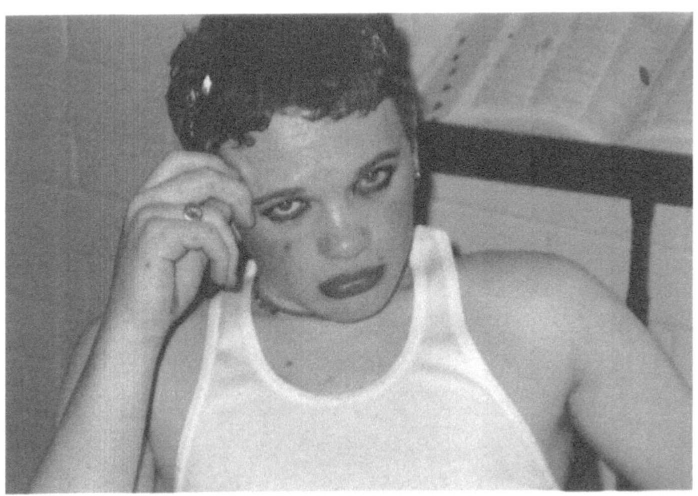

Ausreißer Bruce 2007
Mit freundlicher Genehmigung von Christine

Highschool-Abschluss 2009:
»Ich hab's tatsächlich geschafft!«
Mit freundlicher Genehmigung von Sonia

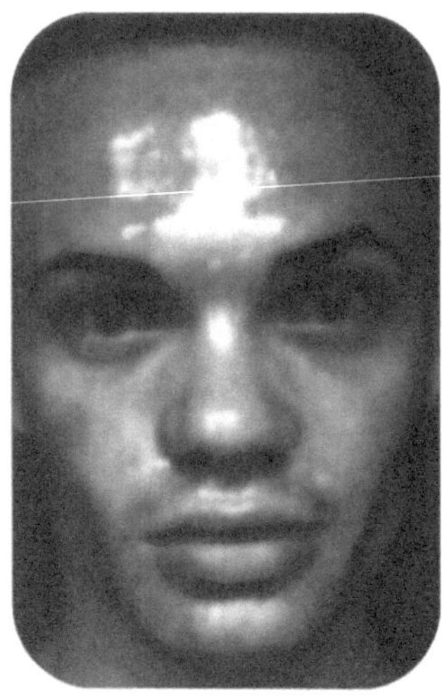

»Ach du liebe Güte!« Selbstporträt im Spiegel auf dem Höhepunkt der Meth-Sucht 2014
Bruce Brackett (Autor)

Weihnachten in New York 2015: Jay, Kathleen und Bruce in der U-Bahn
Bruce Brackett (Autor)

Sheridan (Montana) 2020: Bruce noch einmal vor dem Haus, in dem die Geschwister mit Berna gewohnt hatten
Mit freundlicher Genehmigung von Teo

Cheer Choice Awards Las Vegas 2023: Bruce und Kathleen
Mit freundlicher Genehmigung von Teo

Epilog

»Sie atmen jetzt ganz dünne, reine Luft.« Das sind die Worte, die mir Shannon vom Wiley-Verlagsteam mailte, nachdem ich gerade meinen ersten Entwurf abgegeben hatte. Und ich atmete in der Tat reine Luft, genau wie damals auf dem Gipfel des Old Baldy, nachdem ich mit meinem Vater erstmals einen Berg bestiegen hatte.

Wir – du und ich – hatten auch damals schon eine Verbindung zueinander, in dieser reinen Luft. Indem du das hier gelesen hast, hast du mich begleitet, zurück in diese Zeit und an diesen Ort. Alles, was seither passiert ist, hat mich hierhin geführt, wo ich diese Worte als Angebot der Hoffnung und Inspiration schreiben konnte.

Dieser Moment hoch oben auf dem Berg ist auch heute noch lebendig, und diese reine Luft steht auch dir zur Verfügung, damit du für dich eine Veränderung herbeiführen kannst, aus meinen Erfahrungen lernen kannst, mein Leid vermeiden kannst – oder einfacher gesagt, damit du weißt, dass auch schon jemand anderes erlebt hat, was du gerade erlebst, was immer es auch ist. Wie auch immer deine Herausforderung aussieht, es hat auch schon jemand anderes vor dieser Herausforderung gestanden und hat empfunden, was du gerade empfindest. Auch dieser Jemand hat sich verloren, allein oder noch schlimmer gefühlt. Ich weiß jedenfalls, dass es mir so ging. Als wir unsere Namen oben auf dem Old Baldy hinterließen, ließen wir für künftige Bergsteiger etwas von uns zurück. Wir alle, die eine solche Erfahrung mit den Bergen des Lebens gemacht haben, lassen irgendetwas zurück, auch wenn das Licht und das Laub heute vielleicht anders aussehen mögen. Unsere Namen, die Namen derjenigen, die schon früher dort waren, sind irgendwo in der Nähe aufgeschrieben. Auch wer den Gipfel ganz allein erreicht, ist also nicht allein.

In diesem Sinne war ich bereit, diese Schattenarbeit zu leisten und die Dinge ans Licht zu bringen. Niemand sollte sich je allein fühlen. Was immer es auch ist, womit du zu kämpfen hast, es hat auch schon jemand anderes dieses Leid empfunden. Wenn du das Gefühl hast, dass sonst niemand da ist, dann bin ich da. Ich sehe dich. Ich bin selbst durch diese Dunkelheit gegangen und ich sehe dich – und du bist nicht allein.

Was folgt, ist ein Protokoll dessen, was ich all denen von euch bereits mitgeteilt habe, die in dem Moment gerade online waren, als ich Shannons Worte las. Meine Gefühle und Gedanken in diesem Moment liefern eine ehrliche Zusammenfassung der Gründe, warum ich diese Erinnerungen aufgeschrieben habe, und der Hoffnungen, die ich für euch habe, nachdem ihr diese Reise mit mir zusammen unternommen habt.

Was für eine Anfeuerung!

Heiliger Jesus!

Ich atme jetzt tatsächlich richtig reine Luft. Und diese Luft kann ich nur deshalb atmen, weil ich nüchtern bin. Betrunken hätte ich das alles nicht geschafft. Und total zugekifft, wie ich jahrelang war, hätte ich das auch nicht geschafft. Völlig high von Meth, wie ich das jahrelang war, hätte ich das nicht geschafft. Ich hätte das nicht geschafft mit meinen Selbstzweifeln oder meiner Selbstverachtung oder meinem Selbsthass, mit denen ich meiner mentalen Gesundheit gestattet hatte, mich an … diese dunklen Orte, in diese dunklen Ecken zu führen. Wenn ich nicht um Hilfe gebeten hätte, wenn ich meine Medikamente für bipolare Störungen nicht wieder genommen hätte, wenn ich nicht in eine Lage gedrängt worden wäre, die mich in die Richtung befördern sollte, dass ich meine Medikamente jetzt wieder nehme. Manchmal müssen wir erst ganz tief fallen, bevor wir richtig hoch springen können.

Also wag doch vielleicht diesen Sprung!

Und fall dann vielleicht ein kleines bisschen.

Und breite dann mit aller Kraft deine Flügel aus … und schnapp ein wenig nach Luft!

Und schau dann … was ist, wenn du tatsächlich fliegst!

Du kannst das!

Der Einzige, der dir sagt, du könntest das nicht, bist du selbst.

Echt jetzt, wenn wir uns hinsetzen, wenn wir uns am Ende des Tages hinlegen und uns die Decke über den Kopf ziehen, dann bist du selbst der Einzige, der dich stoppt. Es ist egal, was all die Schwarzmaler sagen. Es ist egal, wie oft dir einer sagt, du wärest nicht gut genug oder du könntest das nicht schaffen oder du würdest das nie durchziehen. Der Einzige, der diese Stimmen in deinem Kopf zulässt, der dich stoppen lässt, der bist du selbst.

Und ich habe das so viele Jahre gemacht! Ich habe auf den ganzen Schwachsinn gehört, der auf mich einprasselte, statt auf meine eigene Wahrheit zu hören … statt darauf zu hören, was ich selbst will! Und sobald ich angefangen hatte, das dann auch zu machen, blühte mein Leben auf … auf eine Art, die ich nicht einmal annähernd ausdrücken oder verstehen oder ergründen kann. Aber ich muss das auch gar nicht verstehen. Ich muss meine gegenwärtige Situation lediglich akzeptieren … ganz egal, wie sie aussieht. Und wenn ich das kann, dann kann ich ihr auch ins Auge blicken. Und wenn ich ihr ins Auge blicken kann, dann kann ich auch damit umgehen. Und wenn ich damit umgehen kann, dann kann ich auch vorankommen.

Es geht hier nicht um ein Wettrennen. Es geht hier nicht um Leistung. Es geht nicht darum, wie oft du schon hingefallen bist. He, es geht nicht einmal darum, wie oft du wieder aufgestanden bist. Sondern es geht hier darum, WARUM du wieder aufstehst. Und wie du weiter vorankommst. Und WARUM du weiter vorangehst.

Jedes Scheitern ist ein Erfolg.

Es zeigt, dass du's versucht hast … das ist ein Erfolg!

Wen kümmert's, ob du gescheitert bist? Na und?!

Die einzige Möglichkeit, um zu erfahren, ob du fliegen kannst, ist zu springen. Dieses Wagnis musst du eingehen.

Danke also für deine Liebe! Danke für deine Unterstützung! Das Gleiche möchte ich dir auch zurückgeben. Jeden Tag, an dem ich [auf meinen Social-Media-Plattformen ein Inspirations-Video] poste, sollst du erfahren, wie sehr ich dich liebe und wie sehr du mich inspirierst und wie stolz ich auf dich bin. Ich weiß, dass viele von euch so etwas den ganzen Tag lang nicht zu hören bekommen. Viele von euch bekommen das womöglich sogar mehr als einen Tag lang nicht zu hören. Und du sollst wissen, dass ich da bin … in deiner Ecke des Rings … mit dir kämpfe … und für dich kämpfe. Und ich werde dein Cheerleader sein und dich anfeuern, damit du weißt, du bist wirklich in der Lage zu überwinden, womit du zu kämpfen hast.

Denn wenn ich das schaffe, trotz all den Widrigkeiten, mit denen ich zu kämpfen hatte, dann kannst DU das auch!

Du kannst das.

Und du bist es wert.

Werde dein eigener Fürsprecher! Auch wenn sonst niemand für dich eintritt. Werde dein eigener Fürsprecher, und du wirst staunen, was passiert!

Lebe in der Kraft der Positivität! Dein Leben wird sich verwandeln. Mag sein, dass es noch nicht in einem Jahr passiert;

mag sein, dass es auch noch nicht in zehn Jahren passiert. Ich habe für dieses Buch 14 Jahre gebraucht. Ich habe angefangen, Drogen zu nehmen, als ich 16 war. Jetzt bin ich 32 [und das neunte Jahr clean von allen harten Drogen. Und das alles konnte nicht passieren, bevor ich nicht den Willen hatte, mich für den Antritt meiner Reise zur Abstinenz entschlossen bereit zu machen. Die Genesung verläuft nicht linear. Es ist nicht wichtig, wann du deine Reise antrittst. Wichtig ist nur, DASS du deine Reise antrittst; und zwar dann, wenn DU den Willen hast, dich dafür bereit zu machen]. Und ich habe das alles jetzt auch nicht etwa »geschafft«. Sondern ich werde jeden Tag dafür kämpfen müssen. In dem Moment, in dem ich denke »Oh, ich hab's geschafft, ich kann das jetzt beherrschen« … weiß ich, dass mir eine Abwärtsspirale bevorsteht. Ich weiß, dass mir ein Rückfall bevorsteht. Zu behaupten, ich würde nie einen Rückfall erleben, wäre also äußerst naiv. Es könnte durchaus passieren. Will ich denn, dass es passiert … nein. Sage ich voraus, dass es passiert … absolut nicht. Habe ich Angst, dass es passiert … ja. Und ich behalte das stets vor Augen.

Vergleich deine eigene Reise also nicht mit der anderer. Wie ich immer sage: Wenn du dich mit anderen vergleichst, wirst du verbittern. Wenn du dich aber mit dir selbst vergleichst, wirst du dich verbessern … In DEINEM Tempo. Wenn DU dazu bereit bist. Nicht wenn dir andere sagen, du wärest bereit. Nicht wenn dir andere sagen: Spring. Nicht wenn dir andere sagen: Mach das. Sondern wenn DU dazu bereit bist.

Du kannst das schaffen, und du wirst es schaffen.

Ich liebe dich. Danke für deine Liebe! Du bist toll. Du bist unglaublich. Lass dir von niemandem erzählen, du wärest das nicht. Leute, die dir erzählen, du wärest das nicht, kannst du in deinem Leben nicht gebrauchen.

Danke, dass es dich gibt!

> Gib dir jede Menge Spielraum; du bist bis jetzt doch schon mit so viel anderem Mist in deinem Leben fertiggeworden, da wirst du damit doch jetzt auch fertigwerden. Das verspreche ich dir. Wenn du bisher schon mit allem anderen in deinem Leben fertiggeworden bist, was spricht dann dagegen, dass du damit jetzt nicht auch fertigwerden kannst? Befrei dich von dieser Art von negativem Denken!
>
> Negativität, verzieh dich!
>
> Lebe in der Kraft der Möglichkeit!
>
> Tu dein Bestes. Tu anderen nichts zuleide. Und tu jeden Tag etwas für dich, damit du eines Tages auch etwas für andere tun kannst. Wenn du heute noch nichts für andere tun kannst, dann heißt das nur, dass du noch etwas für dich selbst tun musst ... Und das ist gut so.
>
> Ich liebe dich.

Was immer auch deine Situation ist, du bist nicht allein. Dasselbe hat auch schon jemand anderes erlebt, und wir stehen miteinander in Verbindung.

Danke, dass du bei mir bist!

Hotlines, die helfen können[1]

TelefonSeelsorge®: 0800 1110111 oder 0800 1110222, telefonseelsorge.de

Krisenchat: +49 15735998143, krisenchat.de

Hilfetelefon Gewalt gegen Frauen: 116 016, hilfetelefon.de

»Nummer gegen Kummer« für Jugendliche, die von (Cyber-) Mobbing betroffen sind: 116 111, nummergegenkummer.de

Deutsche Depressionshilfe: 0800 33 44 533,

Hilfe-Telefon Sexueller Missbrauch: 0800 22 55 530, hilfe-portal-missbrauch.de

LGBTIQ Helpline: 0800 133 133, www.lgbtiq-helpline.ch

Bundesweite Sucht- und Drogen-Hotline: 01806 313031 (kostenpflichtig, 0,20 € pro Anruf aus dem Festnetz und aus dem Mobilfunknetz), sucht-und-drogen-hotline.de

1 Anmerkung zur Übersetzung: Für die deutsche Ausgabe des Buches haben wir für Deutschland bzw. den deutschsprachigen Raum relevante Nummern zusammengestellt.

Danksagungen

Dieses Buch war für mich ein Traum, seit ich 18 war. Für die Reise von den ersten geschriebenen Worten bis hin zur Veröffentlichung habe ich 14 Jahre benötigt. Es hat wirklich ein ganzes Dorf gebraucht, um dieses Buch Realität werden zu lassen. Allen, die an der Verwirklichung dieses Traums beteiligt waren, möchte ich gern meinen besonderen Dank aussprechen.

Vielen Dank an Jeannene, Christina, Michelle, Shannon, Michael, Casper, Jozette, Trinity, Amy und alle Teammitglieder bei Wiley für eure Liebe, professionelle Unterstützung und Anleitung bei der physischen Realisierung dieses Buchprojekts.

Einen besonderen Dank möchte ich auch an meine Mom, meinen Dad und meine Schwestern aussprechen, weil ihr immer meine wichtigsten Unterstützer wart. Eure Liebe, euer Glaube an mich und eure Unterstützung sind es, die mich meinen Weg weitergehen und »das nächste Richtige tun« lassen.

Meinen Freunden sowie vielen Therapeuten, Sozialarbeitern, Ärzten und Psychiatern (männlich wie weiblich) und auch meinem Sponsor würde ich gern danken, weil ihr mich nie aufgegeben und immer weiter motiviert habt in dieser Welt, die so rau ist. Ihr wisst selbst, wer ihr seid.

Ein besonderer Dank an meine Online-FANmilie für eure anhaltende Liebe, Unterstützung und Ermunterung. Ihr seid ein Hauptgrund für die Entstehung und den Erfolg dieses Buchs. Ihr wisst, wer ihr seid, und ihr seid für mich von unschätzbarem Wert.

Und schließlich danke ich der Liebe meines Lebens, Teo. Du weißt, was du tust, und du weißt, wie viel du mir bedeutest. Worte könnten meine Liebe und Dankbarkeit nie zum Ausdruck bringen. Du bist mein Fels in der Brandung und du bist mein Leben. Danke, dass du bei allen Aufs und Abs immer an meiner Seite warst. Ich hoffe sehr, dass ich dir zurückgebe, was du mir so großzügig gegeben hast.

Der Autor

Bruce W. Brackett (BWB) ist eine Social-Media-Persönlichkeit, ein Autor, Unternehmer, autodidaktischer bildender Künstler und internationaler Motivationsredner. Der ursprünglich aus dem südwestlichen Montana stammende BWB ging im Alter von 18 Jahren nach New York, weil er dort seinen Traum verwirklichen wollte, am Broadway aufzutreten. Nach vielen Umwegen, Erfolgen am Off-Broadway und verschiedenen Suchterkrankungen, von denen die Meth-Sucht besonders gravierend war, fand BWB schließlich seine wahre Berufung und auch den Weg aus der Sucht, indem er sich der Kunst widmete und vor einem Online-Publikum von mehr als 1,2 Millionen Menschen für Genesung warb. Diese Online-Community befeuert BWBs Liebe, Leidenschaft und Kreativität sowie seine Mission, Positivität und Möglichkeiten zur Genesung zu vermitteln.

Bruce hat seine Kunstwerke und seine »Negativity-Be-Gone«-Fächer schon an Menschen in allen 50 US-Staaten und in über 14 weiteren Ländern verkauft. BWB wohnt heute mit seinem Partner Teo und seiner Tuxedo-Katze DionE in den Pocono Mountains, wo die beiden große Freude daran haben zu wandern, Kajak zu fahren und all die schönen Wasserfälle zu finden.

Von BWB individuell gestaltete Kunstwerke können Sie über seine Website bwbart.com oder seine geschäftliche E-Mail-Adresse bwbartist@gmail.com ordern.

Außerdem können Sie Bruce auch als Hauptredner für Ihre Veranstaltung oder Ihr Unternehmen buchen, über seine E-Mail-Adresse bwbspeaks@gmail.com.

Stichwortverzeichnis